복 있는 사람은
Blessed are you

---------------- 님께

풍성한 복의 나라에
당신을 초대합니다

숲
이야기 사랑이든

복 있는 사람은

지은이 | 김양재
초판 발행 | 2004. 9. 3
84쇄 발행 | 2025. 5. 27
등록번호 | 제1988-000080호
등록된 곳 | 서울특별시 용산구 서빙고로 65길 38
발행처 | 사단법인 두란노서원
영업부 | 2078-3333   FAX | 080-749-3705
출판부 | 2078-3331

책값은 뒤표지에 있습니다.
ISBN 978-89-531-0426-6 03230

독자의 의견을 기다립니다.
tpress@duranno.com   www.duranno.com

ⓒ 이 출판물은 저작권법에 의해 보호를 받는 저작물이므로
무단 전재와 무단 복제, 무단 사용을 할 수 없습니다.

두란노서원은 바울 사도가 3차 전도여행 때 에베소에서 성령 받은 제자들을 따로 세워 하나님의 말씀으로 양육하던 장소입니다. 사도행전 19장 8-20절의 정신에 따라 첫째 목회자를 돕는 사역과 평신도를 훈련시키는 사역, 둘째 세계선교(TIM)와 문서선교(단행본잡지) 사역, 셋째 예수문화와 경배와 찬양 사역, 그리고 가정·상담 사역 등을 감당하고 있습니다. 1980년 12월 22일에 창립된 두란노서원은 주님 오실 때까지 이 사역들을 계속할 것입니다.

흠 없는 사랑은

김양재 지음

두란노

책을 펴내며

"간증이 풍성한 부자 되세요~!"

요즘 우리들교회 식구들끼리 나누는 인사말이다.

오늘도 교회 홈페이지에는 그런 부자들의 이야기가 나를 울리고, 또 웃게 만든다. 누구도, 무엇으로도 장담할 수 없는 인생길에서 오직 믿음, 오직 말씀으로 살아난 사람들. 그 사람들 중에 내가 있고, 내 남편이 있고, 자녀가 있고, 우리들교회가 있다.

이 책은 그런 사람들의 이야기이다.

하나님이 주시고자 하는 복(福), 하나도 아니고 여덟 개나 되는 팔복(八福)을 어떻게 누리는지 '천국 부자들에게 듣는 영적 재테크의 비결'이다. 살짝 먼저 공개하자면 그 비결의 가장 첫째는 QT(Quiet-Time), 하루도 빼먹지 않는 말씀 묵상이다. 한 사람의 큐티가 한 개인을 성숙하게 하는 데 그치지 않고 가정과 교회와 공동체를 살린다는 것을 이 책을 통해 알리고 싶었다.

개인적으로는 두 번째 책이 나오게 되었다.

평범한 여자로서, 아내로서, 엄마로서의 삶에 충실하고자 했던 나를 어찌 이만큼이나 사용하시는지…, 하나님의 인도하심에 더욱 겸허해질 뿐이다. 자신들의 간증이 쓰일 수 있도록 허락해 준 우리들 교회 지체들에게도 너무 감사하다.(가명을 사용했음을 밝혀 둔다.) 그들에게 진 은혜와 사랑의 빚은 무엇으로도 갚을 수 없다. 하나님이 백 배로 갚아 주시기를 기도드린다. 책이 나오기까지 수고한 우리들 교회 이지영 간사와 두란노서원 가족들에게 감사와 사랑을 전한다. 만날 때마다 나누었던 은혜의 교제는 오래 잊지 못할 것이다.

  이 책에 실린 환난의 간증들이 또 다른 이 땅의 환난당하고 원통하고 빚진 자들(사무엘상 22:2)에게 위로와 도전이 되었으면 좋겠다. 오늘도 내게 말씀하시고, 나를 위로하시고, 나를 높이기 원하시는 하나님께 감사의 고백으로 이 책이 드려지기를 원한다.

2004년 9월 풍성한 복의 나라에서 **김양재**

CONTENTS

책을 펴내며 · 4

1 말씀 묵상하는 사람은 복 있는 사람이다

1 · 말씀대로 믿는다 · 10

오늘도 내게 말씀하시는 하나님을 믿는다 · 고난을 통해 부르시는 하나님을 믿는다 · 어떤 사건에서도 하나님이 옳으심을 100퍼센트 믿는다 · 육의 성전이 무너져야 영의 성전이 세워짐을 믿는다 · 회복의 하나님을 믿는다 · 살아 계신 하나님을 믿는다

2 · 말씀대로 산다 · 56

큐티의 꽃은 적용이다 · 말씀 앞에 100퍼센트 순종한다 · 말씀으로 사건을 해결한다 · 말씀 앞에 부끄러움을 내려놓는다 · 살아 있을 때 죄가 드러나는 것이 축복이다 · 100퍼센트 죄인임을 고백한다 · 결혼의 목적은 행복이 아니라 거룩임을 안다

3 · 말씀대로 누린다 · 102

죄를 드러내고 치유의 삶을 누린다 · 죽은 내가 다시 사는 기쁨을 누린다 · 사랑의 빚 이외에는 빚을 지지 않는다 · 환난 중에 안식을 누린다 · 바른 지식의 축복을 누린다

4 · 말씀 묵상하는 사람의 여덟 가지 축복 · 134

복1_하나님과 일대일로 만난다 · 복2_신앙이 자립한다 · 복3_율법 신앙에서 놓여 난다 · 복4_기도가 응답된다 · 복5_전도가 저절로 된다 · 복6_예배의 감격이 되살아난다 · 복7_자녀가 살아난다 · 복8_소그룹 모임이 살아난다

2 복 있는 사람의 8복 큐티법

1 · 말씀으로 부르심을 받는다 · 166

말씀대로 되는 인생 · 말씀으로 사건이 해석된다 · 내 고통을 열어 보인다 · 말씀을 온전히 의지한다 · 말씀 앞에 핑계를 대지 않는다 · 하나님의 뜻을 찾는다 · 주님의 부르심에 따른다 · 주님의 은혜를 체험한다 · 큐티보다 삶이 중요하다 · 말씀에 꽂혀 산다

2 · 말씀으로 순종을 배운다 · 218

영혼 구원에 온힘을 쏟는다 · 천국 성전을 짓다 · 주님의 계획을 날마다 확인한다 · 하나님의 사정을 이해한다 · 하나님이 주신 역할에 순종한다 · 큐티의 결론은 감사이다 · 말씀이 내 삶의 자서전이라고 고백한다

3 · 말씀으로 삶이 형통한다 · 252

복있는 사람의 8복 큐티 실전1

4 · 말씀으로 삶이 달라진다 · 272

복있는 사람의 8복 큐티 실전2

말씀 묵상하는 사람은 복 있는 사람이다

1

1.
말씀대로 믿는다

2.
말씀대로 산다

3.
말씀대로 누린다

4.
말씀 묵상하는 사람의 여덟 가지 축복

1장
말씀대로 믿는다

오늘도 내게 말씀하시는 하나님을 믿는다

고난을 통해 부르시는 하나님을 믿는다

어떤 사건에서도 하나님이 옳으심을 100퍼센트 믿는다

육의 성전이 무너져야 영의 성전이 세워짐을 믿는다

회복의 하나님을 믿는다

살아 계신 하나님을 믿는다

오늘도 내게 말씀하시는 하나님을 믿는다

내가 말씀을 보며 처음으로 인상 깊게 깨달은 구절은 이세벨이 나봇의 포도원을 빼앗는 장면이다.

"애들 방학했으니까 꼼짝 말고 집에서 하루 세 끼 밥해 먹여!"

남편이 그렇게 말하고 병원으로 출근한 다음이었다. 시집살이 5년, 결혼 생활 10년이 넘어 처음으로 병원과 떨어진 살림집을 얻어 겨우 자유 시간이란 걸 갖게 되었는데, 남편이란 사람이 고작 한다는 말이 그랬으니 속에서 얼마나 열불이 났는지 모른다.

자식이 우상이었던 남편은 언제나 내게 집에서 아이들을 챙기라며 외출도 못하게 했다. 병원 위층에 살림집이 있던 때에는 하루 세 끼 밥을 꼬박꼬박 집에 와 먹었고, 환자가 없는 시간에는 운동 삼아 올라온다면서 불쑥불쑥 집으로 들이닥쳤다. 그때마다 내가 보이지 않으면 난리를 치곤 했다.

해도 해도 너무한다 싶었다. 정말 포로 신세가 따로 없었다. 나도 몰래 눈물이 쏟아졌다. 남편이 나간 뒤 나는 큐티를 시작했다.

이세벨이 나봇이 돌에 맞아 죽었다 함을 듣고 아합에게 이르되 일어나서 그 이스르엘 사람 나봇이 돈으로 바꾸어 주기를 싫어하던 포도원을 취하소서 … 아합이 나봇의 죽었다 함을 듣고 곧 일어나 이스르엘 사람 나봇의 포도원을 취하러 그리로 내려갔더라 (열왕기상 21:15-16)

아합이 포도원을 갖지 못해 근심하자 이세벨은 나봇을 죽였다. 나봇은 하나님의 명령 때문에 포도원을 팔지 않았는데, 어떻게 보면 너무나 하찮은 일 때문에 그 집안은 멸절을 당했다. 그들의 죽음은 비참했지만, 나봇은 하나님의 말씀을 지킨 자로 돈과 타협하지 않았던 사람으로 성경에 기록되었다. 나는 이 말씀을 묵상하면서 깨달았다.

'나봇은 사소한 일에서도 죽기까지 하나님께 순종했는데, 지금 내가 남편에게 순종해야 할 일은 나봇에 비하면 얼마나 사소한 일이야. 사실이 그렇잖아. 순종하는 내 모습을 하나님이 얼마나 기뻐하시겠어?'

요한계시록 말씀에 밧모 섬에 갇혔던 요한이 성령에 감동되어 나팔 같은 큰 음성을 들은 것처럼, 나도 결혼이라는 밧모 섬에 갇혀 있었더니 갑자기 귓가에 말씀의 나팔 소리가 들리기 시작했다. 나 같은 사람에게 성경이 깨달아지는 것이 놀라웠고, 누구에게서도 듣지 못한 이야기가 들리니 하나님이 직접 나에게 얘기해 주시는 것 같아 기쁨이 넘쳐 나기 시작했다. 이렇게 말씀을 내 상황에 적용하니까 말할 수 없는 기쁨이 몰려왔다. 예수님을 만난 이후로 나는 예배에도 열심히 참석하고 싶고 봉사도 하고 싶었지만, 나봇을 깨닫고 이세벨을 깨닫자 생각이 달라졌다.

'어머, 이 세상에 이세벨처럼 팔자 늘어진 사람이 어디 흔하겠어? 친정 아버지도 왕, 시아버지도 왕, 남편도 왕, 아들도 왕, 딸은 왕비… 그렇지만 결국 멸망했잖아. 하나님의 진노로! 그러니까 사람이 무엇을 더 많이 성취해서가 아니라 나봇처럼 순종할 때 행복한 것이라고 주님이 지금 내게 말씀해 주시는구나!'

아무리 애써도 남편은 금세 구원되지 않았지만, 그 덕분에 그날그날 큐티를 했더니 이렇게 말씀이 깨달아졌다. 이 세상에서 말씀을 깨닫는 것이 가장 기쁘다는 것을 체험할 수 있었다. 하나님과 날마다 교제하니까 남편이 다르게 보이기 시작했다. 말씀을 깨닫는 기쁨도 놀라웠지만, 한 가지라도 말씀에 순종했을 때의 기쁨은 어디에도 비할 수 없이 컸다. 그래서 나는 남편이 하는 말에 순종할 수 있었고 집에 있어도, 나가서도 늘 천국에서 생활하는 듯했다. 큐티 하는 맛을 알게 된 것이다.

우리의 환난은 환경이 어려워져서 오는 것이 아니다. 환경은 변함이 없는데, 하나님의 위로와 격려를 받지 못하는 것이 환난이다. 내게 어떤 사건이 왔을 때 사건 자체 때문에 힘든 것이 아니라 말씀으로 해석이 안 돼서 환난을 겪고 있는 건 아닌지 생각해 보아야 한다.

예수님을 믿어도 살기 힘들다고 이혼을 하고 자살을 하는 것은 말씀이 들리지 않아서이다. 불신 결혼을 아무렇지도 않게 하고, 남편과 아내, 시어머니와 며느리가 서로 죽이고 죽으려 하는 것은 주님의 십자가 말씀이 들리지 않아서이다. 말씀이 들리지 않으면 교회를 다녀도 내 삶을 치료해 줄 사람이 없다. 피를 철철 흘리고 있는데 어떤 말씀으로도 회복되지 못한다면, 내가 지금까지 믿었던 것은 가짜이다. 돈이 없어서 불쌍한 것이 아니다. 집안의 백그라운드가 좋지 않아서가 아니다. 구원의 말씀이 없어서 불행한 것이다.

그리스도의 고난이 우리에게 넘친 것같이 우리의 위로도 그리스도로 말미암아 넘치는도다 우리가 환난받는 것도 너희의 위로와 구원을 위함이요 혹 위로받는 것도 너희의 위로를 위함이니 (고린도후서 1:5-6)

주님은 우리의 환난도, 위로도 너희의 위로와 구원을 위함이라고 말씀하셨다. 내가 당한 환난이 내 전공 과목이 되어서 남을 위로할 수 있는 것, 이것이 진정 주님이 우리에게 환난을 주신 이유이다. 설교는 듣기 어려워도 고난당한 사람들의 간증은 어떤 설교보다 쉽게 들린다. 내 고난을 증거하는 것이 말씀을 전하는 좋은 방법이다. 내 고난을 증거하고 주님을 증거하면 다른 이들을 위로할 수 있다.

고난을 통해 부르시는 하나님을 믿는다

우리들교회 식구들 중 누군가에게 큰 사건이 터지면 하나같이 말한다.

"우리 목사님, 제일 좋아하시겠네."

"제가 뭐 뺑덕 어미예요?… 사실은 기쁘죠‥"

그것은 고난이 오면 그 사람이 예수님께 양육받고 있다는 신호임을 알기 때문이다. 고난을 통해 신앙이 성장하고 영적 유익이 온다는 것을 알기 때문이다.

청년부 주일 예배 때 나는 박자람 형제의 간증을 청년들과 함께 나누고 싶었다. 그래서 일부러 박자람 형제에게 말씀 적용을 해 보라고 시켰다.

"계속해서 주님이 위의 권세에 순종하라고, 사랑하라고 말씀하시는데, 고난 많은 박자람 형제가 적용을 해 보세요."

나의 갑작스런 지목에 싫다는 내색 없이 일어난 박자람 형제는, 잘 나오지 않는 목소리로 간증을 시작했다.

"저는 신실하신 부모님 밑에서 자란 모태 신앙인입니다. 13년 동안 한국에 한 번도 들어오지 않고 미국에서 공부를 했습니다. 너무 힘들게 고학하다시피 공부를 했지요. 미국의 유명한 음악 학교에서 공부했고, 유수한 콩쿠르에서 입상도 여러 차례 했습니다. 보스턴 오페라단 가수로 실력을 인정받았구요. 하나님이 제게 주신 은사에 감사하며 교회에서는 찬양대 지휘자로 섬겼습니다. 그러다 군 입대를 위해 올해 한국에 들어왔습니다. …

그런데 군에서 뇌의 해마가 손상되어 목소리가 나오지 않는 치명적인 사고를 당했습니다. 그것이 불과 몇 주 전의 일입니다. 2주 전에는 영동세브란스 병원에서 치료할 수 없다는, 그러니까 회복할 수 없다는 판정을 받았구요. … 왜 제 삶에 이런 일이 일어나는지 저도 정말 하나님께 따지고 싶었습니다. 삶이 너무 절망스러워서 여기저기 안 다녀 본 곳이 없습니다. 그러다가 지지난주 큐티 모임에서 목사님의 말씀을 들었습니다.

각 사람은 위에 있는 권세들에게 굴복하라 권세는 하나님께로 나지 않음이 없나니 모든 권세는 다 하나님의 정하신 바라 그러므로 권세를 거스리는 자는 하나님의 명을 거스림이니 거스리는 자들은 심판을 자취하리라 (로마서 13:1-2) 그 말씀이 제게 와 닿았습니다. 제가 위 사람들의 권위를 하나도 인정하려 들지 않았다는 것을 알았습니다. 성도라면 마땅히 인정해야 할 위의 권세를 무시했습니다. 그들이 옳든 옳지 않든 하나님이 제게 주신 위의 권세에 순복하지 않은 죄, 그래서 이런 심판을 불러온 저의 죄는 모르고, 이제까지 살아온 삶의 경력에 대해서만 울부짖고 있었다는 것을 깨달았습니다. … 그날 얼마나 눈물을 쏟았는지 모릅니다.

불치병 판정을 받은 그 주 토요일에 군법 회의가 있었습니다. 내 삶을 깡그리 짓밟아 놓은 사람들을 죽이고도 싶었습니다. 하지만 관원들은 선한 일에 대하여 두려움이 되지 않고 악한 일에 대하여 되나니 네가 권세를 두려워하지 아니하려느냐 선을 행하라 그리하면 그에게 칭찬을 받으리라(로마서 13:3)는 말씀을 적용해서 주님이 제게 주신 하나님의 권위를 선하게 사용하기로 했습니다. … 정말 어려웠지만 그렇게 세상의 권위가 아니라 하나님의 권위에 순복하기로 했습니다. 군법 회의에서 저에게 해를 입힌 사람들을 용서하겠다고 증언을 했습니다.…"

전혀 예상치 못했던 박자람 형제의 간증에 청년들은 놀라움을 감추지 못했다. 교회 안이 술렁였다. 형제는 간증을 멈추고 잠시 동안 아무 말도 하지 않았다. 그러더니 갑자기 흥분한 목소리로 소리 지르다시피 말했다.

"성악하는 사람이 목소리를 잃었으니 쓰레기 같은 인생 뭘 하겠습니까…?"

박자람 형제는 꺼이꺼이 울었다. 예기치 않은 일에 모두들 숙연해졌다. 다 큰 남자가 그렇게 우는 것을 나는 처음 보았다. 울면서 그는 말했다.

"…저는 …죄인입니다. … 제가 정말 죄인인 것을 깨달았어요."

여기저기 훌쩍이는 소리가 나기 시작했다. 나도 눈물이 뚝뚝 떨어졌다. 그와 같은 상황에서 주님 앞에 순종하는 그 모습이 귀했기 때문이다. 교회 청년부 식구들이 다같이 울었다. 모두들 한참을 울고 났을 때 박자람 형제가 말했다.

"예배드릴 때… 찬양을 너무나 하고 싶었어요.…"

형제의 말이 끝나기 무섭게 청년부 식구들이 다같이 찬양을 해 보라고 응원을 했다. 목소리도 제대로 나오지 않는데 어떻게 보면 참 장난 같은 일이었는지도 모른다. 하지만 청년부 식구들은 잘 알고 있었다. 하나님은 잘 훈련받은 성악가의 우렁찬 찬양도 기뻐하시지만, 우리들처럼 잘 배우지 못하고 가진 것 없지만 마음의 중심으로 부르는 찬양도 기뻐하신다는 것을…. 하나님은 여전히 박자람 형제가 부르는 찬양을 기뻐하신다는 것을 그가 깨닫도록, 우리 모두는 진심으로 원했던 것이다.

"하나님은 너를 지키시는 자…."

듣기 불안할 정도의 쇳소리가 귓가를 파고들었다. 보스턴 오페라단 가수였다면 얼마나 황홀한 목소리를 가졌겠는가. 지금 찬양을 하는 자신의 목소리가 얼마나 기가 막히겠는가. 찬양을 듣는 청년들 표정이 박자람 형제만큼이나 애처로웠다.

그런데 사건이 터졌다. 목소리가 트이더니 찬양이 터져 나오는 것이었다. 순식간에 벌어진 일이었다. 찬양을 하는 형제나 듣는 청년부 식구들 모두 어안이 벙벙해졌다. 예전의 오페라 가수답게 멋지게 우렁차게 찬양을 마쳤을 때 나는 "할렐루야" 외치며 일어나서 춤이라도 추고 싶은 심정이었다. 바로 내 눈앞에서 기적이 일어난 것이다. 그 현장에 있던 청년부 식구들은 도무지 이 사실을 부인할 수 없게 되었다. 병원에서 절대 고칠 수 없다고 진단을 받았는데, 조금 전까지만 해도 쉿소리가 나왔는데…. 우리는 믿기지 않아서 한 곡을 또 부르라고 했다. 박자람 형제가 가장 좋아한다는 찬송을 불렀다. 우렁찬 감사의 찬양이 예배당을 가득 메웠다. 너무 감격스러워서 나는 청년부 식구들에게 이렇게 말하지 않을 수 없었다.

"3주 전에 박자람 형제가 처음 제게 와서 말씀에 은혜를 받았다고 했는데, 그때 제가 큐티를 하면 목소리가 터진다고 했어요. 제가 신이 내려서 그랬을까요? 아닙니다. 내가 쓰레기 같은 인생이라고, 내가 죄인이라는 것을 깨닫고 눈물을 흘리니까 하나님이 목소리를 주셨습니다. 우린 정말 기적이 상식인 사람들이에요."

필리핀에서 선교 사역을 하고 있는 우리 큰 언니는 S대 음대와 대학원에서 성악을 전공했다. 당시 문교부에서 실시한 국비 유학 시험을 다 통과해서 대학원을 마치고 유학만 떠나면 될 상황이었다. 그런데 졸업 연주회를 앞두고 목소리에 이상이 있어서 병원에 갔더니 후두염으로 평생 노래를 못할지도 모른다는 진단을 받았다.

언니는 주님께 매달리며 찬양을 다시 하게 해 달라고, 목소리가 나오게 해 달라고 기도했지만 예순 살이 넘은 지금까지도 언니의 목소리는 돌아오지 않았다. 그럼 하나님은 우리 언니를 사랑하지 않으시는 걸까? 아니다. 언니는 더 큰 은혜로 필리핀의 빈민가에서 16년 동안 선교 사역을 하고 있다. 언니처럼 모든 걸 갖춘 사람이 목소리가 나오지 않는 사건이 없었다면 어떻게 그 덥고 가난한 곳에서 헌신하며 주님을 섬길 수 있었겠는가. 그러니까 박자람 형제처럼 목소리가 돌아온 것도 기적이고, 우리 언니 같은 사람이 선교를 하는 것도 기적이다.

그날 목소리를 새로 받은 박자람 형제는 나에게 와서 무엇이든지 교회를 섬기게 해 달라고 했다. 나는 속으로 막 울었다. 나는 이렇게 보잘것없는 사람이고 우리 교회는 작은 개척 교회이지만, 보스턴 오페라 가수가 와서 섬기게 해 달라고 하니 주님의 은혜가 감사해서 자꾸만 눈물이 났다. 박자람 형제는 자신이 얻은 '연축성 발성 장애'라는 병을 통해 같은 병을 가진 사람들을 위로하고 교회를 섬기며 매일 말씀 안에 거하라 하시는 주님의 부르심을 깨달았다고 했다.
나는 박자람 형제의 어깨를 두드리며 같이 울다가 웃다가 한참을 그러고 있었다. 왜 내게 자꾸만 이렇게 기적을 베푸시는 것인지…. 주님의 은혜는 정말 놀랍고 신기하다.

결혼 생활이나 직장 생활에서 힘든 게 뭐냐고 물어보면 까다로운 윗사람들과의 문제라고 이야기하는 사람들이 많다. 하지만 그렇다고 해서 까다로운 윗사람을 피할 수는 없다. 베드로는 까다로운 상전을 섬기는 종들에게 "그들에게 순복하라"고 하면서 그 고난을 예수 그리스도의 고난과 비교했다.(베드로전서 2:18-21) 얼마나 힘들면 십자가의 고난에 비교를 했겠는가.

박자람 형제에게 해를 입힌 사람들도 다 주님이 세우신 위의 권세이다. 오페라 가수의 목소리를 잃게 하고, 일생을 흔들어 놓은 사람들일지라도 주님은 그렇게 순종하기 힘든 사람들을 세워 놓고 자꾸 존경하라고 하신다. 그리고 인정하기 싫은 그 위 권세들이 나에게 선을 이루는 자들이라고 말씀하신다.

그는 하나님의 사자가 되어 네게 선을 이루는 자니라 그러나 네가 악을 행하거든 두려워하라 그가 공연히 칼을 가지지 아니하였으니 곧 하나님의 사자가 되어 악을 행하는 자에게 진노하심을 위하여 보응하는 자니라(로마서 13:4)

오늘날은 모든 권위를 부정하는 때이다. 부모, 스승, 선배, 대통령, 지도자…. 모든 권위가 확보되기 어려운 때이다. 하지만 성도라면 마땅히 자기 위의 권세와 권위에 대해 일단 인정하는 태도가 필요하다. 권위주의는 나쁜 것이지만, 있어야 할 권위마저 부정하는 것은 큰 잘못이다.

하나님은 비판하지 말고 분별하라고 하셨다. 위 권세를 비판하고 반항하는 것은 죄성이다. 분별력은 하나님이 주신 선물이다. 그렇다면 분별과 비판은 무엇이 다른가. 사랑이다. 사랑하지 않으면 아무리 똑똑하게 비판해도 헛것이다. 사랑의 마음 없이 하는 비판에는 사람을 포용하지 못하고 선악도 모르기에 굴복할 수 없는 것이다.

시집살이를 하면서 사랑하는 마음이 없이 시어머니 비위만 맞출 때는 위장병에 편두통에, 아프지 않은 데 없이 아프고 힘들었다. 하지만 하나님의 사랑을 깨닫고 사랑하는 마음으로 하니까 남편과 시부모님에게 순종하기가 쉬워졌다.

위 권세자들에게 굴복하는 것과 그들을 비판하지 않고 사랑과 섬김으로 대하는 것은 내 힘으로 하는 것이 아니다. 나 같은 죄인을 살리신 예수 그리스도의 말씀 앞에 순종할 때 할 수 있는 것이다. 우리가 날마다 말씀을 보며 하나님의 사랑을 체험하지 않으면 우리는 절대 어느 권위에도 순복할 수 없다.

내 영혼이 은총 입어 중한 죄 짐 벗고 보니
슬픔 많은 이 세상도 천국으로 화하도다
할렐루야 찬양하세 내 모든 죄 사함 받고
주 예수와 동행하니 그 어디나 하늘나라

기적과 은혜로 그날 예배당을 울린 박자람 형제의 찬양처럼 나 같은 죄인이 입은 은총을 생각하며 "그 어디나 하늘나라"의 인생을 살아갈 때 우리는 어떤 위 권세에도 순복하며, 누구든 용서하고 사랑할 수 있을 것이다.

　말씀에 순복함으로 선을 행하는 것, 그것이 주님이 내게 주신 권세이다. 어떤 위치와 직위에 있든지 하나님을 믿는 우리는 우리의 얼굴을 볼 때마다 구원이 생각나는, 구원을 위해 쓰여지는 권세자가 되어야 한다. 그것이 위 권세가 나에게 이루는 선이다. 위 권세가 나를 힘들게 할수록, 괴롭힐수록 나는 더욱 단련되어서 정금처럼 빛나는 인생을 살게 될 것이다.

어떤 사건에서도 하나님이 옳으심을 100퍼센트 믿는다

매일 아침 큐티를 하고 인터넷의 큐티 나눔을 읽는 것으로 하루를 시작하는 나는 이날 아침에 이혜옥 자매의 나눔을 반가운 마음으로 클릭했다. 우리 교회의 복덩이라고 내가 늘 말하는 자매인데, 평소처럼 진솔한 나눔의 글이겠거니 생각했던 것이다. 하지만 막상 글을 읽었을 때 나는 내 눈을 의심해야 했다. 정말 이혜옥 자매의 글인지 몇 번이나 글쓴이 이름을 확인했는지 모른다.

'아 주님, 이런 일을 허락하셨군요.'

내 입에서는 탄식이 절로 나왔다.

암이 다른 기관으로 전이되는 최악의 결과가 나왔습니다. 하지만 이보다 더 큰 은혜는 없습니다. 작년 서른일곱 나이에 암 선고를 받아 힘든 수술을 하고 1년을 지냈는데, 그 1년 동안 언니가 구원을 받고 온 교회의 사랑을 받은 것이 감사합니다.

실수가 없으신 하나님을 저는 신뢰합니다. 하나님과 그리스도 예수, 택하심을 입은 천사들 앞에서 당당하게 외쳤던 사도 바울처럼 저도 이렇게 말하고 싶습니다. 죽음도 하나님의 섭리 가운데서 제게 주어진 분복이라고….

말씀과 경건에 관한 교훈에 착념치 아니하면(디모데전서 6:3) 끊임없는 사탄의 송사에 제 연약한 영혼이 먼저 주저앉을 겁니다. 그러므로 자족하는 마음이 있으면 경건에 큰 이익이 된다는 말씀을 제게 주시는 하나님의 음성으로 알고 감사히 받겠습니다. 그 마음은 곧 하나님의 마음을 품는 것이겠지요. 또한 지금까지 저를 놓아주지 않던 세상의 것으로부터 날갯짓하며 날아오르는 것이리라 생각합니다.

오늘 제게 주신 은혜를 족한 줄로 여기며, 죽으라시면 죽기까지 절대 순종하는 모범을 보이며, 잘 죽는 제가 되길 소원합니다. 가진 것이 없기에 떠날 때에도 그저 하늘만 바라고 갈 수 있는 제가 또 얼마나 감사한지요.

제 삶에 행하시는 하나님의 모든 것은 100퍼센트 옳으시다는 것과 그 발아래 티끌만도 못한 저라는 인간은 100퍼센트 죄인이라는 사실…. 38년 살아오는 동안 깨달은 '진리 중에 진리'를 확실히 깨닫고 가게 하시는 하나님께 오직 감사할 뿐입니다.

암이란 절체절명의 암초에 부딪혔을 때 만난 우리들교회와 큐티…. 앞으로도 그 사랑의 힘으로 잘 헤쳐 나갈 수 있으리란 믿음에 한결 마음이 가벼워집니다. 끝까지 이성과 냉정함을 잃지 않고, 제 삶의 마지막 순간까지 객관화시킬 수 있는 믿음이 연약해지지 않도록 하나님이 족한 은혜 부어 주시기를 기도합니다.

지난해였다. 너무나 아름다운 외모를 가진, 아직 미혼인 혜옥 자매가 우리들교회에 처음 와서 새 신자 등록을 했다. 등록한 지 3주가 지나도록 주일에 얼굴을 볼 수 없어서 궁금했는데, 그 주일 병원 응급실에 실려 갔다는 소식을 들었다. 목장 식구들과 함께 병원에 갔을 때는 이미 대장암 선고를 받고 수술 논의 중이었다. 혜옥 자매는 병원에 실려 가기 전까지도 등산 갈 준비를 챙기고 있었노라고, 이제까지 주일에 산에 다녔었노라고 고백했다.

수술을 받은 혜옥 자매는 암과 싸우면서도 꾸준히 큐티 나눔을 홈페이지에 올렸다. 혜옥 자매의 글을 보면서 주님이 우리를 거룩하게 하시려고 얼마나 수고하시는가 생각하고는 했다.

특히 '날마다 두레박을 내리는 여자'라는 제목의 나눔은 우리들 식구 모두의 신앙에 얼마나 큰 불을 붙였는지 모른다. 얼핏 들으면 연애 소설의 여주인공을 신비스럽게 묘사한 말 같기도 하지만, 그것의 진짜 의미는 인공 장루를 달고 날마다 몸속으로 관을 넣어 소변을 길어 내야 하는 자신의 처지를 표현한 말이었다.

그가 나를 데리고 성소에 이르러…그가 안으로 들어가서…(에스겔 41:1-3) 에스겔이 제사장의 신분으로 성소에는 들어갈 수 있었지만 대제사장이 아니면 들어갈 수 없는 지성소에는 에스겔을 인도했던 천사만 들어갔음을 말해 주고 있는 말씀입니다. …그가 내게 이르되…(에스겔 41:4) 문 밖에 서 있을 수밖에 없던 에스겔은 다만 천사가 전해 주는 지성소의 외양을 듣고 보는 것으로 만족해야만 했습니다.

그렇습니다. 저는 이렇게 하루하루를 살아가고 있습니다. 요의를 느낄 때마다 제 몸 깊숙이 두레박을 내리며 살아가는 여자. 바로 제 모습입니다. 일찍 받아 놓은 퇴원 날짜를 하루 이틀 미루면서 배워야 했던 소변 빼내는 연습. 같은 여자인 간호사에게 받는 교육이었지만 너무도 부끄럽고 수치스러워 그 시간만 되면 마치 제가 지옥의 고통 속에 나뒹구는 벌레가 된 심정이었습니다. 결코 드러내 놓고 싶지 않은 인체의 가장 깊은 곳을 동네북이 되어 이 간호사 저 간호사에게 내보여 주며 맡길 수밖에 없었던 처절함….

하지만 저는 퇴원하기 위해서 열심히 배워야 했습니다. 하루빨리 어떻게든 스스로 해 봐야겠다는 생각밖에 없었고 그것만이 이 지옥에서 해방되는 것이라 여겼습니다. 수술 후 인공 장루를 참아 내지 못해 구토하며 '차라리 죽었더라면' 하는 탄식도 해 보았습니다. 하지만 그러는 중에도 홀로 울면 울었지 결코 사람이 보는 앞에서 입 밖으로 그 울음소리를 토해 내지 않았던 저였습니다.

그런데 에스겔서를 묵상할 때 눈물이 제 가슴에서 쏟아져 나왔습니다. 지난 3개월 동안 병원 생활을 하면서 이렇게 가슴으로 통곡하며 울었던 건 정말 처음 있는 일이었고 아마 앞으로도 없을 것 같습니다.

에스겔이 듣고 보았던 하나님, 그분의 영광이 거하는 지성소로 들어가는 길이 험난하고 좁았던 것처럼 저 역시 제 몸 안으로 들어가는 길을 보고 찾는 것이 얼마나 힘들었는지 모릅니다.

주님이 거하시는 성전인 육체를 내 맘대로 다스리며 지낼 때는 한 번도 수치스럽다거나 부끄럽게 여긴 적이 없었습니다. 오히려 하체를 드러내며 음행한 자처럼 스스로 더럽히는 일을 즐겨했지요. 그런 지난날의 제 모습에 비한다면 지금 제게 임한 이 사건은 하나님 앞에 아무것도 거칠 것이 없는 일이란 생각에 조금은 의연할 수도 있으련만…. 범죄 안에 거할 때, 온통 육의 영으로 가득 차 죄가 죄인 줄도 모르고 은의 찌끼처럼 스스로를 땅에 떨어뜨리기를 주저하지 않던 저를, 하나님은 엎드러뜨리고 또 엎드러뜨리는 수고를 아끼지 않으시고 여기까지 인도하셨습니다. 그래서 천사가 에스겔을 이끌고 갔듯이 하나님이 육신의 가장 깊은 곳으로 저를 이렇게 이끌어 가시는지 모르겠습니다.

하나님이 저를 데리고 성소에 이르러…. 보지 못하고 깨닫지 못했던 내부 깊숙한 곳의 치부를 들여다보게 하십니다. 두레박을 들어올리는 지금의 제 모습이 더러운 것이 아니고 수치가 아님을 보게 하십니다. 항문을 막고 소변 줄을 막으신 하나님이 "말씀하시매" 한마디 대꾸도 없이 그저 따라 들어갈 수밖에 없는 연약한 저의 모습을 보게 하십니다. 성소와 지성소를 드나들며 하나님의 영광을 바라보았던 에스겔처럼 저 또한 허물어진 성전의 돌무더기들을 끌어안으며 다시 새롭게, 새롭게… 하나님의 영광이 거하는 성전으로 회복되기를 소망합니다.

두레박을 내리는 일, 고단하고 힘들지만 그날이 이를 때까지 수고를 아끼지 않아야 하리라 굳게 다짐해 봅니다. 나의 수치를 바라보게 하신 하나님, 감사가 무엇인지 알게 하신 하나님, 평안이 넘치도록 인도하신 하나님, 당신을 감히 사랑합니다. 사랑합니다.

혜옥 자매는 처녀로서는 하기 힘든 말씀 적용을 했다. 죽을 때까지 숨기고 싶었던 자신의 부끄러운 죄를 털어놓으면서 '육체로 치시니' 예수님의 육체의 죽음을 이해하게 됐다고 고백했다. 인공 장루를 갈아 끼우고 목욕을 하면서 그 순간에 거룩을 맛보았다고 했다. 이루 말할 수 없이 황홀한 거룩이었다고…. 나는 그때 혜옥 자매와 이야기를 하면서 이 상황에서 평안할 수 있다는 것이 바로 예수님의 은혜라는 것을 알았다.

거룩하고 흠 없고 책망할 것이 없는 자로 그 앞에 세우고자 하셨으니(골로새서 1:22) 그래서 인생의 목적은 행복이 아니라 거룩인 것이다. 혜옥 자매의 고백처럼 하나님은 우리를 거룩하게 하신다. 이것은 전적으로 하나님이 하시는 일이다. 내가 하는 게 아니다. 예수님의 십자가는 바로 나를 거룩케 하시려는 하나님의 열망이었다는 것을 우리는 알아야 한다. 하나님의 사랑과 열정은 우리가 헤아리지 못할 만큼 위대하다. 나는 하나님이 혜옥 자매를 복음의 일꾼으로 쓰기 위해 수고하시는 중이라고 생각했다.

혜옥 자매는 인공 장루를 달고 간증을 시작했고, 퇴원한 지 사흘도 지나지 않아 홈페이지에 큐티 나눔을 올리고 시를 올렸다. 복음의 일꾼 역할을 하기 시작한 것이다. 그 나눔에는 예수님의 평안이 넘쳐 나고 있었다.

혜옥 자매가 그렇게 날마다 벗으니까 하나님이 신속히 응답을 해 주셔서 상상치 못한 일이 일어났다. 인공 장루를 달고 여자로서 수치를 느끼며 간증한 지 일주일이 지나지 않아 배뇨 기능이 돌아온 것이다. 병원에서는 모두들 있을 수 없는 일이 일어났다고 입을 모았다. 혜옥 자매는 기구를 사용하지 않고 볼 일을 해결할 수 있게 된 것이 감사하다고 했다.

그 안에서 너희가 손으로 하지 아니한 할례를 받았으니 곧 육적 몸을 벗는 것이요 그리스도의 할례니라(골로새서 2:11)

예수님은 육적 몸을 벗게 해 주신다. 예수님만이 우리를 육에서 해방시키신다. 육적 몸을 벗는다는 것은 큐티 하면서 자신의 죄를 드러내는 것이라고 할 수 있다. 드러내는 것은 나를 위해 죽으신 예수 그리스도를 모르면 할 수 없는 일이다. 예수 그리스도를 모르고 드러내면 세상 사람들에게 수치밖에 당할 것이 없다. 나의 죄를 드러내면서 수치를 느낀다면 아직 나를 위해 죽으신 그리스도를 깊이 만나지 못한 것이다.

사람마다 각자 벗게 되는 그 수준에는 차이가 있는 것 같다. 99억 원 부도 나서는 안 오더니 100억 원 부도 나니까 하나님께로 돌아오는 사람이 있는가 하면, 온 집안이 망해 재산과 집을 모두 잃어도 안 되더니 마지막에 병으로 쳐야 돌아오는 사람도 있다. 암에 걸려도 드러내지 못하고 인공 장루를 달아도 드러내지 못하더니, 마지막에 기구로 소변을 퍼내는 지경에 이르러서야 드러내고 눈물을 흘리며 돌아온 혜옥 자매도 있다.

하드웨어인 '의식과 전통과 율법'이 아니라 소프트웨어인 '마음'에 할례를 받아야 육을 벗고 속을 드러내게 된다. 그런데 헛된 속임수에 노략당하지 않으려면 '주 안에서' 날마다 벗어야 한다. 날마다 벗는 것이 그리스도의 할례이기 때문에 그리스도가 책임져 주신다.

개인적으로 혜옥 자매야말로 우리들교회의 축복이라고 생각해 왔다. 젊은 나이에 암 선고를 받았는 데도 소망 가운데 잘사는 모습을 보여 주었기 때문이다.

"예수님은 잘 믿겠는데 암에 걸리면 그때는 내가 장담 못해."
"나는 순교는 하겠는데 막 고문을 하면 그때는 장담을 못해."

이것이 대부분 우리들의 모습이다. 그런 탓에 혜옥 자매의 모습은 큰 은혜를 준다. 믿음이 없던 혜옥 자매가 말씀을 받아들이고 저렇게 확실하게 변화된 모습을 보여 준다는 것 자체만으로도 축복이라고 생각했다.

너희를 위하여 하늘에 쌓아 둔 소망을 인함이니 곧 너희가 전에 복음 진리의 말씀을 들은 것이라(골로새서 1:5)

'하늘에 쌓아둔'이라는 것은 미래를 위해서 계속 삶을 준비한다는 뜻이다. 자신의 미래를 준비하는 데 있어서 가장 중요한 것은 말씀을 듣는 것이다. 말씀을 듣지 않으면 미래를 준비할 수 없다. 참된 복음과 진리의 말씀을 들을 때 소망이 생긴다. 소망이라는 확실한 기초에 기반을 둔 믿음과 사랑이 진짜인 것이다.

복음은 기쁜 소식이다. 승전고(勝戰鼓)이다. 승전고이기 때문에 복음을 듣고 소망이 생기는 것은 당연하다. 혜옥 자매가 살아날 거라는 소망이 확실하다는 것이 아니다. 암이라는 고난을 복음으로 정복하고 이미 천국을 누리고 있기에 승전고이다. 소망 없는 이 세상에서 온 몸으로 소망을 보여 주는 참 기쁜 소식이다.

암세포가 전이되었다는 소식이 충격이기는 했지만, 나는 혜옥 자매의 글을 보면서 주님께 '주님, 왜 혜옥 자매에게 다시 이런 고난을 허락하셨습니까?' 하고 따지는 마음은 일어나지 않았다. 최악의 진단 결과에도 죽음을 잘 감당할 수 있도록 도와주시라고 오히려 감사의 기도를 드리는 혜옥 자매의 글을 보면서, 이미 그녀가 죽음의 권세에까지도 순종할 수 있는 사람이 되어 있다는 것을 절절하게 알 수 있었기 때문이다. 나는 이렇게 기도할 수밖에 없었다.

"하나님이 반드시 살려 주실 것입니다. 하나님이 반드시 알맞게 살려 주실 것입니다. 그 하나님을 신뢰하고 나갈 수 있도록 인도하여 주옵소서. 예수님 이름으로 기도하옵나이다, 아멘."

처음 예수님을 믿기 시작하면 권세 있고, 학벌 있고, 만사형통한 것이 예수님을 믿는 복이라고 생각하기 쉽다. 예수님을 만나고 나서도 우리의 가치관은 쉽게 변하지 않는다.

성경을 읽지 않는 사람은 누구나 다 이렇다. 정말 '징' 하디 징한 우리들이다. 예수님을 믿고 큐티를 한다고 해도 믿지 않는 사람보다 크게 나을 게 없다.

"아휴, 내가 돈만 있어 봐, 애들이 공부만 잘해 봐, 시어머니만 안 모셔 봐, 내가 정말 예수 잘 믿는다. 일주일 내내 교회에서 살 건데…."

얼핏 보면 믿음 때문에 구한다고 착각할지 모르지만 그 밑바닥에는 뿌리 깊은 기복이 깔려 있다. 구하는 족족 믿지 않는 사람들이 원하는 것과 다를 것이 없다. 그것이 우리의 문제다.

"니네들 참 징글징글하다, 야."

하나님이 우리들을 보시면 그러실 것만 같다.

하나님은 출애굽한 이스라엘 백성에게 40년 광야 생활을 하게 하셨다. 그 40년 동안 아무 일을 하지 않아도 만나도 주시고, 메추라기도 주시고, 의복도 해어지지 않게 하시고, 발도 부르트지 않게 하시고…. '줄 것 다 줘 봤는데 죄는 없어지지 않더라'는 것이 신명기 8장에 나오는 말씀이다. 돈 주고 집 주고 자식 주고 다했는데, 죄는 그대로 있다는 것이다.

그래서 하나님은 말씀하셨다. 너를 낮추시며 너로 주리게 하시며 또 너도 알지 못하며 네 열조도 알지 못하던 만나를 네게 먹이신 것은 사람이 떡으로만 사는 것이 아니요 여호와의 입에서 나오는 모든 말씀으로 사는 줄을 너로 알게 하려 하심이니라… 네 하나님 여호와의 명령을 지켜 그 도를 행하며 그를 경외할지니라(신명기 8:3-6)

이것이 하나님이 40년 광야 생활을 주신 끝에 내리신 결론이다. 내 인생의 광야 생활 40년이 가기 전에 이 말씀을 깨달아야 한다.

믿는 사람들은 복의 개념도 팔복(八福)으로 바뀌어야 한다. 복이 하나도 아니고 여덟 개가 있으니 팔복(八福)이라고 하면 눈이 번쩍 뜨일지 모르지만 그 복의 내용은 가난하고, 애통하고, 핍박받고… 하는 것이다. 이 땅에 가장 가난하고, 애통하고, 핍박받는 자로 오신 예수님은 병들고, 쫓겨나고, 무시당하는 자들과 함께 하시면서도 누구보다도 천국을 누리신 분이었다.

처음에는 병 고치고, 귀신 쫓아낸 예수님이 좋아서 예수님을 믿게 되었다고 해도 갈수록 예수님의 고난 인생을 사모하게 되는 것이 믿음의 성숙이다. 십자가 고난 없이는 죄사함의 구원도, 부활도 없듯이 내 인생의 고난 없이는 지금의 내가 있을 수 없기에 나는 내 고난을 자랑해야 한다.

혜옥 자매의 간증과 나눔은 인터넷 홈페이지를 통해 전 세계 수많은 사람들을 살리고 있다. 아픈 것은 혜옥 자매가 하고 우리는 은혜만 받고 있으니 그 사랑의 빚을 무엇으로 다 갚을까.

결국 나도 내가 만난 예수님을 증거하는 것밖에 없다. 내가 당한 가난과 애통과 핍박으로 어떤 위로를 얻고, 어떤 천국을 누렸는지 증거하는 것밖에는 없다. 그래서 혜옥 자매처럼 암으로 시한부 인생을 살아도 천국을 누리는 것이 예수님을 믿는 우리만 누릴 수 있는 진짜 복 중의 복이다.

육의 성전이 무너져야 영의 성전이 세워짐을 믿는다

예수님이 날 때부터 소경인 자의 눈을 뜨게 해 주셨는데도 사람들은 믿지 않았다.(요한복음 9장) 오로지 눈을 뜨고 싶은 소원밖에 없었던 소경이 눈을 뜨게 되었는데 사람들은 자꾸 다시 눈을 감으라고, 거짓 증거를 하라고 한다. 그러니까 소경은 오히려 예수님을 증거하는 사람으로 변화되었고, 결국 예수님을 증거한다는 이유로 사람들에게 쫓겨나고 말았다.

예수께서 저희가 그 사람을 쫓아냈다 하는 말을 들으셨더니 그를 만나사 가라사대 네가 인자를 믿느냐(요한복음 9:35)

예수님은 쫓겨났다 하는 말을 들으시고 소경을 만나러 오신다. 눈을 뜨는 기적을 베푸셨던 예수님께서 소경이 바리새인에게 시달림을 당할 때는 한 번도 나타나지 않으시다가 쫓겨나니까 달려오신 것이다. 내가 쫓겨나면 주님이 반드시 뛰어오신다.

그래서 우리는 쫓겨나기까지 순종해야 한다. 직장에서건 부부 생활에서건 쫓겨나기까지 순종해야 한다. 세상 사람은 "내가 쫓겨나기 전에 먼저 나간다"고 큰 소리를 치지만, 그렇게 스스로 박차고 나오면 주님을 증거할 기회를 잃어버린다. 쫓겨나면 주님이 반드시 만나 주시니까, 쫓겨나기까지 참는 것이 축복이다.

주님이 쫓겨난 소경을 만나 처음 하신 말씀은 "네가 인자를 믿느냐"이다. 보지 못하는 자들은 보게 하고 보는 자들은 소경 되게 하려 함이라(요한복음 9:39) 보지 못하는 자들은 못 본다는 사실 때문에 간절히 보기를 소망해서 결국은 볼 수 있었지만, 두 눈 다 뜨고 있는 사람은 본다는 사실 때문에 두 눈이 멀 수도 있다. 교회를 오래 열심히 다닐수록 자기가 영적 소경이라는 걸 모를 수 있다는 것이다.

그렇게 내가 소경인 줄도 모르고 좋아하고 있으니까 주님은 고난을 통해 우리를 부르시고 말씀하신다. 쫓겨나고 망하고 버림받는 일을 통해서 주님은 우리에게 물으신다.

"너 지금 쫓겨났다고 슬퍼하는데, 넌 내가 창조주로서 비천한 목수의 아들로 이 세상에 온 것을 이해하니?"

하나님이 인간의 몸으로 이 세상에 오신 것은 인간이 돼지로 변하는 것보다도 더 엄청난 낮아짐의 사건이다. 하나님이 죽기까지 낮아지신 그 마음의 십 분의 일, 백 분의 일이라도 깨달으라고 주님은 사건을 통해 우리를 있는 대로 낮추시는 것이다.

그 하나님의 마음을 알지 못하고, 그렇게까지 나를 위해 헌신한 대상을 모르다가 삶의 변두리로 쫓겨나면 그때서야 예수님을 생각하게 된다. 소경이 쫓겨나고 나서야 찾아오신 것처럼 우리 주님은 고난의 때가 되면 나를 찾아오셔서 말씀으로 양육해 주신다.

"내 마음이 이렇단다, 너도 이제 내 마음을 알겠니?"

이때부터 말씀이 쏙쏙 들어온다. 이때가 양육받을 만한 때이다.

"목사님, 저 텔레비전에 나오게 생겼어요."

뒤돌아보니 요즘 한창 떡볶이 업계의 최강자로 나서고 있다는 박 집사님이다. 박 집사님을 처음 뵈었을 때의 어두운 그림자는 이미 사라진 지 오래였다. 이전과는 비교할 수 없는 기쁨이 얼굴에 가득 차 있는 것을 알 수 있었다. 이런 분을 만나는 것만 해도 늘 기쁨이다. 나는 놀라움에 되물었다.

"아이고, 무슨 일로요?"

"아, 글쎄, 제 삶이 이야깃거리가 된다네요. 〈인간극장〉이란 프로그램에서 제 삶을 좀 내보내고 싶다고 하는데, 어쩌면 좋을까요?"

"망했던 사람이 복음으로 일어섰으니 이야기가 왜 안 됩니까? 삶 자체가 간증인데요. 그럼 집사님처럼 환난당하신 분들을 전도하시는 마음으로 아주 멋지게 하세요."

박 집사님의 이야기는 방송을 타고 전국으로 퍼져 나갔다. 방송이 나간 이후 방송국 게시판은 여러 가지 의견으로 엇갈려 있었다. 공영방송인데 어느 특정 종교 이야기로 도배를 해도 되는 것이냐는 사람도 있었지만, 무척 힘들었을 텐데도 다시 소망을 되찾는 모습이 보기 좋다는 사람들이 대부분이었다. 어쨌든 박 집사님의 이야기를 통해 전하고 싶었던 바가 제대로 전달된 것 같아서 나는 내심 뿌듯했다.

"동생을 좀 도와주면 어떨까요? 목사님."

몇 개월 전이었다. 얼마 전에 동생을 전도한 집사님이 나를 찾아왔다. 제법 큰 사업을 하다가 망하는 바람에 큐티를 시작한 동생을 이제는 도와주었으면 좋겠다는 것이다.

"그러시면 안 돼요."

나는 단칼에 잘라 말했다.

"오늘 동생을 도와줄까, 생각하고 있었는데 마침 큐티 본문에 은혜를 베풀며 꾸이는 자는 잘 되나니 그 일을 공의로 하리로다(시편 112:5)라는 말씀이 있어서요."

"집사님, 그 구절만 보고 '아, 꾸이는 자는 잘된다고 하니까 돈 꿔 달라면 꿔 줘야지' 하면서 말씀을 문자적으로 적용하는 것은 하나님이 원하시는 바가 아녜요. 돈도 꿔 줘야 할 때가 있고, 꿔 주지 말아야 할 때가 있어요. 그때를 어떻게 분별할지는 말씀으로 깨달아야 해요. 동생은 지금까지도 여기저기서 도움을 받아 사업을 이어왔다고 했죠? 처음 사업에 망했을 때는 두 달 정도 교회에 나오다가 그만두더니, 이번에 완전히 망해서 정말 오갈 데 없는 처지가 되어서 예수님을 만났잖아요? 사업이 망하는 고난을 겪지 않았다면 절대 교회에 나올 사람이 아니었다는 것, 집사님이 제일 잘 아시잖아요. 지금 와서 다시 도움을 주는 것은 하나님의 공의가 아녜요."

나는 집사님의 남동생을 직접 만나 우리 교회 윤 집사님 이야기를 해드렸다.

"예전에 제법 큰 술집을 운영하시던 윤 집사님이 있어요. 아주 돈을 잘 벌었는데, 그 일이 하나님이 기뻐하시는 일이 아니란 것을 말씀 묵상하면서 깨닫고는 권리금도 다 포기하고 술집을 정리했어요. 빚 갚을 것 갚고 나니 사업 밑천도 얼마 남지 않았는데, 음식 장사를 하려고 해도 술을 팔아야 하니 안 되고, 무엇을 할까 알아보다가 시장 입구에 조그만 가게를 얻었어요. 원래 복권을 팔던 곳인데 꽤 장사가 잘됐다고 하면서 가게 주인은 계속 복권 가게를 하라고 했죠. 돈이 벌린다니까 윤 집사님도 복권을 팔아 볼까 했지만 그것 역시 하나님이 기뻐하시는 일은 아닌 것 같다고 적용했어요. 결국 가게 주인을 설득해 떡볶이 장사를 시작했죠. 지금은요, 하루 매상이 60만 원이 넘고요, 10평도 안 되는데 손님이 너무 많아서 아르바이트생을 두 명이나 써야 한대요.

이렇게 주님 말씀에 순복해서 삶을 하나씩 말씀대로 고쳐 나가면 주님이 함께하십니다. 어떤 상황에서도 주님만 보고 살겠다고 작정하면 주님이 소망을 주십니다. 누군가의 도움을 바라지 말고 주님만 의지하고 헤쳐 나가세요."

내 이야기를 들은 집사님의 남동생은 윤 집사님을 찾아가서 도움을 구하고 떡볶이 장사를 시작했다. 그 남동생이 바로 텔레비전에까지 출연한 박 집사님이다.

'내가 예전에 사장이었는데, 내가 얼마를 벌었는데…' 하고만 있었다면 그가 이렇게 빨리 앉은 자리에서 일어나지는 못했을 것이다. 만만치 않은 경력을 지닌 그가 금방 환경에 순종하는 것이 쉬운 일은 아니었을 것이다.

분명한 것은 누님이 안타깝고 불쌍한 마음에 그를 도와줬다면 순종하는 시간이 더 늦어졌을 것이라는 점이다. 믿는 사람의 최고 가치는 구원이다. 때문에 그 사람의 구원을 위해 어떻게 말씀을 적용해야 할지 하나님의 때를 기다리며 공의로 해야 한다. 박 집사님이 장사를 시작하면서 얼마나 변했는지, "손님들을 대하며 전도인의 사명을 갖고 장사하게 해 주세요" 하고 내게 기도 부탁을 할 정도가 되었다.

떡볶이 장사로는 선배인 윤 집사님이 '주일 성수는 꼭 지켜라, 이건 이렇게 해라' 하면서 컨설팅을 해 주는 모습도 보기 아름다웠다.

"빨리 회복해서 사업 다시 시작하셔야죠?"

내가 박 집사님에게 넌지시 물어보았더니 하는 말이 걸작이다.

"사업하면서는 세금 때문에 수익이 별로 없었는데, 오히려 떡볶이 장사가 나아요. 1미터도 안 되는 거리에서 손님들을 마주 대하니까, 이런 성직이 따로 없습니다. 손님 한 분 한 분마다 예수님을 대하는 마음으로 하니까요."

수줍게 웃는 박 집사님의 얼굴을 보면서 나는 이것이야말로 주님의 은혜라고 생각했다. 새로운 메뉴를 개발했다며 웃는 모습이 그렇게 활기차 보일 수 없었다. 정말 우리 삶에 말씀만 있다면, 그래서 주님이 주시는 소망만 있다면 우리는 어떤 환경도 뛰어넘을 수 있다. 어떤 환경이 닥치더라도 주님을 만나는 기쁨의 통로가 될 수 있다. 박 집사님은 우리들 가정과 교회에 예수님의 비전을 보여 주고 있는 것이다.

그러므로 너희가 그리스도와 함께 다시 살리심을 받았으면 위엣것을 찾으라 거기는 그리스도께서 하나님 우편에 앉아 계시느니라 위엣 것을 생각하고 땅엣것을 생각지 말라 (골로새서 3:1-2)

바울이 그 믿음과 사랑을 칭찬했던 골로새교회가 육적으로 영적으로 정신적으로 피폐해졌을 때, 바울은 반드시 위에 것을 찾고, 땅에 것은 생각하지도 말라고 힘주어 말한다.

"위에 것을 찾으라"는 말씀의 뜻은 한마디로 환경을 뛰어넘으라는 것이다. 위에 것을 찾는다고 세상 일 다 걷어치우고 천국 가는 날만 기다리라는 것이 아니다. 내 환경이 어떠하든지 지금 내 삶에서 예수님의 소망을 보여 주고 비전을 심어 주는 것이 위에 것을 찾는 것이다. 우리는 가족과 모든 사람들에게 어떤 환경에서든 그리스도를 보여 주고 소망을 보여 주어야 하는 사명을 가지고 있다.

아무리 성경 말씀을 마르고 닳도록 읽어도 땅에 것만 찾고 위에 것은 찾지 못할 수도 있음을 우리는 알아야 한다. 유대인은 어려서부터 보고 자란 대로 안식일과 절기 지키는 데 목숨을 건다. 반면에 이방인은 율법을 몰라서 마음대로 먹고 마신다. 유대인이나 이방인이나 자기가 살아온 환경대로 사는 것이다. 한마디로 율법주의는 환경을 넘어서지 못하는 것이다. 율법적인 설교는 내가 처한 환경에서 내가 무엇인가 할 수 있다고 가르친다. 내가 새벽 기도해서, 헌금해서, 구제해서 잘된다고 가르친다. 하지만 진짜 복음적인 설교는 나는 아무것도 할 수 없다는 것을 가르치는 것이다. 나는 아무것도 할 수 없고 오직 예수 그리스도의 은혜에 의지해야 하는 것이다.

내가 얼마나 무능하고 눈먼 자인가를 깨닫는 복음의 본질에서 출발하지 않으면 우리는 위에 것을 찾을 수 없다. 도무지 손쓸 수 없는 고난의 사건에서 죽어 본 적이 없기에 다시 산다는 것이 무엇인지도 모르는 탓이다. 그래서 지금까지 살면서 죽어 본 경험이 없는 사람이 가장 불쌍한 사람이다. 그런 사람은 성경을 깨달을 수 없다.

"죽어 본 적이 있었는가, 땅 끝까지 내려갔는가?"

이런 경험이 없다면 아무리 교회를 오래 다녔어도 위에 것을 찾을 수 없다. 그리스도인에게는 형통할 때 감사하고 곤고할 때 기도하는 사명만 있을 뿐이다. 박 집사님처럼 사업이 망하거나, 암에 걸리거나, 자식이 잘되거나 못되거나 내게 주어진 환경에서 하나님을 전하는 인생만 살면 된다. 뭐가 좋고 나쁘고는 내가 결정할 게 아니다. 그 환경에서 어떻게 하나님을 전하는가가 중요하다.

위에 것을 찾는 사람은 위에 것을 찾도록 예수님이 도우신다. 환경을 뛰어넘도록 주님이 도와주신다는 것이다. 우리는 그리스도와 함께 살리심을 받은 엄청난 존재이다. 내가 땅에 살면서 땅에 것을 생각하지 않으려면 내 신분이 어떤지 늘 인식해야 한다. 힘들게 예수님을 믿었다고 해도 얻었다 함이 없을 수도 있다. 하지만 하나님이 시작하셨으면 하나님이 나를 끝까지 감추고 보호하셔서 영광 중에 나타나게 하실 것을 믿어야 한다. 이는 너희가 죽었고 너희 생명이 그리스도와 함께 하나님 안에 감취었음이니라 우리 생명이신 그리스도께서 나타나실 그때에 너희도 그와 함께 영광 중에 나타나리라(골로새서 3:3-4)

지금은 너무 기가 막힌 상황이어서 아무것도 할 수 없고, 아무것도 믿어지지 않아도 억지로라도 말씀을 보고 기도해서 소망의 줄을 잡아야 한다. 박 집사님과 가족들은 직원 백 명을 거느린 사장에서 떡볶이 포장마차의 주인으로, 정원 딸린 집에서 단칸방의 삶으로 내려왔지만, 그 소망의 줄을 붙들었다. 그래서 이제는 방송에까지 나가 주님의 영광을 나타내고 증거하는 사람이 되었다.

하나님이 말씀하시고자 하는 것을 단 한 문장으로 하면, "육신의 성전이 무너져야 영의 성전을 세울 수 있다"가 될 것이다. 내가 무너지는 만큼 주님이 오셔서 다시 좋은 집을 지어 주신다. 내 육신의 정욕과 이생의 자랑과 안목의 정욕이 무너지는 만큼 튼튼한 집을 지어 주신다.

내가 밑으로 내려가 보는 것, 내가 사랑하는 사람에게 배신당하는 것, 이 자본주의 사회에서 비천하게 사는 것이야말로 축복이다. 내가 밑으로 내려가면 내려갈수록 예수님의 심정을 진짜로 이해할 수 있기 때문이다. 그럴수록 예수님의 말씀이 들리기 때문이다. 그럴수록 예수님이 나를 새롭게 지어 주시기 때문이다.

회복의 하나님을 믿는다

"목사님, 다 망했습니다. … 정말 완전히 망했습니다."

치과 의사인 장 집사님이었다. 나는 가슴이 덜컥 내려앉았다. 어쩐지 아직까지도 주식 투자를 내려놓지 못하고 있는 것 같더라니….

"무슨 일이세요?"

"남의 돈까지 가져다가, 없는 돈 있는 돈 다 끌어 모아서 마지막이다 하고 투자를 했거든요. … 그런데 며칠 뒤에 그 회사가 뉴스에 오르내리더니 주식이 완전히 급락하고 말았어요."

"… 하나님이 집사님을 너무 사랑하시나 봐요."

한편으로는 속이 후련했다. 이렇게 폭삭 망하기를 다행이라는 생각이 들었다. 여전히 끊지 못하는 주식 투자 때문에 자신이 연약하다고 늘 솔직한 고백을 하시더니 하나님이 장 집사님을 사랑하셔서 결국 완~전~히 망하게 하셨다.

사실 장 집사님은 이런 일을 처음 겪는 게 아니었다. 이미 전에도 주식 투자에 실패해서 60평 아파트까지 다 잃고 원룸 오피스텔에서 네 식구가 살고 있는 형편이었다. 빚도 많았다.

그런 고통 가운데 말씀을 듣고 주님을 만났고, 큐티를 시작했다. 하지만 말씀을 조금 들었다고 해서 이제까지의 가치관이 하루 아침에 변하지는 않는 법이다. 장 집사님은 여전히 부인과 자식을 위해 집 한 칸이라도 장만해야 한다며 '대박'의 꿈을 버리지 못했다. 날마다 하는 말이 "집 한 칸 장만하고 나서, 예전에 잃었던 것만 되찾고 나서"였다. 부인은 집 없어도 좋고, 돈 벌어다 주지 않아도 좋으니 주식 투자만 끊으라고 부르짖는데도 집을 장만해야 한다는 핑계로 주식 투자를 계속한다는 걸 우리 교회 식구들은 알고 있었다.

내가 말씀 전하면서 장 집사님을 도마 위에 올려놓고 이렇게 끊고 싶어도 끊지 못하는 것이 있다고, 죄의 권세가 진짜 무섭다고 본인 이야기를 설교 시간에 공개해도 상처도 받지 않고 오히려 은혜를 많이 받았다고 했다. 주식 투자는 끊지 못했지만, 회개도 참 잘하셔서 도저히 미워할 수 없었고, 그 솔직한 고백 때문에 교회에서도 인기가 많아졌다.

똑똑하고 공부도 많이 하신 분이 나름대로 골라서 투자를 하는데, 장 집사님이 투자를 한 회사는 어쩜 그렇게 풀리지 않는지 어느 회사 주식을 샀다고 하면 그 회사가 걱정이 될 지경이었다. 그런데 드디어 '폭삭' 망해서 땅 끝까지 내려가게 되었으니.

"한 번 대박을 터트려서 주님이 집 한 칸만 주시면… 집 한 칸만 주시면 그만두려고 했는데…. 정말 죽고 싶은 생각밖에 안 들고…, 부인 얼굴도 못 볼 것 같아요. 괴로워 죽겠습니다…."

"집사님, 망한 게 오히려 감사한 일입니다. 돈이 있으면 또 주식 투자를 하실 게 뻔하기 때문에 앞으로 잘될 거라는 말은 하지 않겠습니다. 정말 중요한 것은 회개예요. 일흔 번씩 일곱 번이라도 회개하고 통회자복하면 하나님이 용서해 주신다고 이미 성경에 약속해 놓으셨잖아요. 주님이 집사님을 더 사랑하실 겁니다. 지금까지 지은 죄가 중요한 것이 아니라 앞으로가 중요해요. 앞으로 남은 인생 주님만을 위해 사셔야 해요."

그래도 마음이 열리지 않았는지 시원하게 대답을 못하고 전화를 끊었다.

그 다음 주일, 오후 예배 시간에 집사님이 간증할 것이 있다고 말했다. 이제는 주식 투자를 끊겠노라고 전 교인 앞에서 선포를 한 것이다. 참 감사한 것은 집사님이 힘들어하는 것을 지켜보던 부인이 이렇게 말해 주었다는 것이다.

"나는 당신이 다 망해도 좋고, 죽을 때까지 주식 투자를 해도 좋아요. 나는 항상 당신 편이에요."

장 집사님은 어려움 속에서 부인의 사랑과 기도해 주는 지체의 소중함을 안 것만으로도 큰 위로가 되었다며, 에스겔 48장의 '여호와삼마'의 말씀을 받았다고 했다. 하나님이 항상 함께하시기에 두려움을 이길 수 있다는 응답을 받은 것이다. 아직 아침마다 불안하고 두려운 마음이 있지만 그때마다 말씀을 보고 기도하며 이기는 삶을 살고 있다고 했다.

이렇게 복음은 기쁜 소식이기도 하지만 흉한 소식이기도 하다. 그는 흉한 소식을 두려워 아니함이여 여호와를 의뢰하고 그 마음을 굳게 정하였도다(시편 112:7)

복음은 고난을 통해 하나님을 찾게 하시려고 육적으로 오는 흉한 소식일 수도 있다. 예수님 안에 있는 우리에게는 어떤 흉한 소식도 곧 이곧대로 흉한 소식이 될 수 없다. 그래서 흉한 소식을 두려워하지 않을 수 있는 것이다.

우리는 눈만 뜨면 두려운 마음이 든다. 돈이 없고, 건강이 없고, 남편이 없어서 두렵다. 하지만 정말 두려운 이유는 무엇이 없어서가 아니라 말씀을 보면서도 일상의 삶을 제대로 살지 않기 때문이다. 말씀 묵상을 해도 학생이 공부를 하지 않으면 두려움이 생긴다. 부인이 살림을 하지 않으면 불안하고, 남편은 땅이라도 파고 떡볶이 장사라도 하면서 일을 해야 하는데 일을 하지 않으면 두려움이 생긴다. 그러니까 내가 할 일을 하지 않기 때문에 두려운 것이다. 말씀을 묵상해도 적용을 하지 않기 때문에 두려운 것이다.

이미 저지른 일 때문에, 앞으로 다가올 일 때문에 잠을 못 자고 밥을 못 먹으면서 두려워하고 있다면, 그 두려움의 배후에는 욕심과 변명과 게으름이 있다는 것을 알아야 한다. 내가 새벽 기도를 하지 않아서 우리 애가 대학에 떨어지면 어쩌나, 내가 돈을 못 벌어서 다 굶으면 어떡하나, 좁은 집에서 어떻게 사나…. 이런 두려움은 다 욕심에서 오는 것이다.

　장 집사님은 그동안 주식 투자와 빚 문제 두 가지에 신경을 쓰느라고 힘들었는데, 이제 빚 문제 하나만 신경을 쓰면 되니 참 감사하다고 했다. 말씀으로 마음 깊은 곳에서 감사가 우러나오니까 장 집사님 얼굴이 어느 때보다 밝아졌다. 뒤늦게라도 돌이키면 주님이 그 집을 축복하신다. 하나님은 분명히 약속하셨다. 주님은 필요한데도 채워 주시지 않을 분이 아니다.

살아 계신 하나님을 믿는다

내가 병원 살림집에서 구역 모임을 인도할 때 만난 분이었다. 큐티 모임을 인도할 때마다 이분 이야기를 빼놓지 않을 정도로 내게는 너무 귀한 분이다.

생활력 없는 남편을 만나 이혼의 위기에 있었던 미장원 집사님은 워낙 갈급했었기에, 날마다 큐티를 해야 한다는 내 말을 다른 사람들처럼 재거나 따지지 않고 따라 주었다. 내가 예수님을 만나기 전이었다면 절대 함께 마주앉아 있을 이유가 없을 정도로 미장원 집사님은 가진 것도 배운 것도 사회적 지위도 없었다. 오직 세상 풍파에 상처받은 마음밖에는 없는 상태였다. 아무도 자신에게 관심을 가져 주지 않는데, 병원 원장 사모인 내가 관심을 가져 준다는 사실에 무척이나 감격스러워했다. 하나님의 사랑이 이제야 눈에 드러나 보인다면서 나와 함께 얼마나 열심히 말씀 묵상을 나누었는지 모른다.

하루하루 들려주시는 하나님의 말씀에 순종하니까, 미장원 집사님의 삶이 변하기 시작하는데 내가 다 놀랄 정도였다. 예전에 세상적인 가치관에 주눅 들었던 모습은 어느새 흔적도 없이 사라져 있었고, 이혼 대신에 남편과 사랑하는 삶을 살기로 했으며, 자신의 일터인 미장원을 선교지로 삼았다. 큐티를 함께하자고 단골손님들을 데려 오고, 전도할 사람이 있으면 와서 말씀 좀 전해 달라고 내게 전화도 참 많이 했다. 주일은 물론이고 공예배가 있는 날에는 미장원 셔터를 내릴 정도여서 내가 그 집의 살림을 걱정할 형편이 되었다. 그러던 어느 날 미장원 집사님이 내게 달려와 들뜬 목소리로 말했다.

"저 이민 갈 기회가 되었는데, 이민 갈까요?"

"아, 그 미국에 사신다는 권사님이 정말 초청해 주셨나 봐요?"

사연은 이랬다. 미장원 집사님이 여느 때처럼 손님에게 말씀을 전하고 있었다. 조용히 듣고 있던 손님이 자신은 권사인데 교회를 몇십 년 다녀도 모르는 말씀을 어쩜 그렇게 잘 아냐고 하더란다. 미국에 산다는 이 권사님은 그 뒤로 믿지 않는 아들네 집보다는 말씀을 함께 나눌 수 있는 미장원 집사님이 더 좋다면서 한국에 올 때마다 미장원 쪽방에 머물렀다고 한다. 그러더니 죽어 있는 이민 사회의 영혼을 깨워야 한다면서 미장원 집사님을 미국으로 초청하겠다고 제안한 것이다. 하나님의 인도하심에 감탄하지 않을 수 없었다.

나는 이민에 적극 찬성했고 집사님 가족은 얼마 뒤 미국으로 떠났다.

그렇게 미국으로 건너가고 나서 미장원 집사님에게서 처음 소식이 왔다. 반가운 마음에 편지 봉투를 뜯는 손이 바쁘기만 했다.

집사님께! (당시는 내가 평신도 신분이었기에 부르는 호칭이 달랐다.)

마음속으로는 하루에도 몇 통씩 집사님께 편지를 쓰고 있습니다. 집사님의 모습을 생각하면 힘이 되고 위로가 되어 오히려 제가 집사님께 사랑의 편지를 받는 느낌입니다.

참으로 그리스도 안에 지체의 사랑이 그 어떤 것보다 힘이요 사랑의 횃불인 것을 실감하며 오직 주님께 감사할 수밖에는 없답니다. 미국에 와서 그런 대로 몇 달을 지나고 나서야 하나님이 저를 어떻게 보시는가를 여호수아서를 통해 깨닫기 시작했습니다.

그즈음 간접적으로 어려운 일이 찾아왔습니다. 아파트 관리 회사에서는 영주권이 없다는 이유로 집을 나가라고 계속 통보해 왔고, 애들 아빠 회사에서도 영주권을 빨리 가져오지 않으면 안 된다고 독촉을 했습니다. 정말 무엇을 어떻게 어디서부터 기도해야 할지 정신이 하나도 없었습니다. 날마다 말씀으로 위로를 받으려 했지만, 여호수아는 계속 전쟁만 하고 있고…. 그렇다고 넋을 놓고 있을 수만은 없었습니다. 어쩔 줄 몰라 '영주권 구함' 이라고 적힌 신문사마다 전화해서 알아보고 발버둥을 쳤습니다.

그렇게 일주일이 지난 날, 여호수아 11장 말씀을 읽어가다 이와 같이 여호수아가 여호와께서 모세에게 이르신 말씀대로 그 온 땅을 취하여 이스라엘 지파의 구별을 따라 기업으로 주었더라 그 땅에 전쟁이 그쳤더라(여호수아 11:23) 는 말씀 앞에서 제정신이 들더군요. '여호수아 전쟁은 내 영적 전쟁이구나' 하고 다시 뒤를 회상해 보기 시작했습니다. 아브라함과 이삭과 야곱의 자녀, 아브라함에게 약속하신 가나안 땅, 또 모세와 이스라엘 자녀의 땅…. 우리가 여기까지 온 것은 하나님의 뜻입니다. 주님이 보내시지 않았다면 올 수 없었던 땅. 우리 가족을 이곳으로 보내신 것은 하나님이지 이 나라 사람들이 아니라는 생각에 다시금 예수님 앞에 얼마나 부끄러웠는지 몸 둘 바를 모르겠더군요.

여호수아서를 묵상하니 자기 욕심으로 아이성 싸움에서 패배했고, 만나가 그쳤고, 아간의 욕심으로 형벌을 받는 그런 사건들…. '마음을 다하고 성품을 다해 주님을 사랑하고 있는 줄만 알았더니 나도 이렇게 얼뜬 데가 많구나' 하는 깨달음 속에서 하나님이 우리의 사정을 잘 보고 계실 것이라 생각했습니다.

이스라엘의 하나님 여호와께서 이스라엘을 위하여 싸우신 고로 여호수아가 이 모든 왕과 그 땅을 단번에 취하니라 (여호수아 10:42) 부끄러움 속에 다시 기도를 시작했습니다. 사람에게 참으로 많은 시련을 주시는 것이 얼마나 큰 은혜인가를 체험했습니다. 모든 걸 주님께 맡기고 기도하니 얼마나 기쁘고 평안한지요.

더 무서운 일들이 많은 사람들을 통해 무대 연극처럼 진행되고 있지만 하늘을 향해 "내 아버지 감사합니다" 크게 외치며 기뻐 뛰고 싶은 심정입니다. 아직도 완전히 해결되지 않았지만 비록 맨해튼 지하도의 거지가 될지라도 주님이 나와 함께하신다는 기쁨은, 이 감사와 찬양은 그 누구도 모를 것 같습니다. 승리의 하나님이 살아 계심을 생각하고, 참으로 이 땅에 살게 할 권리는 하나님께 있음을 알기에 그냥 감사만 넘칩니다.

집사님! 갈렙의 분깃을 나눠 주실 때를 기다리고 있습니다. 취직할 미용실이 마땅치 않아 기도하던 중에, 부자 동네라고 소문난 '스카치 데얼리'

라는 곳에 일자리를 얻었습니다. 전철로 30분 기차로 45분을 타고 가야 하는 거리지만 갈렙과 같은 내 기업의 분깃을 주실 것을 기도하며 다니기 때문에 멀어도 먼 것 같지 않습니다.

 큐티는 매일 아침, 아름다운 가을 숲속을 헤치며 기차 안에서 하니까 직장에 도착하면 절로 기쁨이 넘쳐 나지요. 기쁨이 넘쳐 나니까, 영어를 제대로 못해도 모두 저를 좋아합니다. 미용실 사장도 저에 대한 것을 대대적으로 한국 신문에 광고해 주고 있답니다.

날마다 주님과 미팅합니다. 옆에 있는 동반자가 아무리 미운 짓을 해도 미워 보이지 않는 것은 주님이 주신 사랑이 원수까지도 사랑할 수 있게 하기 때문입니다.

집사님! 저를 주님 안에서 살게 해 주신 그 은혜를 생각하면 참으로 더 할 말이 없습니다. 그저 사도 바울처럼 제 생명 아끼지 않고 복음 전하며 열심히 살아가는 것이 주님 앞에 부끄럽지 않은 일이라 믿고 감사와 찬양을 드립니다. 보고 싶어요.

 주님의 말씀에 순종하는 삶의 기쁨을 이렇게 멋지게 표현한 편지가 또 있을까. 이 편지를 읽고 누가 초등학교밖에 나오지 못한 사람의 편지라고 생각하겠는가. 그 무렵 나는 아들과 딸의 입시라는 감옥에, 천한 과부의 감옥에 갇혀 지내고 있었지만, 그런 상황에서도 내가 말씀으로 양육한 사람들이 곳곳에서 열매를 맺어 자라나는 소식을 들으며 기뻐하지 않을 수 없었다. 이 복음이 이미 너희에게 이르매 너희가 듣고 참으로 하나님의 은혜를 깨달은 날부터 너희 중에서와 같이 또한 온 천하에서도 열매를 맺어 자라는도다 (골로새서 1:6) 비록 감옥에 있어도 온 천하에 열매 맺는 소문이 퍼져서 기뻐했던 바울처럼 나도 기뻤다.

미장원 집사님의 변화를 목격하지 않았다면, 그리고 그분에게 이처럼 감격의 삶이 없었다면 오늘의 나 또한 없었을 것이다.

그래서 내가 늘 강조해서 말하는 것이 '한 사람'이다. 주님의 말씀의 능력으로 일어난 한 사람이 내게 있다면, 우리는 이미 사역자의 길을 걷고 있다고 해도 지나친 말이 아니다. 그리스도인 대부분은 그 한 사람이 가슴에 없어서 주님의 능력이 얼마나 큰지를 금세 잊어버리는 것이다. 한 사람이 가슴에 있어야 한다. 그의 눈부신 삶의 변화가 늘 내 삶에 도전을 주어야 한다.

몇 년 뒤 미주 코스타(해외유학생수양회)에 갔다가 미장원 집사님의 헤어숍에 들른 적이 있다. 집사님의 헤어숍은 미국 엄마들이 그렇게 살고 싶어 한다는 뉴저지에 있었다. 가게에 들어서니 작은 책상 위에 큐티 노트가 가장 먼저 눈에 들어왔다. 그때 내 눈에서는 눈물이 핑 돌았다. 남편도 금형 기술자라 미국 사회 내에서 고액 연봉자 10퍼센트에 들어갈 정도로 연봉 수준도 높다고 했다. 헤어숍에서 3분 거리 안에 아이들이 다니는 뉴저지 사립 고등학교가 있었고, 또 그 근처에 집도 샀을 정도로 안정된 생활을 하고 있다고 했다.

낮은 형제는 자기의 높음을 자랑하고 부한 형제는 자기의 낮아짐을 자랑할지니 이는 풀의 꽃과 같이 지나감이라(야고보서 1:9-10)는 말씀은 거짓말이 아니었다. 코 흘리개 아이로 어렵게 살았던 집사님의 자녀들은 영어도 잘하고 좋은 교육 환경에서 교육을 받는데, 어린 시절 의사 아빠를 두어서 좀 편하게 살던 우리 아들과 딸은 입시 교육에 찌들어 살고 있으니, 정말 사람 인생은 아무도 모르는 일이다.

이 모든 축복의 시작이 주님 말씀에 한 가지씩이라도 순종하는 것이었음을 나는 잊지 않고 있다. 이 미장원 집사님이 영적으로나 육적으로나 강건함을 갖게 된 것은 오로지 말씀 앞에 순종하는 데 있었다. 이를 잊지 않고 삶에서 큐티, 곧 말씀 운동을 시작할 때 우리 또한 하나님의 살아 계신 능력을 체험할 것이다.

2장
말씀대로 산다

큐티의 꽃은 적용이다
말씀 앞에 100퍼센트 순종한다
말씀으로 사건을 해결한다
말씀 앞에 부끄러움을 내려놓는다
살아 있을 때 죄가 드러나는 것이 축복이다
100퍼센트 죄인임을 고백한다
결혼의 목적은 행복이 아니라 거룩임을 안다

큐티의 꽃은 적용이다

얼마 전에 오랫동안 큐티 모임에 나와 눈물을 흘리던 한 자매가 이단에 빠졌다는 이야기를 들었다. 말씀을 배척했던 것도 아니고, 분명 애통함과 애곡함이 있었는데도 이단으로 가고 말았다. '말씀을 봤는데 어떻게 그럴 수 있냐'고 말하는 소리를 들었다. 하지만 말씀을 알아도 그럴 수 있는 것이 바로 우리의 모습이다. 삶에 적용은 하지 않으면서 지식적으로만 말씀을 읽고 성경 공부 진도만 따진다면 그렇게 될 수 있다.

하나님 앞에서는 율법을 듣는 자가 의인이 아니요 오직 율법을 행하는 자라야 의롭다 하심을 얻으리니 (로마서 2:13)

큐티를 하고 좋은 설교를 듣고 은혜를 받으면 나의 믿음 수준이 그런 것처럼 착각을 하기 쉽다. 귀한 간증을 들으면 내 믿음을 그와 동일시하기 쉽다. 성경을 암송하면 하나님과 동행한다고 착각하기 쉽다. 그렇지만 듣는 데서 그치면 말짱 도루묵이다.

누가 뭐라고 해도 큐티의 꽃은 적용이다. 아무리 말씀을 달달 읽고 깨닫고 나누어도 막상 내 삶에 적용하지 않으면 모르는 것만 못하다.

말씀을 읽으면서 하나님은 어떤 분이신가를 알아가는 것도 중요하지만 하나님의 성품에 합당한 사람으로 나를 맞춰 가는 것이 더 중요하다.

성경 지식을 늘리기 위해서가 아니라 삶을 변화시켜서 예수님을 닮아 가는 것이 큐티를 하는 진짜 이유이다. 경건의 시간을 갖는 것에서 그치는 게 아니라 '성경을 묵상하고 말씀대로 하루에 한 가지라도 실천하는 것', 그것이 큐티의 올바른 정의라고 생각한다. 하루도 빠짐없이 큐티 하는 것만으로 내 믿음이 좋아졌다고 착각해서는 안 된다. 말씀으로 기도하며 적용하는 삶이 없다면 큐티도 율법적 습관이 된다는 것을 잊어서는 안 된다.

말씀 앞에 100퍼센트 순종한다

"저 어떤 분이 큐티 모임에 대해 알려 줘서 전화 드렸어요. 사실은… 아무한테도 말하지 못하고 있었는데요…."

20대의 앳된 목소리였는데, 뭔가 심상치 않았다. 자매는 한참 동안 뜸을 들였다.

"저 사실은, 지금 임신을 했거든요, 결혼할 사이였는데 남자가 결혼을 하지 않겠다고 해서요.…"

우는 모양이었다. 죄를 고백하기는 이렇게 참 힘들다. 정말 죽을 것 같아야, 그제야 자신을 포기하고 죄를 고백한다.

"어떤 상황에서든 아이는 낳아야죠. 제 남편이 산부인과 의사였는데, 낙태를 했다는 괴로움 때문에 장로님 아들이었는데도 신앙 생활 제대로 못하다가 마지막에야 회개하고 천국에 갔거든요. 생명은 하나님께 속한 것이니까 절대 함부로 하면 안 돼요.

그리고 절대 낙담하면 안 돼요. 우리 모두는 어미 배에서 취하여진 인생이기에 생에 고난이 닥쳐도 삶을 포기해서는 안 돼요. 내가 모태에서부터 주의 붙드신 바 되었으며 내 어미 배에서 주의 취하여 내신

바 되었사오니 나는 항상 주를 찬송하리이다(시편 71:6)

하나님은 만세 전부터 나의 앉고 일어섬을 아시는데 내가 여기에서 절망하고 좌절하고 나 자신을 비하하는 것은 사탄에게 영혼을 빼앗기는 일이에요. 다른 사람을 원망하고 자신에 대해 절망하게 만드는 것이 우리를 공격하는 사탄의 꾀입니다. 우선 큐티 모임에 나와서 말씀을 들으세요. 말씀이 있어야 내 사건을 해석할 수 있습니다. 아셨어요?"

이 자매는 그 다음 주부터 큐티 모임에 나오기 시작했다. 나와서 말씀을 듣고 아이를 낙태하지 않아야 한다는 말씀에 순종했다. 한 주일도 거르지 않고 빠짐없이 큐티 모임에 나오기 시작하면서, 어느새 눈물이 사라지고 언어가 달라져 있는 것을 알 수 있었다. 고난의 때에 말씀을 듣고 순종하니까 주님은 연락을 끊었던 상대 남자를 돌이키셔서 결혼도 시켜 주셨다.

나는 이 자매를 보면서 "모태에서부터 주의 붙드신 바 된 인생"이라는 말씀을 곰곰이 묵상했다. 산부인과 의사였던 남편이 낙태시킨 생명이 생각나 가슴이 아파오면서 말씀이 깨달아졌다.

지난 13년 동안 전 세계 여러 곳을 다니면서 '남편이 죽음 직전에 낙태한 것을 회개하고 거듭났다'고 증거하고 다녔지만, 이제야 진정한 깨달음을 얻은 것이다. 그동안 남편의 병원 건물을 산부인과로 빌려 주고 계속해서 임대료를 받아 온 것이 말씀 앞에 덜컥 걸린 것이었다. 다른 사람들에게는 왜 회개하지 못하느냐고 하면서 나도 이렇게 못 깨닫는 부분이 있었다니…. 정말 무서운 것은 자기 자신을 모르는 것이다.

낙태 수술을 하지 않는다는 '은혜산부인과' 이야기를 들은 적이 있다. 그곳 원장님은 목회자 사모님이고 남편 목사님도 의사였다. 은혜산부인과처럼 낙태를 하지 않는 병원이라면 모르지만 낙태 수술을 하지 않는 산부인과는 거의 없기 때문에 나는 산부인과에는 임대를 주지 않기로 작정했다. 그동안 임대를 주었어도 다들 운영이 잘되지 않아 임대료도 제값대로 받지 못했는데, 아마도 그것이 모두 하나님의 경고였지 않나, 이제야 깨달음이 왔다.

끄집어내면 끄집어낼수록 나 자신도 생각하지 못했던 악이 있음을 본다. 나는 정말 100퍼센트 죄인임을 다시 한 번 깨닫는다.

큐티 모임을 오래 인도하다 보니 아름답고 묘한(예레미야 6:2) 사람들을 만날 때가 있다. 이들의 겉모습은 아름답고 교양 있어 보이지만 이상하게 묘하다. 그러니까 믿는 것 같으면서 아닌 것 같고, 아닌 것 같은데 믿는 것 같고…. 입으로는 말씀을 말하지만 행위는 따르지 않고, 같이 지내도 자신을 드러내지 않으며 남의 말을 받아 줄 것 같지도 않은 사람이다.

갓 태어난 아기는 '응애 응애~!' 하고 울어야 정상이다. 울지 않으면 병원에 가야 한다. 마찬가지로 예수님을 믿고 새 생명으로 거듭났다면 그 생명의 움직임이 있어야 한다.

> 너희는 이것이 여호와의 전이라, 여호와의 전이라, 여호와의 전이라 하는 거짓말을 믿지 말라 너희가 만일 길과 행위를 참으로 바르게 하여 이웃들 사이에 공의를 행하며 (예레미야 7:4-5)

우리가 교회에 다닌다고 해서 저저 거룩해지는 것이 아니다. 새벽기도, 철야 기도, 공예배 열심히 다니면서 교양 있는 얼굴을 하고 있다고 해서 거룩해지는 것이 아니다. 하나님이 진정 우리에게 원하시는 것은 내 '삶에서' 길과 행위를 바르게 하는 것이다.

"구원은 행위로 얻는 게 아니라 믿음으로 얻는 거야" 하는 말은 맞지만, 그렇다고 해서 행위가 전혀 따라오지 않는다면 그건 정말 큰 문제다. 행위 없이 "여호와의 전이라" 예배와 경건만 부르짖으면 자기 죄를 합리화하는 신앙의 함정에 빠져들 수밖에 없다. 10억 원을 탈세해서 이익을 취하고는 교회에 천만 원 헌금하고 '내가 헌금했다'고 만족하는 것은 그런 함정에 빠진 모습이다.

그렇다면 우리는 얼마나 거룩해질 수 있을까? 하루도 빠짐없이 큐티 하고 기도하면 저절로 거룩해질까? 답은 '그렇다' 이기도 하고, '아니다' 이기도 하다. 아무리 큐티를 하고 기도를 해도 우리는 스스로 거룩해질 수 없는 존재이다. 그래서 오늘도 큐티 교재를 펴서 말씀을 붙잡고 매달릴 수밖에 없다. 죽었다 깨어나도 나의 본질은 길과 행위를 바르게 할 수 없고, 공의를 행할 수 없기에 눈물을 흘리며 회개할 것밖에 없다.

그럼에도 내가 거룩해질 수 있을까에 '그렇다' 하고 대답할 수 있는 것은, 바로 그런 회개와 애통이 주님이 원하시는 거룩의 시작이기 때문이다. 어떤 교양과 학벌이 있어도, 어떤 도덕적 행위가 있어도 나는 100퍼센트 죄인임을 알고 시인할 때 주님의 거룩이 우리에게 임한다. 그래서 겸손할 수밖에 없는 '겸손'으로 끈질기게 큐티 하면서, 말씀이 시키는 대로 때로는 나아가고 때로는 멈추고, 버릴 것은 버리고 가다 보면 나의 외적인 삶도 거룩해질 것이다.

"여호와의 말씀을 들으라, 여호와의 말씀을 들으라" 하나님은 반복해서 말씀하신다. 하나님은 지금도 바로 나에게 사랑의 잔소리를 하시고, 또 하신다. 그 말씀을 듣는 것만이 내 안에 예수 그리스도 생명이 사는 길이고, 내가 사는 길이고, 내 식구가 살아나는 길이기 때문이다. 들은 대로 지키는 것만이 내 삶이 바르게 되고, 내 가정이 바르게 되고, 이 나라가, 온 세계가 바르게 되는 길이기 때문이다.

말씀으로 사건을 해결한다

"아이고, 우리들교회 마스코트 준하 왔구나!"

나는 준하를 보면 물고 빨고 싶어서 견디지를 못한다. 얼마나 인기가 많은지 나한테 안겨 있기가 무섭게 준하를 찾는 소리가 들린다. 난 준하를 볼 때마다 생명은 정말 하나님이 주관하시는 구원의 역사이기 때문에 인간이 절대 함부로 다루어서는 안 된다는 것을 뼈저리게 느끼곤 한다. 주님은 말씀 앞에 진정으로 순종하는 삶을 보여 주기 위해 우리들교회에 준하를 보내신 게 분명하다.

"목사님 어떻게 해요. 이제는 우리 딸이 집 안에 남자까지 끌어 들였어요. 아무리 방문을 두드려도 아이들이 나오지 않아요. 하다 하다 못해 전화드려요. 이러다가 아이라도 덜컥 생기면 어떻게 해요?"

큐티 모임을 마치고 온 날이었다. 강 집사님의 목소리가 다급했다. 그럴수록 나는 차분해야 했다. 중학교 때 갑자기 아빠를 잃고 방황하기 시작한 다희가 첫 가출했을 때, 내 큐티 간증 테이프를 듣고 밤새도록 울었다는 강 집사님은 그 이후에 내가 인도하는 큐티 모임에 빠짐없이 나오면서 말씀으로 살려고 정말 애쓰는 분이었다. 남편도 없이 호랑이 같은 시부모님을 모시고 사는 것도 어렵고 힘든 일인데, 맏딸을 통한 고난이 끊이지 않았다.

딸애가 사고를 칠 때마다 학교에 달려가서 해결하기 바빴지만, 학생부 선생님들 큐티 모임을 만들어 인도할 정도로 복음에 헌신된 분이기도 했다. 때문에 우리 지체들 모두 강 집사님 가정을 놓고 기도하면서 지켜보고 있는 중이었다. 그리고 말씀을 묵상하는 사람은 바로 이렇게 기가 막힌 상황 앞에서 그 저력을 드러낸다는 것을 확인할 수 있었다. 나는 그것이 말씀 묵상의 힘이라고 생각한다.

"강 집사님은 늘 자기 열심이 앞서. 그게 탈이야."

나는 강 집사님이 자기 열심이 아니라 예수님의 지혜로 움직이길 바랐다. 내 열심으로 할 때는 아이들을 방문 밖으로 끌어내 몽둥이찜질로 혼쭐을 내도 시원찮겠지만, 예수님의 열심으로 하면 아이들을 그렇게 대할 수 없다. 성령님이 역사하셔야 사건이 해결된다. 사건이 왔을 때 성령님이 역사하실 때까지 기다릴 줄 아는 것이 믿음이다. 나는 강 집사님께 그런 믿음을 가져야 한다고 말해 주고 싶었던 것이다.

앞뒤 없는 내 말에 강 집사님은 "네, 알았어요" 하고 전화를 끊었다. 그 다음 주 큐티 모임에 강 집사님은 맏딸 다희와 함께 키만 멀대같이 큰 남자 아이를 데리고 왔다. 강 집사님은 눈짓으로 그 아이라고 말해 주었다. 저 뒤쪽에 가만히 앉아 있는데, 키만 컸지 비쩍 마른데다가 사람을 당당하게 쳐다보지 못하는 것이 마음에 상처가 많은 아이라는 것을 대번에 알 수 있었다.

그날 큐티 모임이 끝나고 강 집사님이 내게 와서 말했다.

"그날 전화를 끊고 가만히 생각해 봤어요. 다 제 죗값이더군요. 제가 결혼도 하기 전에 다희를 낳고 시부모님께 인정받지 못한 탓에 다희를 엄하게 키웠어요. 그러다 보니 아이 마음이 다 망가졌던 모양이에요. 예수님이라면 이 아이들에게 어떻게 하셨을까 곰곰 생각해 보니, 예수님이 이 아이들을 너무 불쌍하게 여기셨을 것 같더라구요. 그 길로 시장에 가서 상추랑 고기랑 조기랑 딸애가 좋아하는 음식을 차려 놓고 아이들 방문 앞에서 '배고프지 않어? 밥 먹자?' 그랬더니 방문을 빼죽 열고 나오는 거 있지요? 아이들 밥 먹는 상 앞에 앉아서 남자 아이에게 교회는 다니냐고 물었더니 부모님은 다니는데 자기는 안 다닌대요. 그날 사사기 말씀 들려주셨잖아요.

갈렙이 말하기를 기럇 세벨을 쳐서 그것을 취하는 자에게는 내 딸 악사를 아내로 주리라 하였더니…(사사기 1:12) 그래서 그랬지요. 너희가 학생 신분으로 공부를 하는 것이 기럇 세벨을 쳐부수는 것이라고, 밖에서 만나는 것은 괜찮다고 말씀을 적용해서 돌려보냈어요. '하나님, 저는 다른 건 없구요. 우리 다희, 하나님이 택하신 아들만 만나게 해 주세요' 라고 기도 많이 했었거든요. 그래서 큐티 모임에 와서 말씀이 들리면 이 남자 아이와 사귀고, 아니면 그만두게 해야지 했지요. 그래서 오늘 데리고 왔어요."

우리는 저만치 있는 다희와 남자 아이를 불러 물어보았다.

"오늘 말씀 어땠니?"

"재미있어요."

강 집사님 얼굴은 '왜 말씀이 들리는 거야' 하는 표정이다. 좌우간 그렇게 해서 다희와 남자 아이는 큐티 모임에 나오게 되었다.

아이들 수학능력시험이 끝나고 나서였을 것이다. 강 집사님이 간곡하게 할 이야기가 있다고 했다. 나는 다희 남자 친구 진로 문제 때문에 그런가 했다. 원래 공업 고등학교에 다니던 남자 아이는 강 집사님이 공부를 하라고 해서 수능 시험을 보기는 했는데, 모의고사 성적이 워낙 형편없었기에 나도 걱정을 하는 중이었다.

"집사님! 우리 딸이 임신을 했대요. 시부모님이고 남자 쪽 식구들이고 아이를 떼라고 야단이에요."

나는 어떻게 말문을 열어야 할지 가만 앉아 있었다. 그러다 그날 큐티 본문 중에 천사가 일러 가로되 마리아여 무서워 말라 네가 하나님께 은혜를 얻었느니라 보라 네가 수태하여 아들을 낳으리니 그 이름을 예수라 하라(누가복음 1:30-31)는 말씀을 떠올렸다.

"강 집사님, 이 아이가 예수님의 씨일지도 몰라요. 낙태는 절대 안 돼요. 구원은 생명에서 나온다고 했으니까요. 어쩌면 하나님이 이 예수님의 씨로 다희의 긴 방황을 마무리시키려는 것일지도 모르잖아요. 남자가 믿음이 있어야 불신 결혼의 죄를 짓지 않는 것이니까 결혼은 나중에 생각하더라도 아이는 절대 떼면 안 됩니다. 이 아이가 예수님의 씨라고 하시잖아요."

"집사님, 저도 그렇게 생각하는데, 아시다시피 다희가 담배에 술에 게다가 우울증 약까지도 먹고 있던 터라…. 혹시 잘못된 아이가 나오면 어떻게 감당하지요?"

나도 그 점이 가장 크게 걸렸다. 사실 다희는 우울증을 앓고 있었다. 강 집사님은 엄마를 내 손으로 죽이겠다고 달려드는 딸애가 무서워서 해와 달이 다 떨어진 듯 통곡했던 적이 있다고 했었다. 그리고 그때까지 말씀 묵상을 하면서도 사건만 바로잡으려고 했지 하나님이 원하시는 것을 알려 하지 않았던 죄를, 다희를 우상으로 삼았던 자신의 죄를 회개했다는 강 집사님의 고백을 나는 잊지 않고 있었다. 이미 중독이 되어서 습관처럼 피우는 담배는 덮어놓고라도 신경정신과 약은 태아에게 더 치명적일지도 몰랐다. 다희가 본드를 흡입했던 것도 문제였다. 그렇지만 정상적인 아이를 낳지 못한다 하더라도 하나님이 주신 생명인 것은 여전히 변함이 없는 사실이다. 기형아라는 이유로 아이를 뗀다면 그것은 하나님의 말씀을 부분적으로만 인정한다는 것 아닌가.

내가 다희를 직접 만났다. 가만히 내 말을 듣고 있는 다희에게 "이 말씀에 순종할 거니?" 하고 물었다. 다희가 고개를 끄덕였다. "백화점에 가서 옷 사 줄 테니, 큐티 모임에 가자"는 엄마의 손에 이끌려 와서 말씀을 들을 때는 졸기만 하던 다희였는데…, 하나님의 말씀에 순종을 하겠다는 것이 아닌가. 역시 다희가 똑똑한 아이라는 생각이 들었다. 예나 지금이나 하나님 말씀에 순종하는 사람이 제일 똑똑한 사람이기 때문이다.

> 너희는 산에 올라가서 나무를 가져다가 전을 건축하라 그리하면 내가 그로 인하여 기뻐하고 또 영광을 얻으리라 나 여호와가 말하였느니라 (학개 1:8)

솔로몬 때의 성전은 레바논의 백향목으로 지었지만 학개 선지자 당시는 돈도 없고 힘든 시기라서 좋은 나무로 성전을 지을 여건이 되지 않았다. 다만 하나님의 전이기에 정말 좋은 것으로 해야겠다는, 그 신실함으로 지으라고 하신 것이다.

우리 삶에서 가장 좋은 나무로 하나님의 전을 짓는다는 것은, 말씀을 보며 우리가 하기 어려운 적용을 하는 것이다. 올라가기 힘든 산에 올라가서 나무를 가져다가 하나님의 전을 건축하려고 결정만 해도, 우리가 하려고만 하면 복을 주시기로 작정하고 계시다는 것을, 하나님은 "나 여호와"의 이름을 걸고 강조하신다. 다희가 아이를 낳기로 결정한 것처럼 알코올 중독자 남편 섬기기, 공부 못하는 자녀 인정하기, 돈 없는 시부모 사랑하기 등 남들은 죽었다 깨어나도 하기 어려운 것을 하나님 뜻대로 하겠다고 결정만 해도, 그로 인하여 기쁨과 영광을 얻을 것이라고 하나님의 이름을 걸고 말씀하신다. 우리 같은 인간들도 자신의 이름을 걸고 이야기할 때에는 함부로 말하지 못하는데 하물며 천지의 창조주이신 하나님이 이름을 걸고 말씀하실 때는 어떻겠는가.

체면 때문에, 돈 때문에 산에 올라가지 못하고 있는 것은 무엇인지, 내가 정말 '이것만은 못해' 하는 것이 무엇인지 생각해야 한다. 집 안이 망하고, 바람피우고, 병 걸리고, 자식이 속 썩이는 지금의 내 고난이 하나님의 성전을 짓기 위한 가장 좋은 나무이다. 그것을 믿지 않으면 내 고난은 그저 세상에서 수치당하고 버려질 '지지리 고생' 밖에는 안 된다.

말씀에 순종해서 다희는 그 어린 나이에 아이를 낳겠다는 힘든 적용을 했다. 학개서 본문 말씀이 끝났을 때 강 집사님이 말했다.

"집사님, 대학교에 다녀야 하는데, 다희 배는 점점 불러 오고 어떻게 해야 할지 고민하면서 큐티 모임에 왔어요. 학교를 다녀야 하나 말아야 하나 하고요. 다희가 수치스럽잖아요. 그래서 정말 '이것만은 못해' 했는데, 말씀을 듣고 학교에 다니기로 했어요.

내년 여름이면 아이를 낳을 텐데, 아이를 낳으려면 정식 부부여야 하니 남자 아이에게 구원의 믿음을 심어 주고 나서 아이 낳기 전에 결혼을 시켜야 할까 봐요. 그래야 다른 건 몰라도 교회 생활을 떳떳하게 할 수 있잖아요."

말씀의 인도함을 받아 마음을 정한 강 집사님은 바빠졌다. 무서운 시부모님과 남자 아이 부모를 설득시켜야 했기 때문이다. 강 집사님은 출석하던 교회에 일단 결혼식 날짜를 예약해 놓고 남자 아이 부모를 만나러 갔다. 집 밖에서 몇 시간을 기다린 끝에 간신히 남자 아이 부모를 만날 수 있었다. 강 집사님이 결혼 이야기를 꺼내자 남자 아이 부모는 펄쩍 뛰었다.

"아니 왜 이렇게 문제를 복잡하게 만드십니까? 아이들 앞길을 망칠 수 있다는 걸 왜 모르세요. 저는 이 결혼 허락 못합니다."

"교회 생활은 떳떳하게 해야죠. 아이들이 그러고 어떻게 하나님 앞에서 떳떳하게 살겠어요. 결혼해서 낳기만 하면 제가 다 키울게요. 걱정하지 마세요. 결혼 준비도 제가 다 알아서 할 테니까 결혼식에만 와 주세요."

남자 아이 측에서 빌어도 시원찮을 판에 오히려 강 집사님이 고개를 수그리고 있으니 나도 속이 터질 판이었지만, 일단은 생명을 해치지 않는 것이 중요했기 때문에 나는 속으로 강 집사님을 응원해 줄 수밖에 없었다. 가뜩이나 교회에 다니지 않는 강 집사님의 시부모님은 난리가 났다.

"얌전한 고양이 부뚜막에 먼저 올라간다더니…. 어디서 너 같은 며느리가 들어와서 손자 새끼들을 이따위로 망쳐 놓고, 과부가 무슨 벼슬이라고 혼자서 일을 다 처리하고 다녀? 애를 떼면 되지 무슨 그 나이에 결혼을 시켜 시키길? 난 아무것도 못해 준다."

우여곡절 끝에 다희는 결혼식을 올릴 수 있었다. 그날 다희네 시댁 부모님만 참석하는 것도 다행스러운 일이었기에, 사람이 없고 초라한 결혼식이 될까 봐 걱정을 많이 했었다. 그런데 큐티 모임 식구들이 모두 참석하고, 교회 청년부 식구들이 특송을 해서 얼마나 화려한 결혼식이 되었는지 모른다. 배가 봉긋하니 나와서 웨딩드레스를 입은 앳된 다희는 전도자가 따로 필요 없는 복음의 메시지 그 자체였다.

결혼식은 풍성한 은혜의 잔치가 되었다. 다희네 시댁 부모와 강 집사님 시부모님이 어리둥절해할 만큼 사람들이 모두 일어서서 다희의 결혼을 축복해 주었다. 사람의 생각을 좇지 않고 하나님의 말씀을 좇아서 하는 결혼이기에 아무리 이들 부부 앞에 헤쳐 나갈 문제가 많다 하더라도 우리는 기뻐할 수 있었다. 신랑은 사회에서 알아주지 않는 대학에 갈 실력뿐인데 앞으로 무엇을 해서 어떻게 다희를 먹여 살릴지, 다희는 정상적인 아이를 출산할 수 있을지, 다희가 마음을 다잡고 잘 살아갈 수 있을지, 강 집사님이 시부모님 모시는 것과 아이 키우는 일을 잘 감당할 수 있을지 하는 걱정은 이미 하나님께 맡긴 지 오래였다.

그렇게 해서 태어난 아이가 준하다. 나는 정상적이고 게다가 너무 예쁜 준하를 보면서 하나님이 살아 계시다는 것을 분명하게 느낄 수 있었다.

예수께서 이르시되 할 수 있거든이 무슨 말이냐 믿는 자에게는 능치 못할 일이 없느니라 (마가복음 9:23)

우리가 어떤 상황에 있더라도 절대로 낙망해서는 안 된다. 말씀에 붙들린 한 사람, 보이지 않는 하나님의 형상으로 서 있는 한 사람이 있다면 반드시 모든 식구가 주님의 나라로 옮겨질 날이 있음을 믿어야 한다.

'나는 길이 없어…, 술도 못 끊고, 담배도 못 끊고, 남자도 못 끊고, 그러다 이제 아이까지 낳고…'

이런 죽을 것 같은 다희의 상황에서도 하나님이 구원의 길을 내시는 것을 나는 내 눈으로 똑똑히 보았다.

말씀 앞에 부끄러움을 내려놓는다

진짜 큐티란 주님 앞에 내 부끄러운 문제를 내놓는 것이라고 생각한다. 우리가 말씀을 모르고는 부끄러움을 모르기 때문에, 말씀을 보면서 내 부끄러움을 주님 앞에 내놓아서 하루하루 예수님을 닮아 가는 것이 큐티인 것이다. 그러므로 큐티를 한다고 말하면서도 내 부끄러움을 들추는 사람들에게 화를 내거나, 다른 사람의 부끄러움을 비판하는 사람은 진짜 큐티를 하지 않는 것이다.

어머니는 6·25 동란에 첫 남편을 잃었다. 그후 남편과 사이에 하나 있던 어린 딸을 친정 언니에게 맡기고 재혼을 하셨다. 어머니가 재혼해서서 내가 태어났다. 그런데 두 번째 남편, 그러니까 내 아버지마저 교통사고로 일찍 돌아가시고 말았다. 결국 어머니와 언니, 그리고 나 이렇게 처참한 여자 셋이 모여 살게 되었다. 교회 학교 교사였던 어머니는 평생 딸 둘의 성(姓)이 다르다는 것을 부끄러워했으며, 드러날까 두려워했다. 나를 입양시킬까 어쩔까 의논하는 소리를 듣고도 못 들은 척하면서 울며 잠 든 적도 있었다. 그런데 당시 우리 식구가 세 들어 살던 집 주인 아주머니가 밤이면 나를 불러서 성경을 읽게 하셨다.

어머니는 딸들을 호적에도 올리지 않았기 때문에 나는 호적상 아버지도, 어머니도 없는 하늘에서 뚝 떨어진 아이였다. 그래서 큰집 식구들이 오기라도 하면 집을 나와 빙빙 돌다 들어가곤 했다. 그렇게 벌레처럼 사람들을 피해 눈치 보면서 살던 나는 죽고 싶다는 생각도 여러 번 했었다. 그렇게 나는 누구의 축복도 없이 잘못 태어났다고 생각하면서 살아왔다.

그러다 언니가 결혼을 했다. 언니는 자신의 시댁 식구들에게 나를 "엄마가 어려운 중에도 동생을 입양해서 키웠다"라고 소개했다. 그 당시에는 그런 사실조차 몰랐다. 조카들을 보러 언니네 갔을 때였다.

"애들 이모는 남이니까 조심하고 네 남편 잘 챙겨라."

언니 시어머니가 소리 죽여 하는 말을 듣고는 정신이 쑥 빠져 달아나는 것 같았다. 그런 말을 듣고 낙심해서 죽기 위해 약도 먹어 보았다.

"차를 받고 차라리 죽어 버리자, 정말 개 같은 세상이다."

나는 목사들을 다 죽여 버리고 싶었다. 믿는 척하면서 자기 자식 하나 품어 주지 못하고 내팽개친 믿는 식구들을 보며, 교회만 보면 이가 갈릴 정도였다.

교회는 나갔지만 성경적인 가치관이 없었기 때문에 '내 주제에'라는 생각으로 불행한 내가 불행한 상대를 택해 불행한 결혼 생활이 시작되었다. 남편의 술에, 무능력에, 15년 동안 생계를 책임져 온 고달픈 생활에 더 이상 버틸 수가 없었다. 그 상황에서는 헤어지는 것이 최선이라고 판단했다. 그래서 이혼한 지도 8년. 누구라도 '더 참고 살지'라고 말했다면 그 사람을 결단코 쳐다보지 않았을 것이다. 나의 믿음으로는 살아남기 위한 최선의 선택이었다. 이혼 뒤 남편은 단 한 번도 다섯 살, 일곱 살이었던 아이들의 안부조차 묻지 않았을 정도니까 말이다.

생계를 위해 일을 해야 했던 나는 밤에 아이들끼리만 놔둘 수가 없어 혼자 계신 친정 어머니에게 같이 살지 않아도 좋으니까 가까이라도 살자고 사정을 했지만, 어머니는 자기에게 절대 기대지 말라며 거절했다.

아들이 남편의 얼굴을 닮은 것만 봐도 저 아이들이 남편과 같은 짓을 하면 어떻게 하나 두려움이 엄습했고, 우울증은 재발해서 나를 괴롭혔다. 이 모든 것이 내가 죽어야만 끝날 것 같았다. 들여다볼수록 싫은 뿌리기에, 더욱더 그 뿌리를 잘라 버리고 싶었고, 더 이상 숨기고 살면서 아닌 척 하고 싶지 않았다. 그래서였을까. 교회에 대해 실망하고, 자기 자랑만 하는 이들과의 교제가 싫어서 헤매던 내가 절망으로 도저히 일어설 수 없을 것만 같던 즈음, 새벽에 교회로 달려가 매달렸다. 형편없고 작디 작은 나를 끝까지 포기하지 아니하시는 주님이 반드시 나를 들어 나와 같은 자를 위로하시며, 말씀으로 깨닫게 하실 것을 믿었기 때문이다. 곧이어 큐티를 시작하고 나서부터는 말씀으로 회복시켜 주시는 주님의 위로를 맛볼 수 있었다. 그때 주님은 나에게 유월절 문설주의 어린 양의 피를 기억하게 하셨다. 돌이켜보니 어둠의 시간들 속에도 주인집 아줌마를 통해서 말씀을 듣게 하신 것이 감사했고, 초등학교 입학식에 찾아와 연필 한 다스를 내밀던 친척 언니, 꽁꽁 언 손을 잡아 주던 몇 번 안 되는 따뜻한 손길들을 기억할 수 있었다.

요즘은 아침에 주님이 깨우시면 일어나 무릎을 꿇고 기도하며 하루를 시작한다. 교회 생활이 너무도 신나고 좋기만 하다. 늦었지만 열심히 공부해서 자격증도 땄다.

뒤늦게나마 이런 쓴 뿌리를 내놓는 이유는 자유하고 싶기 때문이다. 예수님을 믿고 나서 보니 어머니의 두 번의 사별도, 언니와 성이 다르다는 것도 어느 누구의 잘못이 아니라는 것을 알았기 때문이다. 그런데 우리 식구는 평생 교회를 다녔어도 자유하지 못한 것 같다.

말씀을 보고 가치관이 달라지면서 언니와 형부가 떠올랐다. 모든 사람이 믿어야 하지만 그 사람들만은 믿으면 안 된다고 생각할 정도로 용서할 수 없었던 사람들이다. 하지만 말씀으로 꾸준히 변화하고 보니 죽기 전에 언니에게 찾아갈 수 있는 것이 감사했다.

며칠 전 언니의 생일날, 20년 동안이나 미워하며 보지 않았던 언니에게 노란 프리지아 꽃을 사 들고 찾아갔다. 찾아가는 발걸음이 나도 모르게 벌벌 떨렸다. 그렇게 두려운 마음으로 찾아갔는데 언니가 눈물을 글썽이며 맞아 주었고 조카들이 반겨 줘서 감사했다.

이제 어머니도 세상 떠나기 전에 자유함을 가지셨으면 한다. 50년 동안 교회를 다녔는데 50년 동안 해결되지 않는 문제를 주님은 말씀으로 해결해 주셨다. 말씀의 위력은 이처럼 대단하다. 말씀으로 내 인생을 돌아보게 된 것이 얼마나 감사한지 모른다.

이 글을 읽고 나는 한참이나 울었다. 우리의 인생은 정말 주님을 만나지 않으면 앞도 뒤도 깜깜할 수밖에 없다는 명확한 사실 때문이었다. 말할 수 없는 고난을 당하면서도, 그 어려운 일을 통해 오히려 어려움을 당하는 자를 위로하고자 하는 이분이야말로 '남은 자' 인 것이다. 이 한 사람의 남은 자가 있기에 온 집안에 희망이 있는 것이다.

이분은 누가복음의 탕자 비유를 자신의 삶에 적용했다. 집안일 열심히 하면서 모범적으로 살았지만 둘째 아들 탕자가 돌아온 것을 기뻐하지 않았던 맏아들, 집안일 하는 것보다 동생을 찾아오기를 원하는 아버지의 마음을 모르는 척 외면했던 맏아들이 바로 자신이었다고 고백했다. 예수님을 믿는다면서도, 큐티를 한다면서도 가족을 용서하지 못한 자신의 죄를 먼저 고백한 것이다.

나는 이분이 큐티를 너무 잘하는 분이라고 생각한다. 자신의 부끄러운 죄를 돌아보는 것이 큐티이다. 인격적인 하나님은 말씀을 통해서 크든 작든 구석구석 숨겨진 부끄러움들을 보게 하신다. 하나님은 '다른 사람은 필요 없다. 바로 너와 나의 관계를 보라' 고 말씀하신다.

똑같은 콩가루 집안이어도 시아버지와 동침한 다말은 예수님의 조상이 되었다. 하지만 친아버지와 동침한 롯의 딸들은 예수님을 대적하는 민족의 조상이 되었다. 마태복음 1장에 언급된 예수님의 계보에는 불륜을 저지른 여인, 기생, 이방 여인들의 이름이 올라와 있다. 누가 보아도 "나는 죄인이다" 라고 생각할 사람들만 족보에 기록되어 있다. 고난의 종류가 문제가 아닌 것이다.

주님은 부끄러운 사건 때문에 부끄러운 것이 아니고 믿음이 없어서 부끄러운 것이라고 말씀하신다.

기록된 바 보라 내가 부딪히는 돌과 거치는 반석을 시온에 두노니 저를 믿는 자는 부끄러움을 당치 아니하리라 함과 같으니라(로마서 9:33) 그래서 믿음은 부끄러움의 문제와 상관이 있다. 부끄러움은 믿음의 문제이다. 하나님 앞에 내가 죄인임을 인정하고 믿음으로써 이미 부끄러움을 느끼고 있다면, 어떤 일에도 부끄러움을 당하지 않는다. 그것은 내가 지금 어둠에 있어도 이미 햇빛을 보고 있는 것과 같으며, 밤이 지나면 아침이 오는 것을 알고 있는 것과 같다. 부끄러운 사연이나 사건들이 있을 때 주님으로 인해 부수고, 또 주님으로 인해 다시 잘 세우면 다음에는 무너지지 않을 수 있다. 하지만 잠시의 부끄러움 때문에 숨기고 다시 잘 세우지 않으면 작은 사건에서도 영원히 무너질 수밖에 없다.

교회에 50년을 다녀도, 이분의 가족처럼 50년 동안 부끄러움의 내력을 고스란히 가지고 있을 수 있다. 그렇지만 이제라도 주님 앞에 내놓으면 된다. 내 잘못을 인정하는 순간의 부끄러움은 부끄러움이 아니라 능력이다. 믿음의 지체들에게 나의 사연을 내놓고 나눌 때 나 자신도 죄에서 벗어날 수 있고, 고난에 빠진 지체를 도울 수도 있는 것이다.

살아 있을 때
죄가 드러나는 것이 축복이다

"저는 아버지 대신 아버지 삶을 간증하고 다닙니다. 저를 제외한 식구들은 모두 쉬쉬하지만 저는 침묵하고 있는 식구들보다 제가 더 아버지를 사랑하는 것이라고 감히 말할 수 있어요. 아버지가 정말 원하시는 것은, 주님은 자신처럼 이렇게 형편없는 죄인도 사랑하시는 분이라는 걸 증거하는 것이라고 생각하니까요."

김 집사님의 큐티 나눔이다. 큐티 모임 때부터 말씀 묵상을 함께해 온 김 집사님은 전에 섬기던 교회에서 파송받아서 우리들교회에 헌신한 분이다. 아직도 며느리로 인정받지 못했지만, 시어머니를 모시고 갖은 어려움 속에서도 말씀의 능력으로 살아가고 있다. 김 집사님에게 은혜가 넘쳐 나는 것은 삶에 고난이 많았기 때문만은 아니다. 김 집사님은 정말 은혜가 무엇인지를 정확하게 아는 분이기 때문이다. 김 집사님은 아버지의 이야기로 나눔을 시작했다.

"…아이고, 하나님 막아 주셨어야죠… 왜 이렇게 하셨어요…하나님 어디 계신 거예요… 왜 이렇게 되도록 그냥 두셨어요, 그래…."
식구들의 입에서는 하나님에 대한 원망만 끊임없이 되새겨지고 있었다. 모두들 할 말을 잃었다. 어머니는 정신을 잃었다. 식구들 앞에는 아버지의 기사가 실린 《경기신문》이 놓여 있었다.
"수석 장로 김00 씨 간통죄로 고소당해!!"
어떤 여자와 한 번도 아니고 여러 차례 관계를 가졌는데, 그 여자의 남편이 아버지를 고소한 것이다. 아버지는 교회에서도 내침을 당했다. 외도를 일삼던 아버지를 지극 정성으로 전도해서 교회 수석 장로의 직분까지 허락했던 목사님은 눈물을 참지 못했다.
"죄를 지으셨어도 들키지나 마시지요…. 지금은 섭섭하셔도 이것이 주님이 장로님을 사랑하시는 방법이라는 것을 나중에는 아실 겁니다."
뿐만 아니라 합의금을 물어 주어야 했기에 땅과 재산을 전부 잃었다. 그리고 신문에까지 났으니 고향이 발칵 뒤집혀서 더 이상은 고향에서 살 수도 없었다. 하나님 앞에 범죄한 순간 모든 것을 잃었던 것이다.
도망치다시피 서울로 올라온 우리 식구는 남은 재산으로 서울에 조그만 집 하나를 장만했지만 문제가 사라진 것은 아니었다.
어머니는 아버지를 용서할 수 없다고 했다. 결혼 초기부터 여자를 바꿔 가며 외도를 하던 아버지, 하지만 예수님을 믿고 변화되어서 술과 담배와 여자를 끊고 장로가 되어 자신의 변화된 삶을 다른 교회에 간증까지 하러 다니던 아버지, 또다시 이렇게 자신을 배신하고 하나님 앞에 범죄한 아버지를 더 이상은 용서할 수 없다고 했다.

"나는 너희 아버지랑 다시는 못 산다. 다시는 안 살아!"
그렇게 곤욕을 치르고 나서 아버지는 서울의 작은 교회를 섬기기 시작하셨다. 사찰 집사님 대신 새벽 기도 때마다 교회 문을 여는 봉사를 하셨다. 아버지는 마치 죽은 사람처럼 소리 없이 지내셨다. 회개를 얼마나 많이 하셨는지 아버지를 볼 때마다 눈가가 늘 짐짐했다.
그리고 5년 뒤 어느 추운 겨울 새벽, 아버지는 새벽에 교회 문을 열러 가다가 그만 쓰러지셨다. 그리고 끝내 일어나지 못하셨다.

"아버지를 내쳤던 목사님의 말씀대로, 만약 교회에서 아버지를 다시 받아 주었다면 아버지는 예수님과 새롭게 만나지 못했을 거예요. 그때는 정말 서운했지만, 지금은 감사해요. 아버지의 죄를 죄로 심판하신 하나님, 아버지를 구원시키시려고 열심히 애쓰신 하나님, 살아 있을 때 그 죄를 드러나게 하셔서 죄를 고백하게 하신 하나님께 감사해요. 살아 있을 때 죄가 드러나야 회개해서 천국에 가지요. 살아 있을 때 죄가 드러나는 것이 축복이라는 것을 저는 아버지를 보면서 깨닫습니다.

저도 저의 범죄가 하나님의 은혜 가운데 어떤 모양으로 그려지며 제 인생을 마감하게 될지 모르겠습니다. 하지만 하나님은 어떤 상황에서도 택하신 한 영혼을 버리지 않으신다는 것을 저는 아버지의 인생에서 보았습니다."

김 집사님의 큐티 나눔에는 이렇게 은혜가 있다. 내 죄가 보이고,

내 죄가 보이면 은혜를 받는다. 우리는 정말 죄와 은혜 사이에 있다. 율법이 가입한 것은 범죄를 더하게 하려 함이라 그러나 죄가 더한 곳에 은혜가 더욱 넘쳤나니(로마서 5:20) 율법이 오기 전에는 죄를 모른다. 그래서 씻을 줄도 모른다. 내 죄를 보는 것, 내 죄를 드러내는 것이 바로 큐티이다. 큐티를 하면서 내 죄가 더 많아진 것이 아니라 이제까지 감춰져 있던 죄를 깨닫는 것이다.

택함을 받은 사람은 어쩌다 실수를 해도 드러나고 주목받을 수밖에 없다. 드러나는 일은 좋은 일이다. 처음 큐티를 하면서 내 죄를 보는 것이 어떤 사람에게는 참을 수 없는 고역인지도 모르겠다. 큐티를 하면서 죄를 드러내느라고 고생이다 하는 분들도 많다. 하지만 병은 감추고 있으면 깊어지고 드러내면 고칠 수 있는 것처럼, 죄를 드러내어 회개하도록 하는 것이 바로 율법의 역할이고 큐티의 역할이다. 큐티를 하면서 내 죄를 봤다면 씻어야 한다. 십자가로 씻어야 한다.

날마다 내 죄를 보며 나 같은 죄인 살리신 주 은혜가 놀라울수록 풍성한 은혜를 느낀다. 내가 육신의 소욕과 싸울 때 은혜를 받는다. 내가 죄인이라는 것을 볼 때마다 은혜가 더욱 넘쳐 난다.

과거의 죄는 우리를 은혜롭게 한다. 과거의 죄로 인해서 평생을 풍성하게 사역한 베드로와 사도 바울에게서 그것을 확인할 수 있다. 예수님을 세 번 저주하며 부인한 베드로, 스데반을 돌로 쳐 죽인 바울이기에 누구에게 무슨 소리를 들어도 "나 같은 죄인"도 용서하신 주님을 생각하며 은혜를 받았을 것이다. 그래서 바울은 처음에는 자신을 사도 중에 지극히 작은 자(고린도전서 15:9)라고 했다가, 조금 지나고 나서는 모든 성도 중에 지극히 작은 자보다 더 작은 나(에베소서 3:8)라고 했다가, 죽을 때에는 죄인 중에 내가 괴수(디모데전서 1:15)라고 고백하지 않았는가.

은혜 없는 사람들의 특징은 말만 하면 '나는 잘못한 게 없어, 내가 왜 이런 일을 당해야 돼, 나는 억울해' 하는 것이다. 회개는 하나님이 주시는 그 은혜로 인해서 나의 무능과 연약함을 깨닫고 주님의 일을 하는 것이다. 예수님을 판 유다는 주님 때문에 회개한 것이 아니라 자신의 인간적인 교양으로 후회한 것이다. 그래서 자멸의 길로 갈 수밖에 없었다. 후회는 성품으로 하고 회개는 믿음으로 한다.

예수를 잡아 끌고 대제사장의 집으로 들어갈새 베드로가 멀찍이 따라가니라(누가복음 22:54)

예수님을 부인하고 멀찍이 떨어져 주님을 따라가는 베드로, 우리 중 누구도 그 베드로를 욕할 수 없다. 김 집사님의 아버지도 욕할 수 없다. 베드로만이 아니라, 그분만이 아니라 우리도 예수님을 부인하고 멀찍이 따라갈 수밖에 없는 처지임을 알아야 한다.

주께서 돌이켜 베드로를 보시니 베드로가 주의 말씀 곧 오늘 닭 울기 전에 네가 세 번 나를 부인하리라 하심이 생각나서 밖에 나가서 심히 통곡하니라(누가복음 22:61-62)

이 일을 생각하며 베드로는 오순절 이후 자신의 설교로 3천 명이 전도되었어도 감히 자신이 한 것이라고 여기지 않았을 것이다. 주님이 베드로에게 사역을 시키시려고 겸손하게 만드신 것이다. 지금 내가 당한 사건에서 유다처럼 인간적인 교양으로 후회할 것이 아니라, 베드로처럼 주님의 말씀 앞에서 회개하고 통곡해야 한다. 주님은 그런 나에게 사역을 주시고 나로 인해 많은 사람들이 돌아오게 하신다. 내 의가 아니라 내 죄를 드러내는 것, 그것이 큐티의 목적이다.

100퍼센트 죄인임을 고백한다

"저희 부부는 예전 교회에서 아름다운 부부로 손꼽혔었지요. … 남들은 그런 줄 알았지만 … 정말 여자 문제는 끊어지지 않더라구요. 다윗이 이해가 가요. 저도 이젠 남편을 정말 포기하고 싶은 마음뿐이에요."

방금 전만 해도 이 세상에서 남부러울 것 없는 분처럼 보였는데, 그런 사모님의 얼굴에는 쉴 새 없이 눈물이 흘러내렸다. 이야기를 전해 들은 나는 그동안 남편이 아내와 함께 교회에 다닌 것이 실은 그저 다른 여자에게 친절하듯 아내의 말을 따라 준 것에 지나지 않는다는 것을 알아차렸다.

"처음에 바람을 피웠다는 것을 알았을 때는 배신감이 너무 컸어요. 남편은 결혼 전에 저를 7년이나 쫓아다녔거든요. 그러니 제가 오죽했겠어요. 직업 좋고 인물 좋고 매너도 좋아서 사람들에게 친절하니까 제가 다른 여자라도 넘어가지 않을 수 없겠더라구요. 누구를 탓할 수 있겠어요."

사모님은 눈물만 계속 흘렸다. 겉으로 보기에는 너무나 완벽했던 남편, 하지만 그 속에 무엇이 들었는지 절대 겪어 보지 않으면 모르는 것이 사람이다.

"하나님이 없는 사람은 누구나 자기 집착과 중독이 있어요. 열심 중독, 사랑 중독, 여자 중독…. 이 모두 다 하나님 앞에서는 죄를 짓는 거예요. 사람은 누구나 죄인이라서 누구든 그 환경에 가면 그렇게 될 수밖에 없는 것이 사람이에요. 내 중독을 이해해야 다른 사람의 중독을 이해할 수 있어요. 내가 아직 하나님으로 충만하지 못해서 남편과 자식에게 집착하고 중독되는 거 아니겠어요? 은혜를 받아야 모든 죄와 중독이 끊어질 수 있어요. 남편이 그럴수록 기도하는 것이 하나님이 결혼을 허락하신 이유입니다. 서로 하나님의 거룩을 심어 주는 것이 결혼이라는 겁니다. 그러니까 바람 한 번 피웠다가 제자리로 돌아오는 게 중요한 것이 아니고 남편이 하나님의 은혜를 받는 것에 목표를 두어야 해요. 바람난 남편 되돌려 받는 게 아니라 남편 구원시키는 게 목표여야 해요."

눈물을 삼키며 내 말을 듣던 사모님은 매주 큐티 모임 때마다 빠짐없이 나와서 말씀을 들었다. 그러고 나서 얼마나 지났을까 어느 기업체의 사장인 남편도 큐티 모임에 나오기 시작했다. 사모님이 나에게 와서 넌지시 하는 말이 이랬다.

"큐티 모임만 오면 내가 다 용서하겠다고 했어요. 다른 말 하지 않겠다고, 그랬더니 저렇게 나오네요."

사실 이런 적용은 아무나 할 수 있는 게 아니다. 아무리 큐티를 하고 말씀을 좔좔좔 왼다 하더라도 이렇게까지 말씀에 순종하기는 쉬운 일이 아니다. 나는 이 사모님을 존경하기로 했다.

어쨌든 그렇게 해서 최 사장님은 아내와 함께 큐티 모임에 참여했다. 하지만 큐티 모임에 나온다고 해서 상황이 쉽게 변하지는 않았다. 최 사장님은 여전히 성공가도를 달리고 있었고, 여자 문제 또한 끊이지 않았다. 몇 번인가 사모님에게서 남편과 정분난 젊은 여자들을 만났다는 이야기를 전해 들었다.

"우리 남편이 죄를 몰라서 그랬으니까, 아가씨가 우리 남편을 용서해 주세요. 제가 남편 대신 빌게요. 그저 아가씨도 예수님 믿으세요. 아가씨도 예수님을 믿어야 우리 남편을 용서할 수 있을 거예요."

사모님은 남편과 바람난 아가씨를 찾아가서 말씀을 쥐어 주며 이렇게 말했다고 했다. 본부인이 만나자고 했으니 이 아가씨가 얼마나 앙다짐을 하고 나왔겠는가. 그런데 본부인이 이렇게 말을 하니 그만 자신이 잘못했다고 말하더라고 했다.

20-30년 교회를 다녀도 말씀을 하나님이 내게 주신 계명으로 생각하지 못해서, 아니 생각은 하더라도 실천하지 못하는 영적 문둥병자로 살아가는 것이 요즘 우리들이다. 이런 상황에서 자신을 낮추는 건 날마다 말씀을 붙잡지 않고는 결코 할 수 없는 일이다.

사모님은 이렇게 하기를 몇 번이나 했는지 모른다. 최 사장님은 여자 중독이라고밖에는 생각되지 않았다. 그럼에도 우리는 함께 말씀을 나누면서 지치지 않고 최 사장님이 하나님을 만날 수 있기를 오랫동안 함께 기도했다. 그러던 어느 날 일이 터지고 말았다.

"이번에는 임신까지 덜컥했대요. 그러니 아이를 죽이라고 할 수도 없고 어쩌면 좋아요."

사모님은 흐느끼고 있었다.

"사모님, 다윗도 여자 중독을 끊기까지 얼마나 오래 걸렸어요. 자기 아들이 자신의 후처들을 겁탈하는 것까지 보고 나서야, 그렇게 끔찍한 일을 겪고 나서야 중독을 끊을 수 있었잖아요. 이제 좋으신 우리 하나님이 손을 보시려고 이렇게 큰일을 허락하셨으니 이제까지 해 오신 것처럼 우리는 더 열심히 말씀 보고 더 열심히 말씀대로 삽시다!"

나는 하나님의 계획하심을 믿었다. 정말 이 일을 통해 오랫동안 계속 되어 온 이 죄악된 행동에서 최 사장님이 빨리 돌이키기를 간절히 기도했다. 그렇지만 일은 더 심각해져서 아예 두 집 살림을 차리고야 말았다. 본부인에게서 얻은 자녀는 딸만 있었는데, 아가씨가 낳은 자녀는 아들이었기 때문이다. 최 사장님은 아들을 너무나 좋아해서 그 집에서 나올 생각을 하지 않았다. 게다가 아들 손자를 원했던 시어머니 역시 아예 두 집 살림을 응원하는 형편이 되고 말았다.

나중에는 일주일에 3일은 본부인 집에, 3일은 아기가 있는 집에 다니기로 하는 데까지 합의를 해야 하는 형편에 이르렀다. 그러면서 갈등은 더욱더 깊어졌다. 아기 엄마가 계속 본부인과 이혼하고 자신과 결혼할 것을 요구하고 있었기 때문이다. 이러지도 저러지도 못하는 날들이 계속되었다. 사모님은 이런 와중에도 끊임없이 큐티 모임에 남편을 데리고 나와서 날마다 성경책을 눈물로 적셨다. 우리들교회가 개척하고 나서는 주일에 남편인 최 사장님과 함께 교회를 섬기기 시작했다.

"제가 주일에 교회 가면 그 집에 가는 것 하루 빼 주기로 했거든요. 그러니 저렇게 나오네요. 집에 와서 하는 말이 '아니, 무슨 설교가 그렇게 길어! 내 참 아주 지겨워 죽겠다.' 그러는 거 있죠? 그래도 예배 드리는 게 감사하잖아요?"

남편에게 말씀이 들리기를 간절히 기도하던 사모님이었기에 남편의 그런 반응에 낙심할 만도 하련만 그래도 포기하지 않았다. 우리는 말없이 하나님이 치유해 주시기를 기도하는 수밖에는 없었다.

그런데 변하지 않을 것 같은 남편이 돌아서는 사건이 생겼다.

"목사님, 우리 남편이 이번 제자 훈련을 받겠대요. 그리고 그 집에 다시는 안 가겠다고 말했어요 하나님이 정말 응답해 주셨어요."

"어머, 정말 하나님 살아 계시네. 불만불평 안 하고 말씀에 순종해서 사니까 이런 일이 일어나네. 우리 사모님이 승리한 거지."

"왜 지난번 한나 설교에 녹았대요. 한나가 그렇게 원해서 얻은 자식도 주님의 성전에 있게 했는데, 내가 아무리 아들이 좋아도 같이 있으면 좋고 없으면 그리운 것이지 이렇게 날마다 끼고 있는 것이 사랑이 아니다, 죽고 싶도록 미치게 뭔가 하고 싶은 것은 정욕이지 사랑이 아니다, 이 말씀이 그렇게 가슴에 팍 꽂혔대요. 몇 년 동안 큐티 나눔을 듣더니 이제야 말씀이 들리기 시작했나 봐요."

하나님과의 관계가 바로 세워지니까 그 밖의 혼외 관계를 정리할 수 있었던 것이다. 그 사이에서 최 사장님이 얼마나 괴로워했을지는 보지 않아도 뻔한 일이다. 아들 때문에 생활비는 보내 주지만 여자네 집을 찾아가는 것은 끊기로 했다고 들었다.

하기는 내가 생각해 봐도 그렇다. 두 집 살림을 하면서 여자 둘을 자연스레 비교했을 텐데, 본부인은 잘못을 저지른 자신을 미워하지 않고 그저 말씀만 들으러 가자고 하는데, 다른 여자는 날마다 본부인이랑 이혼하고 자기랑 결혼해야 한다고 닦달을 했으니, 어느 여자가 더 훌륭한 아내인지 대번에 알지 않겠는가.

그리고 나서 최 사장님은 제자 훈련도 받고 목장 모임도 참석했지만 한 번도 자신의 죄에 대해서는 내색을 하지 않았다. 그래서 나는 하나님의 일에 쓰임을 받으려면 아직 말씀이 한참 더 들려야겠구나 생각했다. 그랬는데 며칠 전이었다.

남자 목장 모임 보고서를 읽던 중이었다. 나는 깜짝 놀랐다. 최 사장님이 드디어 자신의 이야기를 털어놓은 것이다. 이제나 저제나 자신의 잘못을 털어놓을까 내심 지켜보고 있던 나는 그 변화에 입이 다물어지지 않을 뿐이었다. 다윗도 그렇게 끊기 힘들었던 여자를 최 사장님이 드디어 끊겠다고 고백을 한 것이다. 이제 바람 피우는 다른 남자들에게 자신의 삶을 증거하며 살겠다는 그 고백을 하나님이 귀하게 받으시리라 나는 믿는다. 인물도 좋고 사업 실력도 뛰어나 텔레비전에 자문으로 나올 정도인 최 사장님이 자신의 죄악을 인정하기가 얼마나 힘들었을지 짐작이 갔다.

특히 교양을 우상으로 섬겼던 내가 누구보다 잘 안다. 그런 사람일수록 죄를 고백하기는 정말 어렵다. 이것이야말로 살아 계신 주님이 이분을 만져 주셨다는 증거다.

인간은 절대 자신의 힘으로는 죄와 욕망과 중독을 끊을 수 없다. 중독은 행위의 옳고 그름으로 판단하는 것이 아니다. 내가 하나님의 자리에 앉아서 반응하는 모든 것이 중독이다. 내가 하나님 자리에 가 있으면 끊임없이 염려와 비판이 생긴다. 남편 때문에, 자식 때문에 염려하는 것은 남편과 자녀에게 내가 집착하고 중독되어 있기 때문이다. 그렇게 하루에 수도 없이 내가 중독되고, 집착이 되는 것이 하나님 자리에 서는 것이고, 그것이 바로 죄이다.

하나님, 예수님 외에는 인생과 인격을 맡길 만한 대상이 없다. 우리는 하나님의 피조물이기 때문에 창조주의 종이 되지 않으면 인생이 불행해진다. 하나님을 찾지 못한 자들은 인간 실존의 한계를 느껴 허무주의에 빠지고 결국 자살할 수밖에 없다. 하지만 하나님을 찾고 순종하면 세상이 감당 못하는 지혜와 능력을 소유할 수 있다. 죄의 노예였던 사람들은 이제부터 신분에 맞는 삶을 배워야 한다. 언어도 생활 습관도 전부 새로 배워야 한다.

생각을 바꿔 주실 분은 오직 하나님뿐이시다. 하나님이 주신 생각을 따라 행해야 한다. 그러면 거기에 축복이 있다. 생각을 따라서 복을 주시는 하나님이시기 때문이다.

무엇보다도 우리가 죄와 불행을 이길 수 있다는 하나님의 말씀을 받아들이는 것이 중요하다. 이 말씀을 받아들이고 우리가 불행하게 외롭게 힘들게 살 필요가 없다고 자신에게 말해야 한다.

그러므로 너희는 죄로 너희 죽을 몸에 왕 노릇하지 못하게 하여 몸의 사욕을 순종치 말고 또한 너희 지체를 불의의 병기로 죄에게 드리지 말고 오직 너희 자신을 죽은 자 가운데서 다시 산 자 같이 하나님께 드리며 너희 지체를 의의 병기로 하나님께 드리라 (로마서 6:12-13) 말씀을 보면서 중요하게 보아야 할 것은 "-하지 말라"가 아니라 "-하라"이다. 사욕에게 순종하지 "말고" 하는 말씀보다 의의 병기로 "드리라"는 말씀이 중요하다. 술 마시지 말라, 도박하지 말라, 바람피우지 말라, 말라 해서 구약은 '말라기'로 끝났다. 그런데 주님은 이 땅에 친히 오셔서 사랑 "하라"고 말씀해 주셨다.

최 사장님이 억지로라도 공예배에 나오고, 함께 모여서 말씀을 나누다 보니 어느 순간 자신을 의의 병기로 드릴 수 있었다. 우리 몸을 불의의 병기로 죄에게 바칠지, 의의 병기로 하나님께 드릴지는 우리가 선택하는 것이다. 하지만 내 힘으로는 중독을 끊을 수 없다. 거룩도, 헌신도 은혜 안에 살아야만 누릴 수 있다. 죄를 짓지 않는 비결이 바로 여기에 있다.

내가 하나님을 닮기로 작정할 때 죄는 힘을 잃는다.

하나님의 은혜가 우리에게 강같이 흘러넘쳐야 한다. 성령님을 받아들이고 성령님을 의지하고 성령 충만한 삶을 살면 죄를 지을 수 없는 길이 우리 앞에 열린다. 날마다 큐티 하고, 예배를 드리고, 공동체에서 함께 나눔으로써 하나님 말씀을 의지하고 생각을 바꾸면 삶이 바뀐다. 내가 그렇게 끊지 못했던 중독이, 죄가 끊어진다. 은혜 아래 살 수 있다. 그럴 때에 불행과 고통이 변하여 자유와 평안을 누릴 수 있다.

결혼의 목적은 행복이 아니라
거룩임을 안다

　이날은 오 집사님 가족이 특별 찬양을 했다. 남편의 빈자리가 안타 깝기는 했지만 듬직한 아들 둘을 옆에 두고 찬양을 드리는 오 집사님이 이날따라 더 아름다워 보였다. 나는 이 아름다운 가족을 지켜 주신 하나님께 감사를 드렸다.

　나는 가끔 주님이 우리들교회를 축복하시는 이유가 말씀에 절대적으로 순종하기 때문이 아닌가 생각한다. 인생의 목적은 행복이 아니라 거룩이라는 것을 언제나 가르치기 때문이다.

　'이혼하지 말라, 애는 꼭 낳아야 한다, 도피 유학은 보내면 안 된다' 이런 말들은 누구나 듣기 싫어 하지만 주님이 들려주시는 말씀에 따라 날마다 외쳤을 때 구원의 역사가 일어나는 것을 주님은 보여 주셨다.

　오 집사님 가족도 하나님의 구원 역사를 체험한 가족 중에 하나다. 오 집사님이 주님의 말씀에 순종했을 때 주님은 놀라운 회복의 역사를 보여 주셨다. 바로 얼마 전 큐티 나눔에 올라와 있던 오 집사님의 사연은 이랬다.

똑똑한 남편이 좋았는데 그 좋은 연구소 심심하다고 그만두고 주식에 손 대고 망했습니다. 15년이란 긴 시간 언어 폭력으로 나의 자존감을 떨어뜨리는 시부모님, 8년이란 긴 시간 집에만 있던 남편, 그러는 동안 남편은 가끔 저에게 손찌검을 하기도 했습니다. 하지만 제가 생계를 이끌어야 한다는 불만 속에서도 이혼만은 하지 않으려고 했습니다.

친정 아버지는 고학력에 약사였지만 알코올 중독자로 무능력한 가장이었습니다. 엄마는 예수님을 믿었지만, 올바른 말씀이 없었기에 종교를 이유로 핍박하는 할머니의 포악함에 손을 들었습니다. 그러다 생활고에 지쳐서 아버지와 이혼하고 우리들만 챙겨 서울로 올라왔습니다. 그 뒤 엄마는 화장품 외판, 야쿠르트 아줌마, 채소 가게 점원, 남의 집 일 등 해 보지 않으신 일 없이 지독하게 고생하며 이를 악물고 저희 사남매를 키웠습니다. 그 때문에 저는 아버지가 없는 삶을 극복해야 한다는 생각, 생활고에 힘들어 하는 엄마를 보면서 착한 아이가 되어야 한다는 생각에 빠져서 살았습니다. "문제는 오직 내가 해결할 수밖에 없다, 누군가가 내 문제를 들어줘도 해결하는 것은 오로지 나다"라는 어른 아이의 생각에 빠져 있었습니다. 절대 엄마와 같은 삶은 대물림하지 않겠다고 다짐에 다짐을 하고 있었습니다.

그래서 저는 시어머니의 "너네 엄마가 너를 제대로 교육이나 시켰겠어?" 하는 언어 폭력에 시달려도 그저 듣고 있었고, 남편과의 부부 생활이 쉽지 않아서 남편이 술집 여자를 찾아다녀도 술집 여자에게 "잘 놀다 우리 남편 돌려보내 주세요!" 라고 말할 정도가 되었습니다.

하지만 이런 악조건이 극에 달해 남편이 이혼하자는 것에 결국 동의하고 말았습니다. 이혼 도장을 찍기로 한 바로 전 날 큐티 모임에 갔습니다.

"하나님은 우리에게 하나님의 일을 시키시려고 가정을 주셨습니다. 주님의 엄청난 창조 명령과 구원 사역을 위해서 가정을 주셨습니다. 그런데 이를 에로스적 사랑, 그러니까 육적인 공동체로 여기니까 멸망할 수밖에 없는 것입니다. 우리는 하나님의 말씀을 듣지 않으면 뱀의 말을 들을 수밖에 없습니다. 아무리 강조해도 지나치지 않은 것이 결혼의 목적입니다. 결혼의 목적은 행복이 아니라 거룩입니다. 지금 남편은 하나님이 정해 주신 배필입니다. 영혼 구원을 위한 하나님의 계획이 있으실 겁니다. 나 한 사람이 순종해서 우리 가족 모두를 구원시킬 수 있습니다."

제 상황을 아는 듯한 목사님의 말씀에 순종해서 이혼하려던 것을 접었습니다. 하지만 환경이 금세 달라지는 것은 아니어서 조금씩 제가 이혼하지 않고 사는 것에 대해 후회가 생기기 시작했습니다. 다시금 이혼을 망설이고 있을 때 머릿속으로 확실히 주님의 음성이 들려왔습니다.

"네가 이혼하지 않음으로 너의 가계에 흐른 저주를 끊었다. 더불어 믿음이 없지만 내 남편의 가계의 저주도 끊었다. 너의 서원으로 두 집안의 저주, 이혼의 저주, 불신의 저주를 끊었다."

너무나 확연한 주님의 음성, 말로만 듣던 성령님이 운행한다는 것을 몸으로 알았습니다. 그 감동을 어떻게 표현할 수 있을까요.

"아이들에게 저주가 내려가지 않았군요 주님!"

얼마나 감사한지 펑펑 울었습니다. 그렇지만 상황은 달라지지 않았습니다. 여전히 부부 생활은 힘들었습니다. 남편은 늘 저에게 사랑을 확인하려

했지만 전 마음이 따라 주지 않았습니다. 남자들의 사랑 확인 방법은 성생활인데 전 열 번이면 열 번을 거부하고 울고 싸우고를 반복했습니다. 저는 저대로 강간당하는 기분으로 속으로 욕을 하며 우는 일이 거의 전부였고, 하기 싫은 것 하느라 아파서 산부인과 단골 고객이었습니다. 결혼 생활 16년은 저뿐만 아니라 남편에게도 지옥이었습니다. 문제가 심각한데 그 원인은 항상 저를 배려하지 않고 자기 욕심만 채우려는 남편 때문이라고 생각했습니다. 저는 버티다 버티다 주님께 기도했습니다.

"하나님, 남편에게 순종하라 하셨는데, 이 일은 정말 제 맘대로 할 수 있는 일이 아녜요. 제발 남편을 사랑할 수 있도록 도와주세요."

이렇게 기도한 지 며칠이 지났을까, 머릿속에 갑자기 영상 필름이 돌아가듯 그 시절 그 사건이 떠올랐습니다. 너무 충격적이어서 그랬는지 그때까지 까맣게 잊혀져 있던 사건이었습니다.

엄마가 돈벌이를 찾아 서울로 가시고 그 사이 아버지는 저희를 데리고 할머니 댁에 있었습니다. 추수 때 일 도와주러 와 있던 먼 친척 오빠가 저를 두세 번 손으로 성추행합니다. 동네의 고등학생 정도 되는 오빠도 놀고 있는 저를 찾아다니며 벗겨 바라보고 안고 그럽니다. 어린 마음에 뭔가 나쁜 행동인 것 같았지만 두려웠고 수치스러웠습니다. 엄마와 서울에서 살 때도 세 사는 아저씨가 저를 또 추행합니다.

저는 가슴을 뜯는 고통을 느꼈습니다. 그 기억이 떠오르고 나서야 제가 손을 자주 씻는 것도, 사람들 손에 눈이 먼저 가는 것도, 아이가 자라면서 길을 갈 때 제 손 잡는 것도 싫어서 살짝 빼고 걷던 것도, 성장기 때 제 몸의 변화에 관심 없이 몸을 한 번도 바라보지 않고 살았던 것도, 누가 저에게 예쁘다 그러면 속에서 욕지기가 올라와 몸을 부들거리며 떨었던 것도, 항상 단추가 달려서 벗기 힘든 바지만 사서 입고 남자처럼 털털거리며 살아 왔던 것도, 딸을 갖고 싶지만 아이를 낳을 때가 되면 제발 딸이 아니기를 바랐던 것도 다 해석할 수 있었습니다.

기도로 용기를 구한 다음 남편에게 고백했습니다.

"혹시 그런 일이 있었나 했지… 그건 독감처럼 지나간 상처니까 다 잊어!"

남편은 저를 안아 주며 달래 주었습니다. 여전히 저를 사랑한다며 어떻게든 제 사랑을 확인하고 싶어 하는 남편이 고마웠습니다. 돌이켜보면 그 시절 저를 보호해 주지 못한 어른들에 대한 신뢰가 깨져 있었기에 엄마를 이해한다고 말하면서도 진정으로 사랑한 적이 없었고, 아버지를 늘 저주해 왔다는 것도 알았습니다.

엄마를 찾아가 처음으로 손을 잡고 고백했습니다.

"사랑해요, 엄마. 신앙을 유산으로 물려주고 잘 키워 주셔서 감사합니다."

20여 년이 지나 처음으로 아버지의 산소를 찾아갔습니다.

"난 항상 내가 왜 태어났나, 태어나지 않았으면 좋았을 것이라고 아버지를 원망하고 미워했는데 죄송해요. 천국 가서 만나요."

물론 부모가 곁에 있어도 이런 일이 일어날 수 있습니다. 하지만 부모님이 늘 저와 가까이 있어서 어떤 이야기라도 나눌 수 있는 대화 상대자였다면, 제게 이런 일이 깊은 상처로 뿌리 내리지는 않았을 겁니다.

자녀를 위해 이혼한다지만, 부모의 이혼이 오히려 아이들에게 어떤 형태로 나타날지 모릅니다. 저의 경우처럼요. 알코올 중독인 아버지라도 이혼하지 않고 살았다면 저는 오히려 어머니를 존경했을 겁니다. 이런 고백도 홈페이지를 통해서는 이렇게 했지만, 아직 어머니에게만은 못하고 있습니다. 혹시 이혼을 생각 중이라면 한 번만 주님과 상의해 주세요.

오 집사님은 자신의 상처가 낫기 바라는 마음으로, 또 복음에 빚진 자로 조금이나마 도움되기를 바란다면서 이 사연을 남겼다. 오 집사님이 죽기를 작정하고 하나님의 말씀 앞에 엎드렸을 때 성령님이 음성을 들려주셔서 모든 깨진 관계를 회복해 주셨다. 불행했던 엄마의 삶, 되물림 받은 듯 저주스러웠던 자신의 삶, 왜곡된 하나님 상을 심어 주었던 아버지의 삶, 아버지가 고스란히 투영된 남편의 삶…, 그 모든 상처들과 화해할 수 있었다.

불행해지고 싶은 사람은 아무도 없다. 이 세상에 무식하고 싶은 사람도 없다. 남편에게 매 맞고 싶은 사람도 없고, 자식에게 버림 받고 싶은 사람도 없다. 갑자기 부도나서 월세방에서 살고 싶은 사람도 없다. 하지만 "하나님이 계시다면…, 정말 살아 계시다면 어떻게 이런 일을 당하게 내버려 두실 수 있을까요?" 하는 사건들을 끊임없이 겪는 것이 우리의 인생이다.

큐티를 하는 사람들은 죽은 사람 같았던 자신이 말씀을 통해 살아난 것을 기록해야 하고 전해야 한다. 고난을 통해 내 구원 역사도 풀어야 하지만, 다른 사람의 구원 역사도 풀어야 하고 교회의 구원 역사도 풀어야 한다. 고난을 자랑하는 데는 지식이 필요하다. 고난받은 것이 능력이 되어 은혜를 끼치고 치유가 일어나기 때문이다. 말씀으로 치유받은 사연을 나누는 것 자체가 다른 사람을 구원하는 또 다른 사역의 출발점이 된다는 것, 그것이 큐티 나눔의 중요한 역할이다.

큐티 모임을 시작하고 간증을 나눠 오면서 이혼 위기에 있던 많은 가정이 회복되는 역사를 수없이 지켜보아 왔다. 어느 누구도 해결해 줄 수 없고, 어느 누구도 감당할 수 없으니 이혼을 해야겠다고 결심을 하지만, 바로 그런 고백이야말로 주님과의 만남이 필요하다는 걸 입으로 시인하는 것이다. 자신의 힘으로는 어쩔 수 없는 고난의 이유를 주님께 여쭈어 보아야 한다.

남자와 여자가 만나서 대충 행복하게 사는 것이 가정의 목적이 아니다. 대충 행복하게 살려고 결혼했다면, 그 결혼은 100퍼센트 망할 수밖에 없다. 이해할 수 없는 배우자를 보며 '저 사람은 어떤 사연이 있어서 저럴까' 이해하는 마음이 있어야 한다. 그 사람의 문화와 사연을 껴안으려는 마음이 있어야 한다. 그 사람이 주님을 만나도록 내가 복종의 언어, 사랑의 언어로 나가야 한다. 아내들아 남편에게 복종하라 이는 주 안에서 마땅하니라 남편들아 아내를 사랑하며 괴롭게 하지 말라(골로새서 3:18-19) 그 일을 할 사람은 우리 집안에서 나뿐이다. 나는 가정의 구원을 위해 왕 같은 제사장으로 세워졌다는 것을 기억해야 한다. 아무리 강조해도 지나치지 않은 것, 결혼의 목적은 행복이 아니라 거룩이다.

3장 말씀대로 누린다

죄를 드러내고 치유의 삶을 누린다
죽은 내가 다시 사는 기쁨을 누린다
사랑의 빚 이외에는 빚을 지지 않는다
환난 중에 안식을 누린다
바른 지식의 축복을 누린다

죄를 드러내고 치유의 삶을 누린다

교회를 개척하기 전, 섬기던 교회에서 큐티 특강을 해 달라고 나를 초청한 적이 있었다. 예배 시간이 아침 9시부터 10시 20분까지였는데, 나를 초청하신 분이 평소 내가 말씀을 길게 전하는 것을 아시고 담당 전도사님에게 이렇게 말했다.

"집사님 말씀은 길게 들어야 하니까 설교 말씀을 집사님 특강으로 대신하는 게 어떨까요?"

"그래도 예배는 정식으로 드려야죠, 안 됩니다."

전도사님은 딱 잘라 대답했다.

다른 때 같으면 설교 시간 30분 가지고 뭘 그러냐고 한마디 했을 것이다. 그야말로 내가 누구인가, 간증은 보통 두 시간, 특강은 보통 세 시간을 하는 사람이다. 처음 그 유명한 목사님들이 강사로 서는 코스타에 가서도 '짧게 시키면 어떡하나, 나는 또 언제 올지 모르니 지금 할 말을 다 해야 하는데…' 했던 사람이다. 집행부에 가서 "저는 두 시간 줘야 해요" 하며 졸랐던 사람이다. 그때는 믿음의 분량이 지금 같지 않았기 때문에 그런 생각이 순수하다고 할 수 있겠지만, 생각해 보면 '시간을 지키지 않는 내가 얼마나 미웠을까' 하는 생각이 든다. 그래서였는지, 시간을 더 줄 수 없다는 말에 그날은 그냥 괜찮다고만 했다.

초청을 받아 열심히 특강 준비에 몰두하고 있는데, 토요일 밤에 생각지도 않게 담당 전도사님에게서 전화가 왔다.

"집사님도 신학대학원에 다니시니까 저랑 똑같은 전도사님이시네요. 예배 시간을 다 쓰셔도 될 것 같아요."

예전보다 '주어진' 시간을 지키기 위해 노력하는데도 아직도 제대로 되지 않는 게 시간이다. 처음에는 사람들이 큐티를 꼭 했으면 하는 간절한 소망 때문에 시간을 타 내면서까지 간증을 했었지만, 요즘은 간증을 하는 것이 점점 무서워진다. 삶을 보여야지 말을 많이 한다고 은혜를 끼치는 게 아니라는 것을 깨달았기 때문이다.

처음 예수님을 만난 사람들이 한결같이 하는 고백이 있다.

"나, 처음 예수님 만나고 나서 한 1년 정도는 울고만 다닌 것 같아. 나처럼 형편없는 사람을 살려 주셔서…."

그 감격은 엄청난 것이다. 엄청난 고난 가운데서 나를 살려 주신 주님께 감사할 수밖에 없다. 주님의 은혜를 받았다면 이제는 양육을 받으면서 사명을 깨닫고 삶에서 구원의 열매들이 나타나야 하는데, 대부분은 내가 고난당한 것만 되새김질하면서 신앙 생활을 한다. 고난이 심했을수록 그 사건에 대한 간증만 똑같이 부르짖으니까 점점 하하나님의 은혜보다는 내 능력이 나오기 시작한다. 자꾸만 "나는 이런 대단한 고난에서 살아났다"라는 인간 승리를 내세운다. 그러면 아무리 은혜로운 간증도 나중에는 듣기 싫어진다.

처음에는 "고난 가운데에서도 잘 견뎠다"라는 간증으로 시작한다 할지라도 날이 갈수록 "그런데 나는 이제 내 죄를 보기 시작했다"로 바뀌는 것이 믿음의 성숙이다. 살아 있는 신앙이라면 날마다 간증 내용이 달라질 수밖에 없다. 죄에 대한 용서가 은혜인데, 우리는 날마다 죄를 짓고, 그럼에도 용서하시는 은혜를 날마다 체험하기 때문이다. 아무리 대단한 고난 속에서 예수님의 은혜를 체험했어도, 예수 믿고 10년, 20년이 지났어도 우리는 죄를 지을 수밖에 없다. 그러니 어떤 고난에 있어도, 죽을병에 걸렸어도 내 죄가 생각나야 믿는 사람이다.

예수님을 믿으면 제일 먼저 신분이 달라진다. 하나님은 우리를 왕 같은 제사장으로 삼으셨기 때문이다. 새로운 신분으로 바뀌면 거기에 적응하는 기간이 꼭 필요하다. 신랑 예수님에게 시집와서 밥 먹는 것, 옷 입는 것, 말하는 법도 새롭게 하나하나씩 익혀야 하니 고난이다. 예수 믿는 우리에게는 그것이 고난이다.

큐티는 이제까지 내 중심대로의 생활 습관을 버리고 하나님 중심의 생활 습관을 하나하나씩 새로 익혀 가는 훈련이다. 말씀을 통해 깨닫는 내 죄를 보고, 그 죄와 싸우기 위해 말씀 묵상이 필요하고, 또 그것을 나눌 공동체가 필요하다. 공동체 안에서 우리는 내 죄를 내놓으며
죄에 대하여는 죽은 자요 그리스도 예수 안에서 하나님을 대하여는

산 자(로마서 6:11)임을 선포해야 한다.

 죄가 제일 무서워하는 것은 드러나는 것이다. 놀라운 사실은 누군가 어떤 죄를 드러내고 고백했을 때 그 죄가 딱 힘을 잃는다는 사실이다. 감추고 있을 때는 죄의 능력이 점점 배로 늘어나는데 드러내면 점점 배로 그 능력이 줄어들고 또 줄어든다. 지금까지 큐티 모임을 하면서 자기 마음속에 숨은 부끄러움을 드러내면 당장은 죽을 것 같이 괴로워도 나중에는 다시 살아나는 것을 수없이 보아왔다. 그런 일들이 없었다면 큐티 모임이 20여 년 동안 지속될 수 없었을 것이다. 그렇게 살아나는 역사가 있기에 여기까지 온 것이다.

 하지만 드러내는 것도 내 힘으로 할 수 있는 게 아니다. 나의 숨은 죄를 드러내기까지 말씀을 통해 계속 인도함을 받아야 하고, 끊임없이 기도해야 한다. 그리고 성령 안에서 말씀을 나누는 공동체가 있다면 그 안에서 드러내는 것이 좋다.

 공동체 안에서 우리는 자신의 죄를 드러냄과 동시에 지체의 죄를 지적해서 같이 싸울 수 있다. 죄를 지적한다는 것은 말로 다른 사람의 잘잘못을 지적하라는 것이 아니다. 내 죄를 내놓고 그 죄와 싸우는 과정을 드러내는 자체가 다른 사람의 죄를 지적하는 것이다. 교회에서도 소그룹 모임을 통해 죄를 드러냈다면, 그 다음부터는 그것이 내 문제가 아니라 모든 사람의 문제가 된다. 말씀으로 죄를 회개하며 죄와 싸우는 모습을 보여 줄 때 다른 사람들도 들으면서 이것이 죄구나, 이렇게 싸워야겠구나, 알게 된다. 그래서 큐티는 나눔이 필요하다.

죽은 내가 다시 사는 기쁨을 누린다

큐티선교회를 창립하고 얼마 되지 않은 무렵이었다. 한민족복지재단의 초청으로 짧은 북한 방문 일정을 마치고 다시 남한으로 되돌아오면서 나는 북한은 열려도 가야 하고, 열리지 않아도 가야 하는 곳임을 절감했다. 북한에 대한 기도가 저절로 내 가슴속에서 차올랐기 때문이었다. 그들의 아픔이 내게 고스란히 와 닿았다.

귀로 듣기만 했더니 이제는 눈으로 보게 되었다는 말씀처럼 50여 년 동안 말로만 듣다가 실제로 북한을 보았을 때, 그 첫 모습은 말 그대로 황무함이었다. 비행기에서 내려다본 북한 땅은 숲이나 나무를 찾아보기 힘들었다. 비무장 지대도 남쪽에 속한 곳은 수풀이 무성한데 북쪽에 속한 곳은 흙더미뿐이라는 설명을 누군가 들려주었다. 나는 하나님이 우상 숭배의 결과를 보여 주시는 것이라고 생각했다. 체제가 우상이라면 중국이나 다른 사회주의 국가처럼 체제가 무너지면 그만일 텐데, 북한은 김일성이라는 개인 우상을 숭배하고 있어서 깨지기가 어려운 것이 아닐까.

북한 땅에 발을 딛었을 때의 기분은 직접 겪어 보지 않으면 모를 것이다. 평양 순안 공항은 한 나라 수도의 비행장이라고 하기에는 참 초라했다. 공항에 도착한 비행기라고는 우리가 타고 간 전세기 딱 한 대뿐이었다.

도착한 첫 날 하루 종일 한 일은 사진 찍는 일이었다. 가기 전에 명함판 사진 5장을 내라고 해서 제출했는데, 북한 측에서는 5장으로는 부족하다며 300명의 사진을 일일이 다시 찍었던 것이다. 비자가 발급될 때까지는 호텔에서 한 발짝도 나갈 수 없다고 해서 그렇게 호텔 방에서만 하루를 그냥 보냈다.

다음 날 아침, 일정에 따라 6시에 새벽 예배를 드리러 식당으로 내려갔더니 지시가 내려오지 않았다며 식당 문을 열어 주지 않았다. 한 시간 동안 300여 명의 사람이 복도에 진을 치고 서서 예배를 드릴 수 있도록 간절히 기도했다. 7시가 되어서야 식당 문이 열렸고 들어가서 예배를 드릴 수 있었다. 혹시라도 북한 측을 자극할까 봐 예배도 조심스럽게 드렸다. 그렇지만 한 시간 동안 기다리면서 예배에 대한 소망이 커져 있었던 터라 그 어느 때보다 깊은 예배를 드릴 수 있었다.

300명의 남측 일행을 감시하느라고 그랬는지, 계단은 폐쇄되었고 복도마다 감시원들이 지키고 서 있었다. 계단을 폐쇄하고 엘리베이터 두 대만 사용하게 했으니 300명이 그걸 타고 밥 먹으러 내려가기도 여간 힘든 일이 아니었다. 어쨌든 9시에 그날 일정이 시작될 계획이어서 우리 일행은 다시 로비에 모였다. 그런데 또 '위'에서 지시가 내려오지 않았다면서 기다리라고 했다.

일정에 차질이 생긴 이유는 알고 보니 '아리랑축전'의 참가 여부 때문이라고 했다. 100만 평양 인구 중에 10만 명이 참여한다는 아리랑축전에 남한 일행이 당연히 참석할 줄 알았는데, 국정원 측의 입장은 참석 불가였다. 그 문제로 갈등이 생겨 모든 일정이 취소된 채 회의에 회의만 거듭하고 있었다.

모든 일정이 취소되고 호텔에 억류된 상태에서 무조건 기다리는 것밖에는 도리가 없었다. 그 덕분에 우리 큐티선교회 식구들은 말씀 묵상한 것을 나누며 은혜의 시간을 가졌다. 큐티선교회 식구 중에는 아내의 강권으로 어쩔 수 없이 참석한 의사 선생님도 있었고, 그냥 북한을 돕겠다는 목적으로 함께한 분도 있었다. 이틀을 그렇게 보내고 거듭되는 회의 끝에, 투표를 거쳐 원하는 사람만 아리랑축전에 참석하기로 했고 그 다음에 나머지 일정을 진행하기로 했다.

사흘째는 주일 아침이었다. 그날은 봉수교회와 칠골교회에서 남북이 함께 예배를 드리기로 한 날이었다. 그런데 북한 측이 다시 제동을 걸어왔다. 나머지 사람들도 아리랑축전에 참석할 것을 요구했고, 예배를 드리는 대신 묘향산을 관광하라고 했다. 더 이상 기다릴 수만은 없었다. 한민족복지재단의 김형석 사무총장님은 북한을 수십 번 방문했어도 이런 일은 없었다고 했다. 몇 명이 갔을 때는 그런 일이 없었는데 많은 사람들이 한꺼번에 오니 남쪽의 자본주의 문화가 전염될까 봐 두려워했던 것인지도 몰랐다.

"지나간 이틀의 관광 일정은 포기할 수 있었습니다. 하지만 믿는 사람으로서 주일 예배는 생명을 걸고 드려야겠습니다."

한민족복지재단 이사장이신 최홍준 목사님은 금식을 선포했고 모두가 아멘으로 화답했다. 아침부터 금식이 시작되면서 목사님들은 돌아가며 모임을 인도했다. 그동안 도청당할까 봐 조심조심 했던 기도와 찬양도 목청껏 했다. 그냥 앉아서 기도드리는 것도 주님께 송구스러워서 바닥에 무릎을 꿇고 '주여'를 외치며 기도를 드렸다. 북한 땅 한가운데 평양의 고려호텔에서 종업원들과 북한 감시원들이 지켜보는 가운데 예배가 드려졌다. 그러니 일행 중 하나님을 믿지 않는 분들도 그 예배 가운데 마음이 움직여지는 역사가 일어났다.

한참 예배를 드리고 있는데, 사무총장님이 나를 불렀다.

"말씀 좀 전해 주세요."

"아니, 왜 갑자기 저를요?"

"저분이 추천하셨어요. 말씀이 너무 은혜롭다면서…."

사무총장님은 전혀 뜻밖의 사람을 가리켰다. 엘리야에게 먹을 것을 나눠 준 사람도 까마귀와 과부 같은 전혀 뜻밖의 사람이었듯이, 나를 추천했다는 분도 전혀 뜻밖의 사람이었다. 큐티선교회의 일행이어서 어제 함께 말씀을 나누기는 했지만, 북한을 돕겠다는 목적으로 소개를 받아 온 분이라 겨우 얼굴만 아는 분이었다.

"저는 못해요."

처음에는 못한다고 했지만, 아침에 묵상한 말씀이 있었기에 담대하게 자리에서 일어섰다. 큐티는 이래서 중요하다. 그날 큐티 말씀이 열왕기상 17장 17절-24절로 과부의 죽은 아들이 살아나는 내용이었다. 아침에 이 말씀을 엘리야와 주모와 죽은 아이 입장으로 적용해 보았는데, 그 적용을 나누었다.

"이 일 후에 그 집 주모 되는 여인의 아들이 병들어 중세가 심히 위중하다가 숨이 끊어진지라(열왕기상 17:17, 이하 절수만 표시) 주모는 대선지자 엘리야에게 음식을 나눠 주고 가루와 기름이 마르지 않는 기적을 겪었습니다. 그런데 아들의 숨이 끊어지는 사건이 일어났습니다. 저는 300명의 크리스천이 직항로를 통해서 북한을 방문해서 예배를 드린 것도 엘리야가 과부와 아들을 살린 것과 같은 기적이라고 생각합니다. 약속이 자꾸 어그러지는 지금 상황도 위중해서 숨이 끊어질 지경입니다. 하지만 도저히 이해할 수 없는 일이 자꾸 일어나는 이 상황도 바로 하나님이 주신 꼭 필요한 사건이라고 생각합니다.

여인이 엘리야에게 이르되 하나님의 사람이여 당신이 나로 더불어 무슨 상관이 있기로 내 죄를 생각나게 하고 또 내 아들을 죽게 하려고 내게 오셨나이까(18절)

과부는 나와 무슨 상관이 있어 내 죄를 생각나게 하냐고, 하나님의 사람인 당신이 왔기 때문에 내게 재앙이 내려서 아들이 죽었다고 말합니다. 하나님의 사람이 머무는 곳에 하나님의 관심이 집중되기 때문에 재앙이 내렸다는 것이죠. 북한에 하나님의 사람들, 유명한 목사님들과 사역자들이 모였는데 재앙이 내린 걸 보니 우리 가운데 하나님의 사람이 많은가 봅니다. 하나님이 우리 수준을 높게 보신 것 같습니다. 여인은 인과응보적인 죄책감에 사로잡혀 "내 죄를 생각나게" 한다고 말했지만, 우리들은 여기에서 한 걸음 더 나아가서 우리 스스로의 죄를 보아야 하지 않겠습니까? 우리가 정말 하나님의 사람이라면 사건을 통해서 숨은 부끄러움의 죄를 보아야 한다고 생각합니다.

엘리야가 저에게 그 아들을 달라 하여 그를 그 여인의 품에서 취하여 안고 자기의 거처하는 다락에 올라가서 자기 침상에 누이고(19절)

아합 왕 앞에서 호령했던 선지자 엘리야가 여인의 말을 듣고 아이를 안고 자기 침상에 뉘였습니다. 엘리야처럼 병이 위중한 사람의 아픔을 내 아픔으로 여기고, 북한의 모든 문제를 내 아픔으로 여기고 감싸 안는 것이 우리의 역할입니다.

과부의 입장에서는 너무 사랑하는 아들이지만 시체라는 것을 인정해야 합니다. 죽음의 사건은 빨리 인정하고 내려놓아야 합니다. 북한의 현실을 보며 누가 잘했다 잘못했다, 무엇이 옳다 그르다 하는 비생산적인 죽음의 이야기는 다 내려놓아야 합니다. 내 힘으로 할 수 없는 것들은 빨리 인정하고 내려놓아야 한다는 것입니다. 과부가 내려놓지 못하니까 엘리야가 취해서 안았습니다. 지금 상황을 해결해 주실 분도 하나님밖에는 없습니다. 하나님이 취해서 안으셔야 합니다.

여호와께 부르짖어 가로되 나의 하나님 여호와여 주께서 또 내가 우거하는 집 과부에게 재앙을 내리사 그 아들로 죽게 하셨나이까 하

고(20절)

엘리야는 기가 막혔을 것입니다. 지금 김형석 사무총장님이 얼마나 기가 막히시겠습니까. 사무총장님은 아버지가 서울대 재학 시절 북한군들의 고문으로 병을 얻어서 평생 어머니가 삯바느질해서 번 돈으로 힘겹게 자라나셨다고 했습니다. 그런 본인이 북한을 위해 일하는 사람이 되었다고, 하나님의 뜻이 아니면 할 수 없었다는 눈물의 간증을 가진 분입니다. 그렇게 북한을 위해서 일을 했는데, 300명의 사람들을 데려와 놓고 감금 생활에 예배까지 막히는 상황이 되었으니 엘리야의 지금 상황처럼 기가 막힐 겁니다. 하지만 하나님이 한민족복지재단의 사역에 재앙을 내리시려고 그런 사건을 주신 것이 아닌 줄 압니다. 하나님의 사람이 찾아온 곳이라면 이 사건이 죽음의 사건이 되어서는 안 된다고 기도해야 합니다.

그 아이 위에 몸을 세 번 펴서 엎드리고 여호와께 부르짖어 가로되 나의 하나님 여호와여 원컨대 이 아이의 혼으로 그 몸에 돌아오게 하옵소서 하니(21절)

사망에서 생명으로 옮기려면 이렇게 구체적인 수고가 따릅니다. 자기 처소에서 자기 침상에 누일 뿐만 아니라 차가운 시체, 보기도 끔찍한 시체를 나의 따뜻한 온기로 덮어 주라고 하십니다. 돈으로 돕고, 물건 좀 주고 온다고 무슨 해결이 되겠습니까. 정말 따뜻한 사랑과 기도로 따뜻함을 전하는 것이 중요합니다.

여호와께서 엘리야의 소리를 들으시므로 그 아이의 혼이 몸으로 돌

아오고 살아난지라(22절)

"북한에, 그 몸에 하나님의 혼이 임하게 하옵소서!"

이렇게 부르짖는 기도를 하나님이 들으시고 응답해 주실 것입니다. 울리는 꽹과리 같은 기도를 할 것이 아니라 하나님이 들으시는 기도를 하고, 진정한 예배를 드려야 합니다. 지금 평양 한복판의 고려호텔에서 아침부터 금식하며 기도하며 예배드리는 것만으로도 우리의 죽었던 예배가 살아나고 있지 않습니까. 봉수교회 예배가 예정대로 진행되었다면 이렇게 눈치 안 보고 마음껏 '주여!' 를 외치는 은혜의 시간은 없었을 것입니다. 이렇게 고난에 잠시만 처해 있어도 엄청난 은혜를 받는데 어떻게 고난이 축복이라고 외치지 않을 수 있겠습니까. 절박한 상황에 있으니 저절로 회개가 되고, 저절로 기도가 나옵니다. 진정 고난은 영적 양식을 공급해 줍니다.

엘리야가 그 아이를 안고 다락에서 방으로 내려가서 그 어미에게 주며 이르되 보라 네 아들이 살았느니라(23절)

우리가 지금 억류되어 예배가 회복된 것이 바로 아이가 살아나는 사건이 아니겠습니까.

여인이 엘리야에게 이르되 내가 이제야 당신은 하나님의 사람이시요 당신의 입에 있는 여호와의 말씀이 진실한 줄 아노라 하니라(24절)

우리에게는 '이제야' 가 없어야 합니다. 하나님은 항상 옳으시고 믿음에는 '왜?' 가 없기 때문입니다. 이 시간에 이 장소에 저희를 억류시키신 하나님도 너무나 옳으시기 때문입니다. 지금 현재 어떤 상황에 있든지 시간과 공간을 초월하시는 하나님이 주시는 사건이기에 무조건 옳으십니다. '이제야 아노라' 할 것이 아니라 항상 무조건 옳으시다고 고백할 수 있어야 합니다. 그러면 하나님의 능력이 내 고난 가운데 나타날 것입니다."

처음 북한행을 제안받았을 때 열왕기상 13장의 하나님의 사람이 북이스라엘의 우상 숭배를 경고하러 가는 말씀을 묵상했었다. 그러면서 북한은 가도 되고 안 가도 되는 것이 아니라 반드시 가야 한다는 것을 깨닫고 북한 방문을 결정했다. 그렇지만 남유다의 이름 없는 선지자 엘리야가 북이스라엘 여로보암의 우상 숭배에 대해 경고하러 갈 때, 남북이스라엘 어디에서도 반가워하지 않았다. 그처럼 나 한 사람 북한에 가는 것이 무슨 큰 유익이 있겠나 하는 생각을 했었다. 그런데 54명의 목사님, 여러 전도사님과 장로님 들 300여 명 앞에서 이름도 없는 내가 말씀을 선포하는 역사가 실제로 일어나다니…. 그야말로 말씀대로 되어지는 인생이구나 하는 생각이 절로 들었다.

말씀을 전하고 내려왔을 때, 큐티선교회 일행 중 의사 선생님이 나를 찾아왔다. 부인의 소원 한 번 들어주는 셈치고 오셨다는 이분의 눈가는 이미 눈물로 젖어 있었다.

"저를 살려 주셨어요. 목사님이 엘리야에요. 저는 죽은 시체였고 아내는 죽은 저를 붙잡고 날마다 울고 있었다는 것을 알았어요. 북한에 와서 이제까지 제가 죽어 있었다는 것을 알았어요. 제가 이제 말씀으로 살아났어요. 이제 살아났어요."

　의사 선생님은 얼굴을 들지도 못하고 눈물을 흘렸다. 부인 속을 무던히도 썩이던 분이었다. 큐티 모임에 오자고 해도 오지 않더니 부인의 소원대로 오늘에야 말씀이 임한 것이다. 내가 가지고 있는 인생의 문제가 너무 하찮게 보일 정도로 고통스럽고 황무한 북한에서 예배를 드리며, 그 예배 감격 덕분에 의사 선생님은 살아날 수 있었다. 나는 그분과 더불어 울지 않을 수 없었다.

"당이 결심하면 우리는 한다!"
"가는 길 험난해도 웃으며 가자!"
　평양 거리에 걸려 있던 표어들이다. 나는 그 표어들을 보면서 거기에 예수님만 들어가면 얼마나 성경적인 말인가 생각해 보았다. 말 그대로 당에서 지시만 내렸다면 우리는 모두 일인 독재 체제를 반역한 반동이 되어 쥐도 새도 모르게 처리됐을지도 모를 일이었다. 하지만 그곳에서 우리는 진정한 예배를 드리고, 성찬을 나눴다. 우리 민족이 처한 고난 속에서 주님의 은혜가 더욱 넘쳐 나는 것을 직접 느낄 수 있는 여행이었다.

사랑의 빚 이외에는 빚을 지지 않는다

"목사님! 됐어요! 됐어요! 진짜 꼭대기 층이 됐어요!"

"정말예요? 정 집사님? 할렐루야다! 할렐루야!"

우리들의 간절한 기도에 주님은 너무도 정확하게 응답해 주셨다. 정 집사님의 지금까지의 생활을 주님은 하나도 빠짐없이 지켜보고 계셨던 게 분명하다. 주님은 정말 멋쟁이시다. 어쩌면 이렇게도 우리의 필요를 아시고 채우시는지.

정 집사님은 큐티 모임 때부터 참석하던 분이지만, 그분의 사연은 시간이 꽤 지나고 나서야 들을 수 있었다. 그만큼 자신의 이야기를 잘하는 분이 아닌데, 어느 날 나를 찾아와서 사랑의 빚 이외에는 빚을 지지 말라는 말씀을 듣고 달동네로 이사를 가기로 적용했다고 털어놓았다.

"사실 저는 파출부를 다녀요. 우리 남편은 박사 과정을 밟고 있어요. 남편이 공부를 하겠다며 직장을 내려놓았을 때 제가 할 수 있는 일은 파출부밖에는 없었어요. 하지만 그 일을 하기로 결정하는 것도 쉽지 않았고, 일을 하면서도 열등감과 남편에 대한 미움 때문에 마음이 많이 힘들었어요. 주님이 제게 맡겨 주신 역할을 감사함으로 감당하기까지 제자리를 인정하기가 힘들었어요.

그동안 임대 아파트에 살면서 제가 버는 돈으로는 두 아이와 우리 부부의 생활비, 남편 학비를 대기가 버거워서 빚을 많이 졌는데, 이제는 주님이 저를 위해 십자가에 달려 돌아가신 사랑의 빚 외에는 어떤 빚도 지지 않으려고요."

정 집사님은 하나님이 맡기신 자기 환경에 순종해서 자신의 십자가를 지기로 결단한 것이다. 파출부를 다녀야 한다는 사실, 돈이 없다는 사실을 인정하고 받아들이고 나니까 그제야 길이 보이더라고 했다.

서울의 마지막, 달동네라는 곳으로 이사를 가고 보니 생활비가 적게 들더라고 했다. 시장도 가깝고 물가도 쌌다. 예전 아파트 촌에 살 때는 상대적 빈곤감에 시달렸는데, 그곳으로 이사 가고 나서는 빈곤감을 덜 느껴 부자가 된 것 같았다. 지금 가진 것에 감사하는 삶을 살 수 있었다. 알맞은 가난보다 더 좋은 교육은 없다고 아이들도 돈 한 푼을 아껴 썼고, 공부만 하던 남편도 자청해서 우유와 신문 배달을 시작했다. 배달을 시작하면서 자연 운동이 되니까 남편의 아랫배도 쑥 들어가고 혈색도 좋아졌다. 그 사이 남편은 박사 학위를 땄지만, 아직은 시간 강사로 뛰고 있어서 정 집사님은 계속 파출부를 다녀야 했다. 파출부를 해도 그 역할에 기쁨으로 순종하며 돈이 있는 집에 가도 그 집 사람들의 영혼을 위해서 애통해하며 일하는 분이다. 그러니 아무도 정 집사님을 무시할 수 없다. 늘 말씀으로 주님의 음성을 듣고, 주님을 바라보고 가족의 구원을 위해서 기쁜 마음으로 살다 보니 그 삶

자체가 복음이요 은혜였다.

　오죽하면 정 집사님 별명이 '천사의 살인 미소'이다. 정 집사님은 누구보다도 일찍 교회에 와서 열심히 청소했다. 얼마나 열심히 하는지 내가 곁에서 보면서 감사가 절로 나올 정도였다. 사실 집에서 험한 일을 하면 밖에서는 좀 쉬고 싶은 것이 사람의 심정인데, 우리 정 집사님은 하루 종일 파출부 일을 하고도 교회에서 한 번도 쉬지 않고 일을 하는 내내 웃으니 그야말로 천사가 따로 없었다.

"목사님! 어쩌면 좋아요! 44평 아파트 준대요."

　정 집사님의 말에 큐티 모임을 하던 우리는 모두 깜짝 놀랐다. 지난해 가을 정 집사님 동네에 재개발이 시작되었다고 했다. 그곳이 완전 무허가 동네라서 거주민들이 권리를 갖기가 어려운데 정 집사님네 경우 전에 살던 사람에게 30평 정도 땅을 사서 들어갔기 때문에 땅의 권리가 인정되었다는 것이다. 그래서 44평 제일 큰 평수의 아파트를 받을 수 있게 된 것이다. 그 자체가 우리들에게는 기적이었다. 서울 시내 웬만한 곳에 44평 아파트를 사려고 하면 아무리 못 줘도 5억 원은 주어야 하는데, 이게 하늘에서 갑자기 뚝 떨어진 것이다. 10년 동안 한 푼도 쓰지 않고 한 달에 5백만 원씩 저축을 해도 얻을 수 없는 아파트를 하나님이 덜컥 안겨 주신 셈이었다. 기다리라 칭찬이 온다!

　하나님의 역사는 여기서 그치지 않았다. 입주하기 전부터 아파트 값이 오르기 시작했다. 서울 시내 큰 평수 아파트 건축에 제약이 따르면서 두 달 사이에 44평 아파트 값이 2억 원 이상 오른 것이다.

아파트 동호수 추첨을 앞두고 있을 때, 정 집사님은 내게 기도 제목이 있다고 했다.

"맨 꼭대기 층에는요, 옥탑방이 하나씩 딸려 있대요. 그런데 옥탑방도 그냥 옥탑방이 아니고요, 15평 정도로 넓은데다가 집 안에서 올라갈 수 있도록 이층 방처럼 되어 있더라구요. 앞에는 테라스도 있어요. 목사님이 저를 목자(구역장)로 세워 주셨는데, 맨 꼭대기 층이 추첨되어서 옥탑방이 생기면 목장 모임도 하고 성경 공부 모임도 하고 얼마나 좋을까요? 꼭 꼭대기 층 되게 해 주시라고 꽉꽉 눌러서, 많이 많이 기도해 주세요."

목장 모임하려고 방을 주셨으면 한다고 하니, 우리들이 또 얼마나 모여서 기도를 했겠는가. 그런데 남향에 꼭대기 층이 딱 추첨된 것이다. 하나님이 정확하게 기도를 이뤄 주셨다. 얼마나 감사하던지 그야말로 "하나님 사랑해요"가 절로 나왔다.

"하나님, 우리 정 집사님, 그 한결같은 분, 주님이 다 아시고 이렇게 알맞은 때에 복을 내려주시니 너무 감사해요. 이제 남편 분도 박사 학위가 끝났으니 좋은 곳에 임직하게 하시어서, 두 분이 아무 걱정 없이 주님의 일을 했으면 좋겠어요."

이것이 나의 간증이요 나의 찬송이다.

정 집사님의 지경이 넓어져서 목자를 하고 그분을 통해 구원받는 성도들이 늘어나고 있다.

안 믿는 자들에게 우리는 모두 사랑의 빚진 자이다. 예수님의 사랑을 알았다면 안 믿는 남편, 시어머니, 동서가 나를 아무리 힘들게 해도 미워할 수 없는 것이다. '빚' 이기 때문에 사랑해도 되고, 안 해도 되는 것이 아니라 반드시 사랑해야 하는 것이다. 하나님의 사랑을 깨달은 크기만큼 다른 사람을 사랑할 수 있다. 내가 사랑하지 못하는 것은 하나님의 사랑을 모르기 때문이라는 것을 알아야 한다.

그래서 하나님은 피차 사랑의 빚 외에는 아무에게든지 아무 빚도 지지 말라 남을 사랑하는 자는 율법을 다 이루었느니라(로마서 13:8)고 말씀하셨다. 내가 주의 기이한 빛에 들어가면 아름다운 덕, 복음을 전하지 않을 수 없다. 생활비도 벌어다 주지 않고 자기 앞일만 생각하는 남편이 정 집사님은 얼마나 미웠겠는가. 전에는 모든 것이 원수같이 여겨졌는데, 남편도 부모도 모든 식구도 원수같이 여겨졌는데, 예수님의 빛이 임하면 모든 것이 사랑의 빛으로 다가온다. 오히려 내가 죄인임을 깨달았기 때문이다. 하늘에서 보기에는 모두 버러지만도 못한 인생인데, 주님이 나를 만나 주셨기에 내가 왕 같은 제사장, 거룩한 백성의 신분으로 변화되었기 때문이다.

예수님을 만나면 모든 것이 사랑의 빛이다. 그 사랑의 빛 이외에는 절대로 다른 빚은 지지 않겠다고 한 사람이 순종하면, 그 한 사람 때문에 지경이 넓어져서 쓰임을 받는다. 바로 우리의 '살인 미소', 정 집사님처럼 승리하는 삶을 살 수 있을 것이다.

환난 중에 안식을 누린다

"주 변호사님, 정말 길이 없을까요?"

김 선생님과 나는 수련회 강사로 오신 주명수 변호사님을 붙잡고 늘어졌다.

"본인이 직접 도장을 찍었기 때문에 빠져 나올 길이 없어요."

"그럼 어쩌면 좋아요, 평생을 벌어도 다 못 갚는 돈이니…."

"길이 있기는 한데…."

김 선생님과 나의 눈이 반짝반짝 빛났다. 침이 꿀떡 넘어갔다.

"채권자들이 돈을 안 받겠다고 하면 모를까…."

꽈당! 김 선생님과 나는 뒤로 넘어가는 줄 알았다. 채권자들이 돈을 받지 않기를 바라는 것은 그야말로 하늘에서 별 따기만큼 불가능한 일이다. 그런 일이 실제로 일어난다면 그야말로 기적이다. 채권자가 한두 명이어야 말이지…. 이건 사오십 명이나 되니, 그들 모두가 돈을 받지 않겠다고 하지는 않을 것이다. 정말 이 일을 어떻게 해야 할까. 기도하는 수밖에는 없었다.

"집사님, 지난번에 말씀 드린 다희네 학교 김 선생님이세요."

강 집사님이 소개를 시켜 줘서 인사는 했는데, 도무지 중학교 선생님이라고는 생각되지 않았다. 머리카락은 수세미처럼 엉켜 있었고 옷도 아무렇게나 입었는데, 옷차림만 봐도 마음고생이 얼마나 심한지 금세 알 수 있었다. 대충 선생님의 사정을 들어 알고 있기에 이해할 수 있었지만, 아이들을 가르쳐야 하는 분이 언제까지나 정신을 놓고 있어서는 안 되겠다는 생각이 들었다.

"김 선생님, 머리도 좀 하고, 옷도 예쁘게 입고 다니세요. 그렇게 하고 다니면 안 돼요. 남들에게 더 손가락질당합니다."

김 선생님은 S여대 식품영양학과를 나와 다희네 학교 선생님으로 재직하고 있는 분이었다. 사회적으로 보면 안정된 삶을 사셔야 할 분인데, 이분은 너무 원통한 사연을 많이 가지고 있었다.

남편은 작가였다. 명문 대학 국문과 출신이라고 했다. 남자처럼 우락부락하게 생긴 김 선생님에게 너무나 달콤한 사랑의 고백을 해 왔고, 그 남편을 사랑해서 결혼했다.

결혼하고 나서 남편은 사업을 시작하겠다면서 대출을 받아야겠다고 했다. 그래서 남편을 따라 은행에 다니면서 선생님의 이름으로 대출을 받았다. 직업이 학교 선생님이었으니 은행마다 대출을 쉽게 해 줬던 것이다. 그 이후 남편은 바쁘다는 핑계로 집에 잘 들어오지 않을 때가 많았지만, 그렇다고 해서 남편을 의심했던 적은 한 번도 없었다. 나중에 와서 생각해 보면 어리석을 정도로 남편을 철저하게 믿었던 것이다.

하루는 밤중에 자는데, 경찰서에서 전화가 왔다. 남편이 사업에 부도를 내고 경제 사범으로 잡혔으니 얼른 경찰서로 오라는 것이다. 두 아이를 잡아끌고 경찰서에 갔을 때는 이미 김 선생님 말고 두 명의 와이프가 더 와 있었다. 부도가 났다는 것도 기가 막힌데 자신도 모르게 세 집 살림을 하고 있던 남편에게 느낀 배신감은 말로 표현할 수 없었다. 사람으로서는 상상하지 못할 배신을 당한 것이다.

남편을 간통죄로 집어넣고 쓰라린 마음으로 이혼을 감행했다. 하지만 문제는 김 선생님의 이름으로 빌린 돈 8억 원은 고스란히 자신의 몫으로 남았다는 것이다. 반지하방에서 아이 둘을 키우면서 월급까지 압류당한 채 남편이 진 빚을 대신 갚아야 했다. 그 빚은 김 선생님이 평생 벌어도 갚을 수 없는 액수였다.

정말 앞이 보이지 않는 상황이었다. 자살할 생각도 여러 번 했다고 들었다. 최선을 다해 살아왔는데 왜 내게 이런 일이 닥쳤는지 모르겠다고 울먹였다.

이에 주인이 저를 불러다가 말하되 악한 종아 네가 빌기에 내가 네 빚을 전부 탕감하여 주었거늘 내가 너를 불쌍히 여김과 같이 너도 네 동관을 불쌍히 여김이 마땅치 아니하냐 하고 (마태복음 18:32-33)

"예수님은 우리의 어떤 죄도 용서해 주셨는데, 내가 누구를 용서하지 못하겠습니까? 선생님이 남편을 용서해야, 주님도 우리를 용서해 주시죠. 하나님이 이런 환경을 주신 데는 이유가 있으십니다. 주님만이 이 환경을 변화시켜 주실 수 있습니다."

나는 이렇게 말씀을 드리고 김 선생님에게 말씀이 들려서 말씀의 능력으로 새 삶을 찾기를 간절히 기도했다. 김 선생님은 말씀을 들으러 꼬박꼬박 큐티 모임에 나오기 시작했다. 물론 강 집사님의 배려가 있었기에 가능한 일이었다. 김 선생님이 말씀을 듣는 동안 김 선생님의 아이들을 강 집사님이 밖에서 다 돌봐 주었던 것이다. 처음에는 맨 뒤에 앉아 있던 김 선생님도 점점 더 앞으로 나와서 말씀을 듣기 시작했다. 상황은 전혀 달라지지 않았지만, 말씀의 능력으로 조금씩 삶의 의욕을 회복하는 것을 나는 알아차렸다. 어느새 학교에서 큐티 모임을 열 정도로 믿음도 자라났다.

김 선생님은 두 자녀와 살아가기 위해 발버둥을 쳤다. 하지만 월급은 계속 차압을 당해서, 정말 단 돈 천 원도 월급 통장에 들어오지 않는 달도 있었다. 그러는 동안에도 소송은 계속되고 있었다. 여러 번의 소송을 통해 8억 원 중에서 3억 원은 잘못 부과된 것임을 밝혀 낼 수 있었다. 하지만 5억 원은 도무지 해결될 낌새가 보이지 않았다.

그런데 하루는 내게 급한 전화가 왔다.

"목사님, 학교에 감사가 나와서 일이 커졌어요. 학교에서 제 월급 차압한 것을 공탁하지 않고 예치금으로 해 놓았대요. 공탁을 하면 무혐의가 되어도 찾을 수 없거든요. 학교 측에서는 저를 배려해서 제가 무혐의로 풀려 나면 주려고 예치해 놓은 것인데, 이게 법에 걸린다네요. 어쩌지요?"

우리는 주 변호사님께 자문을 구한 대로 그 한 가지 방법을 실천해 보기로 했다. 채권자들과 협상을 해 보기로 한 것이다. 사실 학교에 감사가 나와서 일이 불거지지 않았다면, 이런 방법으로 일을 해결해 보려고 노력하지도 않았을 것이다. 협상에 들어가기 전에 우리들은 다같이 모여서 기도를 했다. 8년을 한결같이 주님을 위해 헌신한 우리 김 선생님에게 기적을 베풀어 주실 것을 믿고 간절히 기도했다.

채권자들과 만나는 날.

김 선생님은 조금 긴장했지만 여전히 주님의 평강이 가득 담긴 얼굴로 채권자들 앞에 섰다. 남편에게 배신당한 일이며, 지금 상황이 어떠한지를 조근조근 설명했다.

"저는 이렇게 아무것도 가진 것이 없습니다. 월급날이 되어도 제 통장에는 천 몇백 원밖에는 남아 있지 않을 때가 있습니다. 남편에게 당한 배신감과 정신적 충격 속에서도, 심각한 경제적 궁핍 속에서도, 제 월급보다 제 삶을 차압당한 듯한 박탈감 속에서도 오직 주님 말씀만 붙들고 8년을 버텨 왔습니다. 빚이 5억 원이지만, 그동안 제 월급을 차압해 모아 놓은 예치금 7천만 원을 받으시고 빚을 탕감해 주신다면 정말 감사하겠습니다. 제게 새 삶을 허락해 주십시오. 남은 생애 동안 아이들을 가르치는 훌륭한 교사로 두 아이의 엄마로 성실하게 살아가겠습니다."

그랬는데 너무 기가 막힌 일이 일어났다.

"예, 더 이상은 빚을 갚지 않으셔도 돼요."

"주 변호사님, 진짜예요? 김 선생님 빚 5억 원이 전부 다 없어졌단 말이세요? 그럼, 월급도 이제 차압당하지 않고요?"

"그럼요, 제가 김 선생님하고 함께 가서 공증까지 서고 오는 길입니다. 정말 하나님이 하신 일입니다."

나는 눈물을 흘리며 벅찬 마음으로 전화를 끊었다.

'주님, 빚 지고 환난당하고 원통한 김 선생님을 회복시켜 주셔서 감사해요. 정말 주님이 하신 일이네요.'

주님은 몇십 명의 마음을 동시에 움직여 주신 것이다. 채권단은 김 선생님에게 새 삶의 기회를 주기로 했다. 주님의 말씀만 붙잡고 걸어왔더니, 주님은 8년 동안 8억 원의 빚을 감쪽같이 없애 주셨다.

우리 주님은 그런 분이시다. 한평생 교회를 다녀도 주님의 말씀을 내게 주시는 말씀으로, 주님의 약속을 내게 주시는 약속으로, 주님의 기적을 내게 베푸시는 기적으로 받아들이지 않는 사람은 결코 체험할 수 없는 그런 주님을 우리는 만난 것이다.

약속의 말씀을 보며 기도할 때 아무리 힘든 일이 있어도 나를 통해 성취될 줄을 믿어야 한다. 내가 할 수 있는 일이 아무것도 없다는 것을 알고 믿음으로 순종할 때 주님은 놀라운 역사를 보여 주신다.

그날 김 선생님은 내게 포도를 사가지고 왔다.

"목사님, 너무 감사해요. 죄를 탕감받는 게 무엇인지 가르쳐 주셨어요. 그래서 포도를 사 가지고 왔어요. 목사님은 정말 청지기세요."

그 포도가 얼마나 달았는지 모른다.

내가 예수 그리스도의 것이라는 신분 의식이 있을 때 모든 영적 전쟁에서 승리할 수 있다. 오늘 어떤 환경에 있어도 주님은 '너는 내 것이다' 라고 말씀하신다. 아무리 힘든 사람이 옆에 있어도 주님은 '너는 내 것이다' 라고 하신다. 이 음성을 들어야 한다. 너무 힘들어서 생을 포기하고 싶고, 내려놓고 싶고 어찌할 줄 모르는 상황에서도 주님이 오셔서 '너는 내 것이다' 하시는데 우리에게 어떤 말이 더 필요하겠는가.

지금 김 선생님은 우리 교회 주일학교 중고등부 교사로 섬기고 있다. 아이들을 얼마나 열심히 전도하는지 큐티 전도 대회 때는 학급 전체를 데리고 오기도 했다. 하나님은 김 선생님처럼 환난당하고 원통하고 빚진 사람들을 변화시켜서 사역을 시키신다.

김 선생님은 지난 8년 동안이 끔찍했겠지만, 그 환경 속에서 예수님을 만났다. 이제는 잘 먹고 잘 살면서도 예수님을 만나지 못한 사람보다 훨씬 값진 인생이 되었음을 부인할 길이 없다. 예수님이 그 기가 막힌 고난의 환경에서 건져 주셨음을 부인할 길이 없는 것이다.

신실하고 사랑을 받는 형제 오네시모를 함께 보내노니 그는 너희에게서 온 사람이라 저희가 여기 일을 다 너희에게 알게 하리라(골로새서 4:9)

골로새서와 빌레몬서 말씀에 등장하는 신실하고 사랑받는 오네시모는 도망친 노예였다. 주인을 미워하면서 인생을 한탄하고 내 인생이 왜 이것밖에 안 되느냐고 세상을 저주하면서 살았을 것이다. 그런 오네시모가 로마에 가서 주님을 영접했다. 노예였던 오네시모에게 얼마나 열등감이 많았겠는가. 열등감을 완전히 극복하기 위해서는 시간이 필요하겠지만, 오네시모 같은 사람이 인정받는 교회가 건강한 교회다. 김 선생님처럼, 오네시모처럼 환난당하고 원통하고 빚진 자들이 모여서 변화되고, 더 나아가서 사역을 감당하는 교회가 건강한 교회라고 나는 확신한다.

바른 지식의 축복을 누린다

얼마 전 콧노래를 부르던 한 집사님의 얼굴을, 아침에 나눔 글을 읽는 순간 이해할 수 있었다. 큐티란 바른 지식으로 삶의 인도를 받는 것이라고 생각한다. 바른 지식이란 이렇게 26억 원이 걸린 계약 앞에서도 태연할 수 있는 것이리라.

나는 25년째 설계 사무소를 경영하고 있다. 얼마 전 연속극에 등장할 정도로 멋있는 건물을 소유하고 있는, 세상적으로 나와는 너무나 다른 직위와 재물을 가진 사업주로부터 견적서를 제출해 달라는 제의를 받았다. 처음 이 프로젝트의 견적서를 제출할 때 다른 똑같은 일보다 조금 비싸게 26억 원을 책정해서 냈다. 통상적인 관례가 견적서를 제출하면 다른 회사의 견적서와 경쟁을 하고 최종 가격 결정 회의를 거쳐 용역 설계비를 확정하는 것이 순서이다.

견적서를 제출하고, 첫 번째 만남은 주일 예배가 끝난 저녁에 강남의 한 호텔 일식집에서 가졌다. 명함을 주고받은 뒤 회장님은 나에게 이것저것을 물어보았다. 용역비가 비싸다, 싸다 하는 말은 일체 없이 일의 진행 과정에 대해서만 물어봤다. 속마음은 답답하고 궁금했지만 나 역시 용역비에 대한 말을 먼저 꺼내지 않고 식사만 하고 헤어졌다.

헤어져 돌아오면서 용역비가 너무 비싼 것은 아닌가, 다른 회사는 얼마에 견적서를 제출했을까 하는 많은 생각 속에 하나님의 뜻이 있겠지 하며 잊어버렸다. 한참 뒤에 그 회장님 편에서 회사로 들어오라는 연락이 왔다. 회장님과 담당 전무가 같이 참석한 가운데 또다시 일에 대한 모든 과정을 물어왔다. 역시 용역비에 대한 말은 일체 없었다.

점심으로 수제비를 먹은 뒤 계속 회의를 했는데, 일에 대해서도 지난번과 같은 질문을 되물었다. 그러고는 담당 전무에게 지시했다.

"한 사장님에게 계약을 시켜 주시지요."

"용역비는 얼마로 할까요?"

전무가 물었다.

"견적서를 낸 금액 그대로 가격 조정 없이 시행하지요. 앞으로 이 사업의 모든 것을 총괄할 수 있도록 우리 회사의 건설 본부장 명함을 갖고 다니게 하고, 이 사업에 관해서 전무님이 담당하시던 일도 한 사장에게 맡기시지요."

그것뿐이 아니었다.

"계약한 설계 용역비 외에 한 사장님이 관련 부서의 관공서 사람을 만나면서 드는 비용과 사업을 진행시키는 데 필요한 자금을 별도 지급하시지요."

이것은 상당히 파격적인 지시였다. 담당 전무는 자기가 회장님을 20년 동안 모셨지만 이런 일은 처음이라고 했다. 이번에는 다른 회사의 견적도 받지 않았다고 했다. 모든 허가 업무와 설계가 끝나면 시공 회사 결정과 공사 감독도 맡아서 해 달라고 했다.

나는 곰곰이 생각해 보았다. 내가 회장님과 만나 업무 일정을 논의하는 과정에서 나에 대해 외적으로 나타내었던 것은 이런 것들이었다. 교회에 다니고 있는데 월요일 저녁은 제자 훈련을 받기 때문에 스케줄을 잡을 수 없다고 말한 것과, 이 사업 계획을 앞으로 진행시키는 데 있어서의 정직한 일 처리 과정과 객관적인 나의 의견을 열심히 설명한 것밖에…. 아무리 생각해 봐도 이것밖에 없었다.

나는 지금 설계 용역비의 선급금을 받고 그 외 업무 추진에 필요한 명목으로 3억 원이란 돈을 받아 놓고 있지만, 받은 지 3개월이 되도록 단돈 1원도 쓰지 않고 있다. 모든 것을 다 맡기고 신뢰한다는 말에 더욱 책임을 느꼈기 때문이다. 물론 아직은 본격적으로 관련 부서의 사람을 만나지 않고 있기에 이 돈을 쓰지 않고 있는 것이다.

말씀을 보면서도 힘들고 어려운 일이 많았다. 부족하지만 요동치 않으려 했고, 그때마다 목사님의 말씀을 들으며 인내할 수밖에 없었고 때를 기다릴 수밖에 없었다. 그런데 어느 순간 창세기 39장의 하나님이 함께하시는 요셉에게처럼 나에게 "모든 것을 다 맡긴다"는 사업주의 말을 들으며 정말 두렵고 떨리는 마음이 들었다. 더욱더 정직하고 겸손하라 하시며, 나의 모든 것을 하나님이 보고 계신다는 생각이 들 때마다 더욱 회개하며 낮아지고자 하는 마음을 갖게 하시니 이 모든 것이 감사할 뿐이다.

26억 원이 걸린 사업에 견적서 내러 가서 월요일 저녁은 제자 훈련을 받아야 하기 때문에 스케줄을 잡을 수 없다고 이야기할 수 있는 사람은 극히 드물 것이다. 형편에 따라 타협하는 것이 우리의 본래 모습이기 때문이다. 하지만 하나님은 하나님의 뜻대로 사는 이들에게 백억 원 아니라 천억 원도 주신다. 정말 예수님의 이름을 부르는 사람들에게는 어떤 환경에서도 구원을 주신다고 하셨다.

누구든지 주의 이름을 부르는 자는 구원을 얻으리라 (로마서 10:13)

나의 부족과 죄를 인정하지 않으면 주님의 이름을 부를 수 없다. 이것이 바른 지식이다. 나를 위해 죽으시고 부활하신 주님을 불러야 한다. 그래야 구원을 얻는다. 사업을 해도 결혼을 해도 바른 지식이 있어야 한다. 어디에서나 주님을 부르고 남들 앞에서 주님을 시인해야 한다. 그래야 나의 원함과 하나님이 원하시는 일이 일치될 수 있다.

4장
말씀 묵상하는 사람의 여덟 가지 축복

복1_하나님과 일대일로 만난다

복2_신앙이 자립한다

복3_율법 신앙에서 놓여 난다

복4_기도가 응답된다

복5_전도가 저절로 된다

복6_예배의 감격이 되살아난다

복7_자녀가 살아난다

복8_소그룹 모임이 살아난다

복1_ 하나님과 일대일로 만난다

"하나님이 어디 있어요? 보여 주면 내가 예수님 믿지."

당시 초등학교에 다니던 아들의 물음에 이걸 어떻게 설명해야 하나 생각하다가 천국과 지옥에 다녀 온 어느 집사님의 이야기를 해 준 적이 있다.

"명문대를 나와서 사업을 하다가 사업이 망하는 바람에 뇌막염으로 뇌의 3분의 2를 잃고 쓰러진 분이 있었어. 혼수 상태에 빠져서 여섯 달 동안을 고생하는데 옆에서 부인이 지켜보니까, 계속 '나는 지옥 안가! 나는 안가!' 이러더라는 거야. 놀랍게도 여섯 달 만에 깨어났는데, 그동안 자기가 천국과 지옥 환상을 보았대. 자신이 지은 죄가 파노라마처럼 펼쳐지면서 지옥에 가는 환상을 봤다는 거야. 지옥이 너무 끔찍해서 가기 싫었는데, 부인의 기도로 살아났다고 간증을 했어. 그래도 너 안 믿을래?"

아들은 역시나 못 믿겠다는 표정이었다. 그래서 그 간증한 분 연락처를 부랴부랴 알아내서 아들이 그분과 직접 통화할 수 있도록 했다. 그랬는데도 아들은 믿지 못했다. 그때 내 속이 얼마나 답답했는지는 하나님만 아신다. 그런데 더 기가 막힌 건 그렇게 해서 살아나셨다는 분이 그때 잠시 교회를 나가다가 그만두셨다는 이야기를 전해 들은 것이다. 아무리 죽었다가 살아나는 경험을 하고, 꿈으로, 환상으로 지옥과 천국을 보고 예수님을 봤다고 해도 믿어지지 않는다는 것을 그때 뼈저리게 깨달았다. 하나님을 믿는 것은 나의 이성과 지혜로 믿는 것이 아니라, 하나님의 능력과 은혜로 믿는 것이기 때문이다.

믿음은 바라는 것들의 실상이요 보지 못하는 것들의 증거(히브리서 11:1)이다. 예수님은 '보지 않고 믿는 자'에게 분명히 복이 있다고 하셨다. 예수께서 가라사대 너는 나를 본 고로 믿느냐 보지 못하고 믿는 자들은 복되도다 하시니라(요한복음 20:29) 하나님을 알기 원한다면서 뭔가 색다르고 신비한 경험을 바란다면 아직 미성숙한 것이다. 나는 천국과 지옥을 보지 않고 하나님을 믿는 것이 너무 감사하다. 누가 와서 나한테 아주 진지하게 "천국에 가 봤더니 하나님이 없더라"고 말해도 나는 믿지 않을 것이다. 왜냐하면 나는 이미 인격적으로 하나님을 경험하고 있기 때문이다. 남들이 다 지옥에 살아도 나는 천국에 살고 있기 때문이다.

날마다 시간을 정해 놓고 말씀을 묵상하고 말씀대로 기도하는 것이 하나님을 경험하는 가장 빠른 지름길이다.

복2_신앙이 자립한다

"오랜만이에요 집사님, 그동안 보이시지 않아서, 멀~리 멀~리 가신 줄 알았더니요!"

"여기 와야 은혜가 있더라구요. 혼자서는 큐티를 안 하게 되어서 다시 왔어요."

혼자 있을 때는 큐티가 안 되어서 나를 찾아오셨다는 이분에게 물론 고맙고 감사했다. 말씀에 대한 사모함이 없다면 한 번 했다 하면 세 시간도 넘는 내 큐티 특강에 그렇게 오랫동안 오실 일이 없으실 테니, 그것만 해도 얼마나 감사한 일인지 모른다. 하지만 마음속으로는 좀 걱정이 되었다. 왜 혼자서는 큐티를 못 한다는 것일까.

어느 선교 단체 간사에게서 이런 이야기를 들은 적이 있다. 선교 훈련 프로그램을 자꾸 들으러 오는 분이 있어서, 왜 다시 오느냐고 물었더니 이곳에 오면 하나님의 임재하심을 느낄 수 있어서 힘들 때면 오고 싶더라는 것이다. 그러고 보면 비단 내가 인도하는 큐티 모임의 일만은 아닌 것 같다.

사실 나도 예전에는 기도원에 가서 큰 소리로 찬양 부르고 기도하면 성령 충만한 것 같다가도, 좀 지나고 나면 답답해서 다시 기도원을 찾곤 했었다. 신앙 훈련 프로그램이나 모임에 참여하는 것은 신앙의 여러 단계 중에서 반드시 거쳐 가는 단계임에는 분명하다. 하지만 혼자서는 큐티를 못하겠고, 어느 특정 모임에 가야만 큐티를 잘할 수 있다는 것은 말이 되지 않는다. 우리는 각자 깨달은 말씀을 나누고 내가 경험한 예수님을 증거하기 위해서 모이는 것이지, 큐티를 혼자서는 못하니까 모이는 것이 아니다. 큐티를 모여서 하더라도 하나님이 '내게' 들려주시는 말씀이 분명히 있고, 큐티 특강을 들어도 하나님이 '내게' 깨닫게 해 주시는 말씀이 분명히 있다. 그걸 찾는 것은 스스로의 몫이다. 그걸 찾으려고 노력하지 않으면 백날 큐티 해도 아무 소용없다.

큐티는 원래 하나님과 나, 단둘이 만나는 독대의 시간이다. 세 시간도 넘는 나의 큐티 특강도 사실은 그날그날 나의 아침 큐티가 바탕이 된다. 아직은 말씀을 잘 깨닫지 못하고 하나님의 말씀이 임하지 않은 분들에게 말씀이 들리도록 물꼬를 터 주는 것이 바로 나의 큐티 특강인 셈이다. 본인 스스로 말씀을 깨닫지 못할 때 먼저 깨달은 자에게 말씀을 듣는 것은 큰 훈련이다. 그나마 내가 삶의 고난을 이기기 위해 성경 말씀의 토씨 하나 빠뜨리지 않고 오래오래 큐티를 해 온 덕분에 이런 역할을 감당할 수 있는 것이라고 생각한다.

하지만 나의 역할은 여기까지이다. 그 다음은 각자의 몫이다. 먼저 깨달은 자가 말씀을 해석해 주는 것을 듣고 은혜를 받는 데 그쳐서는 안 된다. 저 목사님은 자신의 삶의 상황과 맞물려 말씀을 이렇게 깨달았는데, 내 삶의 고난과 사건에 대해 주님이 어떻게 말씀하시는지 스스로 깨달아야 하는 것이다. 그것은 누구도 알려 줄 수 없다. 오직 성령님만이 하실 수 있는 일이다. 그래서 똑같은 말씀을 보고도 우리는 각자 깨닫는 것이 다를 수밖에 없는 것이다. 복 있는 사람은 악인의 꾀를 좇지 아니하며(시편 1:1)라는 똑같은 말씀을 듣고, 욕쟁이 할머니는 "이제 다시는 욕하지 말아야겠다"라고 적용하는 것이고, 나 같은 사람은 "하나님 말씀을 먼저 깨달았다고 교만하지 말아야겠다"라고 적용하는 것이다.

스스로 큐티 하지 않고 큐티 모임에만 오는 것보다, 남편에게 야단 맞아 가며 순교하는 것처럼 기도원을 찾는 것보다, 내가 정말 해야 할 것은 말씀을 읽는 것과 듣는 것과 지키는 것이다. 이 예언의 말씀을 읽는 자와 듣는 자들과 그 가운데 기록한 것을 지키는 자들이 복이 있나니 때가 가까움이라(요한계시록 1:3) 이 말씀처럼 읽고 듣고 지키는 자에게 복이 있는 것이지 어느 장소 어느 모임을 가야 복을 받는 게 아니다. 한 번 가서 신앙 훈련을 받았다면 이제는 자기 것으로 만들어서 자립 신앙을 가져야 한다.

"예언"에는 '미리 주신 말씀'이라는 뜻도 있지만 '맡긴 말씀'이라는 뜻도 있다. 하나님이 맡기셨으니 혼자 은혜받고 그만이 아니라 남들에게 보여져야 한다. 읽고 깨달은 이후 하나님의 말씀을 지키는 단계까지 가야 진짜 큐티인 것이다.

큐티도, 그 밖의 어떤 신앙 훈련도 결국 말씀을 내 생활에 적용하면서 자립 신앙을 갖는 단계까지 가야 한다. 어떤 것도 훈련으로 끝나면 안 된다. 꼭 그 신앙 훈련을 받아야만 은혜를 받는다고 하면 안 된다. 삶에서, 직장에서, 각 교회에서, 집에서, 말씀을 읽고 듣고 지킬 수 있어야 한다. 우리에게 하나님의 말씀이 맡겨져 있기 때문에 사탄이 공격하고 고난이 오지만, 그 고난에 찬 환경을 넘어서서 큐티를 하는 것이 얼마나 큰 복인가를 알아야 한다.

고난이 왔을 때도 평소와 똑같이 깨어서 말씀을 듣고 읽고 지키는 살아 있는 복음을 체험하는 사람이 있다면, 아무리 보잘것없고 형편없는 사람일지라도, 그 한 사람으로 집안이 복을 받고 교회가 복을 받고 온 세상이 복을 받는다는 것을 잊어서는 안 된다.

복3_율법 신앙에서 놓여 난다

재수생 큐티 모임에 빠지지 않고 나오는 한 아이가 있었다. 신분은 재수생인데, 얼마나 교회 일을 열심히 하는지 모른다. 토요일에는 큐티 모임에 참석하고 주일에는 어른 예배와 청년부 예배에 참석하고, 또 주일학교 선생으로 봉사하고… 정말 하루 종일 교회에서도 종종걸음을 치고 다닐 정도였다. 하루는 내가 그 아이를 불러다 놓고 조용히 이야기했다.

"너, 공부해야 하지 않니?"

"그래도 교회 오면 좋아요. 후배들도 청년부에서도 저를 따르는 사람이 많고 제가 없으면 일이 안 된다네요."

나는 그래 좋으면 됐다, 그러고 말았지만 사실은 무척이나 걱정되었다.

가끔 보면 교회에서 하루 종일 사는 사람이 있다. 공예배는 절대 빠지지 않고, 선교와 구제 헌금도 성의껏 한다. 주차 봉사도 열심히 한다. 형제가 연합하여 동거함이 어찌 그리 선하고 아름다운고(시편 133:1) 하면서 교회에만 앉아 있기를 좋아하는 사람들이 있다. 생각해 보면 나도 다를 바 없는 것 같다. 교회에 있으면 괜스레 기분이 좋아질 때가 있다. 영화를 보러 가도 동창생들하고 가면 왠지 마음에 걸리고 소그룹 사람들끼리 가면 괜히 마음이 편하다. 그런 어린 아이 같은 마음이 우리에게 있다.

하지만 이런 평안은 십 리도 못 가는 평안이다. 예수님이 오셔서 율법을 폐하셨듯이, 큐티를 하는 사람은 율법 아래에 있는 신앙에서 이제는 복음 신앙으로 바뀌어야 한다. 복음 아래 있지 못하고 율법 아래 있으면, 말씀을 들어도 끊임없이 불안하다. 그래서 자꾸 스스로 율법을 만들어 내면서 거기에 얽매이고 나와 같지 않은 사람에 대해서는 비판하는 마음이 생기는 것이다. 남을 비판하려니까 나는 더 율법적이 될 수밖에 없다.

복음은 전적으로 하나님의 은혜이기 때문에 성경 공부를 많이 하고 큐티를 한다고 해서 깨닫는 것은 아니다. 오히려 자기가 매인 율법으로 스스로를 정죄하고 남의 죄도 용서하지 못하는 지경에 이른다. 복음 아래 있는 사람은 내 죄의 뿌리를 깊이 보기 때문에 누가 죄를 지었다고 해도 "저것이 내 모습이구나" 할 수 있는 반면, 율법 아래 있는 사람들은 "어떻게 저럴 수가 있어, 예수 믿는다는 사람이 어떻게 그럴 수 있지?" 하고 소리를 지르다가 자기 할 일을 제대로 못할 때가 많다.

하나님은 모세라는 지도자를 주셔서 신령한 물을 마시우고, 이스라엘 백성에게 신령한 음식을 먹이면서 구원해 내셨다. 하지만 그들 스스로 우상 숭배에 빠져서 결국 광야에서 멸망하고 말았다. 아무리 홀륭한 교회에서 훌륭한 목사님의 말씀을 들어도 한결같이 우상 숭배의 길로 가려는 것이 이스라엘 백성의 태도였고, 지금 나의 모습이다.

여호와께서 모세에게 이르시되 너는 내려가라 네가 애굽 땅에서 인도하여 낸 네 백성이 부패하였도다 그들이 내가 그들에게 명한 길을 속히 떠나 자기를 위하여 송아지를 부어 만들고 그것을 숭배하며 그것에게 희생을 드리며 말하기를 이스라엘아 이는 너희를 애굽 땅에서 인도하여 낸 너희 신이라 하였도다 (출애굽기 32:7-8)

매일 번제와 화목제를 드리며 열심히 신앙 생활을 하고 있는 것처럼 보였지만 하나님은 지금 나를 보시고 "부패하였도다" 하고 말씀하시는 것이다. 하나님께 이런 진단을 받는다면 참 난감한 일이 아닐 수 없다. "나는 아닌데요" 하고 발뺌한다고 될 일이 아니기 때문이다.

하루도 빠지지 않았다고 자랑으로 삼은 새벽 기도나 성경 공부가 오히려 하나님께 부패했다고 평가받을 일인지도 모른다. 물론 큐티가 너무나 중요하지만 그 자체가 금송아지처럼 우상이 되어서는 절대로 안 된다.

우리가 복음 아래 있다면 말씀 묵상을 통해 이런 깨달음이 왔을 때, 또는 지체들에게서 이런 이야기를 들었을 때 "네, 저는 만물보다 부패한 사람입니다" 하고 고백할 수 있어야 한다. 하나님은 산 위에서 모세와 말씀하시면서 땅에서의 아론과 백성들의 행동도 다 보고 계셨다. 그리고 이 백성이 부패하고 목이 곧은 것을 아시면서도 모세가 백성에게 내려가기를 원하셨다. 그리고 그 깊은 죄의 뿌리를 날마다 내 마음 밭에서 캐내어 버리는 것이 바로 큐티라는 것을 잊어서는 안 된다. 분명히 아침에 캐내어 버렸는데, 하루만 지나도 무성하게 솟아오르는 잡초처럼 우리는 날마다 내 마음을 말씀의 호미로 일구어야 한다.

복4_기도가 응답된다

기도 응답을 받으려면 평소에 친밀한 것이 최고이다.

쉽게 생각해 보자. 사람과의 관계도 미리 친해서 신뢰를 쌓아 놓으면 무슨 일이 있을 때 부탁하기가 쉽다. 친한 사이끼리는 일이 터져도 긴 말 없이 눈빛만으로도 통하기 마련이다.

"알지?"

"응~ 알았어!"

이런 사이가 친한 사이다. 평소에는 친하지도 않았는데, 갑자기 일이 생겼다고 찾아가서 막 울고불고 매달려 봐야 부탁을 들어줄 리 없다. 하루 종일 문 앞에서 조른다고 해결될 일이 아닌 것이다.

하나님과의 관계도 마찬가지다. 평소에 하나님과 친해 놓으면 내게 일이 생겼을 때 하나님이 친히 도와주신다. 하나님과 친해지는 비결, 그것이 바로 개인 예배인 큐티를 하루도 빠짐없이 하는 것이다. 그날 주신 말씀을 가지고 나를 돌아보면서 기도하면, 입학 시험이 와도 승진 시험이 와도 부도가 나도 안절부절 기도할 필요가 없다. 평소에 말씀 보고 기도하던 대로 하면 된다. 하나님과 사이가 좋으면 살짝 신호만 올려드려도 응답이 된다.

그러니까 이런 사람들은 좀 수상한 사람들이다.

"나 말이야, 산 기도하러 가서 소나무 몇 그루 뿌리 채 뽑아들고 내려온 사람이야!"

"기도원에 들어가서 응답받을 때까지는 죽어도 안 내려와! 까짓 죽기 아니면 살기지!"

기도를 하겠다고 하고서 자기 사정만 실컷 쏟아놓는 사람은 하나님과 대화하는 법을 배우지 못한 사람이다. 마치 대화할 때, 한쪽 사람이 소리소리 지르고, 울부짖으면서 뭘 해 달라고 한다면 다른 한쪽은 어처구니 없어지는 것과 같다. 신앙 생활을 하면서 명심해야 할 것은 기도는 일방통행이 아니라는 것이다. 오래오래 기도한다고 응답되는 게 아니라는 것이다.

기도할 때는 무엇보다 하나님의 마음을, 하나님의 사정을 살피는 것이 중요하다. 얌체처럼 평소에는 모른 척하다가 중요한 일이 있을 때만 와서 달라고 하면 상대방 마음이 어떨까, 무조건 자기 말만 하는 사람을 보면서 저 사람이 나를 사랑한다고 생각할 수 있을까. 그렇게 생각하는 사람은 아무도 없을 것이다.

그래서 중언부언 몇 시간 기도하는 것보다 말씀을 읽고 짧은 시간이라도 제대로 기도하는 것이 정말 중요하다. 말씀을 깊이 묵상한다는 것은 말씀을 인격적으로 읽는 가운데 말씀을 통해 하나님이 내게 말씀하시는 음성을 듣는 것이다. 하나님의 음성을 듣고 기도해야 하는데, 보통은 하나님의 말씀은 하나도 듣지 않고 자기 기도만 하니까 늘 응답이 되지 않는 것이다.

우리들교회는 모이면 늘 기도하고 성령님이 역사하시는 뜨거움을 맛본다. 이것은 거짓이 아니다. 큐티를 통해 다들 하나님의 음성을 듣고 있기 때문이다. 하나님의 음성을 들으려는 태도가 되어 있기 때문이다. 그래서 나는 기도 응답을 받으려고 몸부림치기 전에 큐티를 하라고 말한다. 기도를 어떻게 해야 응답받을 수 있는지도 말씀을 보아야 알 수 있기 때문이다.

처음 예수님을 믿는 분들은 한결같이 기도가 너무 어렵다고 말한다. 그러면 나는 오랫동안 하나님 없이 살아가는 데 길들여져 있기에 하나님과 함께 생활하기 위해서는 각오와 희생이 필요하다는 것을 꼭 말한다. 기도를 하기 위해서는 시간과 공간을 따로 드려야 한다는 의미이기도 하다. 예수님은 기도를 항상 힘쓰고 기도에 감사함으로 깨어 있으라(골로새서 4:2)고 하셨다. 기도에 익숙하지 않은 우리의 육체와 습관에 기도의 문을 여는 몇 가지 방법이 있다. 우선은 "불쌍히 여기소서"만 반복해도 하나님은 다 듣고 계신다. 그리고 성경 구절을 하나씩 암송해서 기도할 때 말씀대로 기도하는 것도 참 좋은 방법이다.

오랫동안 만나 온 친구들끼리 모여서 밥을 먹으러 가면 꼭 눈치를 봐야 할 게 있다. 수저를 들기 전 이상한 기류가 흐른다.

"대충 하자, 대충!"

다들 교회를 그렇게 오래 다녔는데도 공적으로 기도하는 것을 부끄럽게 여기는 경향이 있다. 예수님을 믿지 않는 친구들 앞에서, 또는 사업 파트너를 만났을 때 음식을 앞에 놓고 기도하는 것, 아무것도 아닌 것 같아도 이것이 바로 기도하는 사람과 기도하지 않는 사람이 나뉘는 분깃점이 된다. 아침에 자고 일어나서, 저녁에 잠자리에 들기 전에 짧게 기도하는 습관을 가지는 것, 이것이 바로 가장 좋은 기도 훈련이다. 어렵게 생각하지 말고 누워서도 앉아서도 버스를 타고 가면서도 신문을 보면서도 내가 무엇을 하든지, 침묵으로 또는 소리 내어 기도하는 것을 습관적으로 몸에 익히는 것이 중요하다.

"내가 기도하는 게 무슨 축복이 되겠어"

이렇게 생각하지 말고 남의 집을 방문해서도 기도하는 것을 습관처럼 해야 한다. 예배드릴 때도 통성 기도를 하면서 남 눈치 보지 말고 열심히 참여하는 것부터가 믿음을 성장시키는 한 걸음을 내딛는 것이다. 회개 기도를 먼저 하는 것, 나의 죄를 먼저 고백하는 것을 잊지 않는다면 하나님이 필요한 것을 다 주실 것이다.

아무것도 염려하지 말고 오직 모든 일에 기도와 간구로 너희 구할 것을 감사함으로 하나님께 아뢰라 (빌립보서 4:6)

필요를 위해 기도하는 것도 염려하지 말고 기도해야 한다. 하지만 그 모든 것이 하나님의 관점에서 올바른 것이어야 한다.

"나는 학벌도 없고 차도 없고 집도 없는데 하나님은 무슨 일이든지 하실 수 있으니까 행복하게 잘 살게 해 주세요."

이런 기도는 아무리 끈질기게 해도 하나님이 기뻐하지 않으신다.

육적인 것을 구하는 것도 근본적으로 전도가 목적이 되어야 한다. 그것이 바로 하나님의 관점이다.

이렇게 외적인 기도 훈련을 하다 보면 어느 날 내적인 기도 훈련의 필요성을 느낄 것이다. 대체로 초신자 때는 기도가 얼른 응답되곤 한다. 그러다 점점 응답이 더디 되는 걸 경험한다. 이런 경험을 통해 자기 내면의 갈등과 싸우면서 자신을 돌아보는 시간이 길어진다.

모든 기도와 간구로 하되 무시로 성령 안에서 기도하고 이를 위하여 깨어 구하기를 항상 힘쓰며 여러 성도를 위하여 구하고(에베소서 6:18) 시간을 정해서 기도하는 것도 중요하지만 시마다 때마다 무시로 기도하면 하나님이 무엇을 기도해야 할지 알려 주신다. 다윗이 왕국을 세우기 위해 수많은 전쟁을 치르면서 지겹도록 반복되는 말씀은 "다윗이 여호와께 물어 가로되"이다. 자나 깨나 기도하며 주님께 묻다 보면 내 삶 전체가 총천연색 기도의 응답으로 이어지는 것을 체험할 수 있을 것이다.

복5_전도가 저절로 된다

"어떻게 전도해요?"

그러면 나는 되묻는다.

"어떻게 예수님 믿게 되셨어요?"

그러면 신이 나서 이야기 하는 사람이 많다. 구원에 대한 확신과 예수님의 십자가에 대한 확실한 체험이 없으면 전도를 하겠다는 소망을 품기가 힘들기 때문에 대부분 이런 분들에게는 범상치 않은 간증거리가 있기 마련이다. 예전에 이런 일이 있었다.

"저… 혹시 기억나세요? 그때 그 종갓집…."

나는 종갓집 이야기가 나오자 대번에 기억이 났다. 남편 병원에서 병원 식구들을 데리고 남편의 잔소리를 들어가며 큐티 모임을 인도할 때였다. 그때 한 자매가 자기 형님을 전도하러 가자고 했다. 그 집이 종갓집이었는데, 전도를 하고 나오니 누군가 급히 따라 나오는 소리가 들렸다.

"어이, 재수 없어."

그러더니 내 뒤에 대고 소금을 쫙쫙 뿌렸다. 전도하러 가서 이런 일을 당하기는 또 처음이었다. 그렇지만 나는 일단 미신을 믿는 저 사람들에게 복음을 제시했다는 것만으로도 주님이 귀하게 여기실 것을 믿고 기쁜 맘으로 발걸음을 옮겼다. 그게 10년 전 일이었다.

전화기 너머에서 한 번 나를 만나고 싶다는 소리에, 나는 우리 집에 재수생 큐티 모임을 하는데 그때 오라고 하고서 전화를 끊었다. 나중에 보니 그 종갓집에 맏딸이 대학 입시에 두 번을 실패하고 삼수 생활을 시작하자 부랴부랴 나를 찾아온 거였다.

맏딸은 큐티 모임에 나오면서 웃음을 되찾았다. 날마다 말씀을 읽을수록 너의 문제를 아신다고, 너를 사랑하신다고, 이 고난 뒤에 크고 비밀한 일을 보여 주신다고 말씀하시는 주님의 음성이 크게 들리니, 말씀 앞에서 회복되지 않을 사람이 어디 있겠는가. 그것이 바로 말씀의 능력이요, 주님의 성품인 것이다.

비록 시간은 좀 걸렸지만 딸의 변화를 지켜본 엄마도 자청해서 주님을 영접했다. 눈물을 뚝뚝 흘리며 고민을 털어 놓았다.

"남편이 사실은 두 집 살림을 해요. 주님이 그이를 만져 주셨으면 좋겠어요."

아내의 손에 억지로 끌려 큐티 모임에 나온 남편에게 나는 이렇게 말했다.

"우리 중에 죄 없는 사람은 없어요. 살인마의 대명사처럼 불리는 고재봉 씨(도끼 살인 사건의 가해자)도 변심한 애인 때문에 그 어마어마한 일을 저질렀다고 하지 않습니까. 그분도 예수님을 믿고 옥중에서 3천 명을 전도하고 눈물로 찬양하면서 주님 곁으로 갔어요. 죄를 고백하고 주님 곁으로 나오면 구원받지 못할 사람이 없습니다."

그러자 그 남편이 바로 예수님을 영접했다. 종갓집에서 맏며느리와 맏아들이 예수님을 영접하는 역사가 일어났는데, 더 놀라운 일은 그 시어머니도 항복한 것이다.

"한 집에서 서로 다른 신을 모실 수 없으니 나도 예수를 믿겠다."

그래서 나한테 소금을 뿌렸던 집이 완전히 주님께로 돌아오는 일이 벌어졌다. 예수님을 영접하고 첫 제사가 돌아온 날, 그 종갓집에서 전화가 왔다.

"집사님이 오셔서 예배 좀 드려 줘요. 집사님 때문에 식구들이 모두 예수님을 믿었는데 오늘 고조할머니 제삿날이에요. 예배를 드려야 할 것 같은데, 어떻게 해야 할지 통 모르겠어요."

나는 평신도니까 목사님께 부탁을 하라고 해도, 그분들은 나를 통해 예수님을 영접했다면서 꼭 추도 예배를 인도해 달라고 부탁했다. 할 수 없이 평신도 신분에 추도 예배를 인도하러 갔는데, 막상 가서 보니 종갓집이라 사람이 얼마나 많이 모였는지 몰랐다. 이를 모른 체 할 내가 아니다. 친척 일가가 모인 자리에서 복음을 전했다. 이 집안이 변화된 이야기도 섞어 가면서 구원 초청을 했다. 그런데 거기 모인 사람 모두가 구원 초청을 받아들여 손을 드는 역사가 일어났다.

사실 전도란 별 게 아니다. 어떻게 예수 믿게 되었나, 예수 믿기 전에 어떠했나, 믿고 나서 어떻게 달라졌나를 얘기하는 자체가 전도이다. 자신이 본 역사를 증거하라고 주님은 말씀하신다.

요한은 하나님의 말씀과 예수 그리스도의 증거 곧 자기의 본 것을 다 증거하였느니라(요한계시록 1:2)

예수님의 사도인 우리는 우리가 겪은 예수 그리스도를 증거하라는 지시를 받은 것이다. 그런데 가끔 보면 다른 사람에게 예수 그리스도를 증거하려는 것이 아니라 우리가 마치 하나님인 것처럼 지시하려 할 때가 있는 것 같다. 전도는 지시하는 것이 아니라 증거하는 것임을 잊어서는 안 된다.

인간은 자신의 힘으로는 하나님의 나라를 볼 수 있는 존재가 아니다. 하지만 하나님이 체험할 수 있도록 역사해 주셨다. 하나님이 이미 보여 주신 것을 증거하라고 하시는 데 침묵하고 있다면 문제가 있는 것이다. 내 힘으로 보는 것이 아니라 하나님이 보여 주신 것을 증거하는 것이니까, 전도는 전혀 어려운 게 아니다.

따지고 보면 내가 전도하지 못하는 것은 삶에서 하나님을 만난 경험이 없기 때문임을 알아야 한다. 예수님을 믿기 '전에'와 예수님을 만난 '이제'가 확실치 않다면 그 어떤 전도 훈련 프로그램을 좇아다녀도 소용이 없다.

그런 탓에 큐티를 하면 저절로 전도가 된다. 그날 그날 하나님의 세심한 음성을 듣고 말씀으로 삶의 고난을 이겨 낸다면, 그 이야기를 다른 사람들과 나누는 것만으로도 전도가 되지 않겠는가.

복6_예배의 감격이 되살아난다

"이제는 주 예수 그리스도의 은혜와 하나님의 사랑과 성령님의 교통하심이 이제로부터 영원히 함께 있을지어다, 아멘!"

주일 예배 축도가 끝나는 순간, "예배 끝!"이라고 즐거워하는 사람들이 많다. 일찍 1부 예배드리고 어디로 놀러 가려는 사람들도 늘었다. 하지만 주일 예배가 끝난 뒤에는 비로소 진정한 영적인 예배, 산 제사가 뒤따라야 한다.

그러므로 형제들아 내가 하나님의 모든 자비하심으로 너희를 권하노니 너희 몸을 하나님이 기뻐하시는 거룩한 산 제사로 드리라 이는 너희의 드릴 영적 예배니라(로마서 12:1)

주님은 입으로만 또는 교회에서만 예배를 드리는 것이 아니라 온 인격과 삶을 주님께 전부 드리는 영적 예배를 원하시는 것이다. 주님을 교회에만 계시게 해서는 안 되고, 가정과 직장과 학교처럼 내 모든 삶의 공간에 주님이 머무르시도록 해야 한다. 예수님을 믿고 가장 중요한 것은 우리 몸이 하나님의 성전이 된 것이다. 너희 몸은 너희가 하나님께로부터 받은 바 너희 가운데 계신 성령의 전인 줄을 알지 못하느냐(고린도전서 6:19)고 하시는 것은 우리 몸이 주님의 영이 거하시는 처소라는 말이다. 그러니까 주일에 예배를 드리고 나서 그 다음에 따라와야 할 것은 삶에서 나를 죽여 주님께 산 제사를 드리는 것이다. 주일 예배뿐만 아니라 하나님과 내가 일대일로 만나는 큐티라는 개인 예배, 가정 예배, 목장 모임 등의 예배를 드린 뒤에는 내 삶의 모든 영역에서 예수님을 섬기며 영적 예배를 드려야 한다.

우리의 모든 예배가 결국은 생활 예배로 가야 한다. 돈을 벌었는데 십일조만 하고 나머지는 내 마음대로 쓴다면, 주일 예배만 드리고 나 하고 싶은 대로 산다면 하나님께 예배를 드리는 사람이라고 말할 수 없다. 이처럼 몸이 움직일 때마다 믿음의 실체가 드러나 보인다는 것을 그리스도인이라면 절대 잊어서는 안 된다. 약혼자가 너를 사랑한다, 너를 사랑한다 하면서도 비싼 반지만 보내고 직접 만나러 오지 않는다면 그 사랑이 거짓인 것처럼, 우리가 예수님을 믿는다면 내 몸을 직접 움직여 하나님에 대한 사랑을 증거해야 한다.

산 제사라는 것은 우리 몸을 주님께 제물로 드리라는 것인데, 우리 자신이 죽지 않는다면 아무리 주일에 와서 예배를 드려도 주님이 보시기에는 '헛수고했다' 하실 수밖에 없다. 예배도, 봉사도, 기도도 이 모든 것을 포괄하는 큐티도 내가 진정으로 하나님 앞에 죽어서 시간을 하나님 앞에 바쳐야 할 수 있는 것이다. 우리는 말씀 앞에 날마다 죽어야 한다. 그것이 큐티를 할 때 비로소 그리스도인으로서 삶의 중심을 잡는 이유이다.

복7_자녀가 살아난다

부모가 자녀에게 해 줄 수 있는 육적인 뒷받침은 한계가 있을 수밖에 없다. 언제까지나 돈을 벌어다 줄 수도 없고, 언제까지나 품에 껴안고 밥을 먹여 줄 수도 없는 노릇이다. 하루 종일 감시한다고 자녀가 포르노 사이트 돌아다니는 것을 막을 수는 없다. 나의 앞날도 알 수 없는데 자녀의 생명을 어떻게 지켜 줄 수 있을까. 그래서 자녀에게 신앙 교육을 시키는 것은 매우 중요하다.

우리들교회는 개척 초기부터 주일학교 아이들도 큐티로 말씀 공부를 하고 있는데, 얼마나 적용을 잘하는지 입이 귀에 걸릴 정도다. 아직 아이들과 큐티를 나눈 지 1년이 채 되지 않았지만, 그 신앙의 성장이 너무 눈부시다. 벌써 소문이 나서 우리 주일학교의 큐티 훈련을 배우고 싶어 하는 분들이 많다.

친구가 하도 장난을 치기에 선생님께 말을 했다가 친구에게 맞고 싸움이 일어났다. 선생님은 똑같이 벌을 주셨다. 말로는 잘못했다고 했지만 나는 잘못한 게 없는 것 같아 친구가 미웠다. 그런데 다음날 친구가 결석을 했고, 다른 친구에게 알아봤더니 나랑 싸운 것 때문에 학교에 나오지 않았다는 것이다. 그래도 그 친구가 미웠는데, 친구가 학교에 온 날 선생님이 준 '배려하는 마음'이라는 쪽지를 읽고 내가 그 친구를 이겨 보려고 했던 것은 아닌가 하는 생각이 들었다. 큐티 모임에 다녀온 엄마한테 이 이야기를 했더니 엄마는 이는 하나님의 공의로운 심판의 표요 너희로 하여금 하나님 나라에 합당한 자로 여기심을 얻게 하려 함이니 그 나라를 위하여 너희가 또한 고난을 받느니라(데살로니가후서 1:5)는 말씀을 읽어 주시면서 그 친구와의 일이 나를 하나님 나라에 어울리는 사람으로 만들기 위한 하나님의 뜻인 것 같다고 말해 주셨다. 앞으로는 그 친구와 친하게 지내려고 노력해야겠다. 친구를 미워하지 말고 그 친구를 위해 기도해야겠다.

이것이 초등학교 3학년 아이의 큐티 나눔이다. 사실 큐티란 딴 게 아니다. 이렇게 사건이 오면 말씀을 적용할 줄 아는 것, 그것이 큐티다. 어려서부터 큐티를 하는 것이 중요한 것은 사람의 가치관이라는 것이 일단 자리 잡으면 좀처럼 변하지 않는 것이기 때문이다. 여러 번 이야기했지만, 예수님을 믿는 데 30년이 걸렸다면, 예수님을 믿은 지 30년이 걸려야 세상의 찌꺼기들이 다 떨어져 나갈 수 있다는 것이다. 아이들에게 큐티를 가르치는 일은 몇백 억 원을 들여서 성전을 짓는 것과도 비교할 수 없을 만큼 아름다운 성전을 짓는 귀한 일이다. 어린이, 청소년 큐티를 귀에 못이 박히도록 강조하는 이유는 바로 이 때문이다. 아이들은 '예수님이 친구를 미워하지 말라고 했으니까 미워하지 말아야지' 하면서 금세 적용할 수 있지만, 어른들은 온 교회 식구들이 다 달려들어도 문제 해결이 잘 안 된다. 이게 바로 쓴 뿌리이다. 어려서부터 큐티로 쓴 뿌리가 자라나지 않도록 훈련시키는 일은 그리스도의 몸된 교회와 공동체를 세우는 길과 곧장 연결된다.

어려서부터 신앙 생활을 한 아이들은 살다가 어려운 일을 만나 사면초가의 상황에 처했을 때 주일학교에서, 엄마에게서 들었던 성경 말씀을 기억할 것이다. 그 말씀을 기억하면 주님께로 피할 것이다. 오늘부터라도 함께 큐티 하는 것으로 자녀를 교육시킨다면 교육 보험 몇백 개를 드는 것과도 비교할 수 없는 축복이 있을 것이다.

복8_소그룹 모임이 살아난다

"오늘은 꼭 오후 2시까지만 하고 와야지. 지금 특별 새벽 기도회 기간이니까, 새벽 기도회 준비도 해야지, 주일 설교 준비도 해야지… 그래 꼭 2시까지야…."

다짐에 다짐을 하고 나선 교구 심방길. 아침 10시부터 교구 식구들 30여 명이 모여서 예배를 드렸다. 함께 말씀을 나누다 보면 어느새 간증들이 쏟아져 나온다. 교구 식구들은 마이크만 들이대면 한결같이 눈물을 흘리면서 예수님 만난 이야기를 들려주었다.

"저는 중학교 3학년 명수 엄마입니다. 시부모님 모시고, 어린이집을 운영하고 있어서 심방 받을 시간이 없다고 했는데 아무래도 안 되겠더라구요. 제가 오늘 어린이집 아기까지 데리고 심방을 받으러 왔습니다. 이제까지는 어디에 행복이 있는지 몰랐고, 아무 곳에서도 위로를 받지 못했습니다. 그런데 제게 말씀이 들려서 요즘 위로를 받고 있습니다. 아들 명수가 저를 전도했는데, 저를 전도해 준 명수가 얼마나 고마운지 몰라요. 그래서 이렇게 아기 들쳐 업고 말씀 들으러 왔습니다."

예수님 이야기를 하다 보니 시간이 어떻게 가는지도 모르게 하루해가 홀쩍 넘어갔다. 오후 2시는커녕 6시가 되어서야 겨우 자리를 털고 일어났다. 그마저도 식구들 저녁 식사 준비 때문에 일어난 것이지, 자리가 지루해서 일어난 것이 아니다. 오면서 가만히 생각해 보니까 정말 신기한 일이다. 아이 한둘은 낳은 아줌마가 대부분이라 허리고 어디고 아프지 않은 사람이 없을 텐데, 한 시간만 앉아 있으라고 해도 다들 주리를 틀 텐데, 핑계 대고 나가는 사람이 한 명도 없다니! 옴짝달싹도 할 수 없는 그 좁은 집 안에서 몇 시간 동안이나 모여 앉아 있으면서도 즐거워할 수 있다니! 아무리 생각해도 주님의 은혜인 것 같다.

'예수님한테 미치지 않으면 어떻게 그렇게 앉아 있겠어. 떡이 나오는 것도 아니고 돈이 나오는 것도 아닌데…'

사실 나도 교회 소그룹 모임을 하면서 나보다 못한 형편의 사람들을 보면 저 사람은 내 옆에 오지 않았으면 좋겠다고 생각했던 적도 있고, 큐티 모임을 인도하면서 누군가의 학벌이 궁금할 때도 많았다. 그렇지만 날마다 말씀 앞에서 발가벗으니까 어느 결에 그런 편견의 벽들이 하나 둘씩 사라졌다.

많은 믿는 사람들이 기존의 구역 모임에 대해 고민을 안고 있다는 것을 알고 있다. 구역 모임이 건강한 교회를 세우는 주춧돌이 되지 못하고 일개 사교 모임으로 전락했다는 걱정도 나오고 있다. 하지만 나는 소그룹 모임을 말씀을 나누는 큐티 공동체로 세워 나간다면 그런 고민과 함정을 피해 갈 수 있을 것이라고 생각한다.

우리 딸은 아직 어리지만 나와 큐티를 나누면서 자라다 보니 입만 열면 정답만 이야기한다. 내가 가끔 누구하고 이런저런 일이 있었다고 얘기를 하면 꼭 이렇게 말한다.

"엄마가 실수했네, 엄마가 틀렸어요"

그러면 나는 갑자기 이야기하기가 싫어진다.

큐티 하는 사람들이 얼마나 정답 말하기를 좋아하는지 모른다. 누가 무슨 문제를 털어놓으면 꼭 이렇게 말한다.

"순종하세요, 말씀을 보세요, 아직도 욕심이 많으시군요!"

정답을 모르는 사람은 이 세상에 없다. 은혜와 사랑이 뒷받침되지 않은 말들이 도리어 사람을 죽인다. 누군가 나에게 문제를 내놓고 도움을 청할 때는 덧붙이는 것도 빼는 것도 없이 하나님께 고하면 된다. 내가 사랑을 가지고 그 말씀을 전하면 상대방도 하나님의 말로 받아들인다. 사랑이 없으면 '말씀의 검'이 상처를 입히는 '칼'이 되고 만다. 듣기만 해도 숨이 막히는 원칙만 내놓는 것은 나눔이 아니다. 중보가 아니다.

시집살이할 때, 시어머니는 외출도 통 못하게 하시지, 날마다 걸레 검사만 하고 얼마나 호령을 치는지 그런 시어머니가 무서워 고개도 제대로 들지 못했었다. 더구나 눈에 흙이 들어가도 절대 분가를 하지 않겠다는 남편이 그렇게 미울 수가 없었다.

그런데 예수님을 만나고 시어머니와의 문제를 주님 앞에 털어놓으면서 말씀을 읽다 보니, 시어머니를 어떻게 하면 구원시킬 수 있을까 곰곰이 생각해 보았다. 시어머니 생각을 많이 하다 보니 어느 순간 시어머니의 아픔이 보이기 시작했다. 시어머니는 초등학교도 나오지 못하셨는데, 대학교까지 나온 며느리 넷을 보려니 얼마나 외로우셨을까 하는 마음이 들었다. 살림 잘하는 것으로 며느리들보다 더 나은 모습을 보여 주고 싶어서 그러신다는 것도 알았다. 이것이야말로 말씀을 통해서 주님이 깨닫게 해 주신 것이다. 눈높이를 맞추어 시어머니를 사랑하자 시어머니도 내 사랑을 받아들이셨다.

요즘도 큐티 나눔을 하면서 드는 생각은 시어머니와 한 방에 누워서 뒹굴뒹굴하며 나누었던 그 솔직하고 적나라한 큐티 나눔이 없었더라면 사회 계층 지위 고하를 막론하고 아무에게나 복음을 전할 수 있도록 내 언어를 단련시키지 못했으리란 것이다.

큐티 나눔은 서로의 눈높이를 맞추고 함께 놀이하듯 하는 것이다. 예수님이 우리의 수준에 맞춰서 인간으로 내려오셨듯이 우리도 다른 사람에게 복음을 전할 때는 그 사람 수준으로 내려가야 한다.

우리들교회가 지금에까지 이른 것도 나눔에 중점을 두고 상대방의 눈높이에서 이야기할 수 있는 은혜를 허락해 주셨기 때문이다. 우리가 소그룹에서 말씀을 함께 나누면서 누리는 감동은 어느 것과도 비교할 수 없다. 다들 말씀을 듣고 싶은 간절함과 애통함으로 오기에 만나면 그저 눈물이 나고 웃음이 난다. 우리들교회 목장 모임이 주님을 사랑하는 마음으로 뭉친 건강한 공동체가 된 것은 각자 큐티를 하고, 그것을 나눌 수 있었기 때문이다.

날마다 말씀 앞에 서로 발가벗으니까, 모든 교양의 껍데기와 위선의 껍데기를 다 훌훌 털고 속의 부끄러움을 드러내니까 언제 만나도 서로 편안한 것이다. 부부는 발가벗고 만나는 관계인 것처럼, 하나님과의 관계나 공동체 식구들과의 관계도 그럴 수 있을 때 가장 편안하고 즐겁다. 말씀 앞에서 자신의 어떤 수치도 고백할 수 있고 그로 인해 죄의 영향력에서 벗어나며, 더 나아가 다른 사람이 죄의 사슬에 얽매이지 않도록 도와주는 관계, 그런 공동체가 있다는 것에 기쁨으로 가슴이 뜨거워진다.

복 있는 사람의 8복 큐티법

2

1.
말씀으로 부르심을 받는다

2.
말씀으로 순종을 배운다

3.
말씀으로 삶이 형통한다

4.
말씀으로 삶이 달라진다

1장
말씀으로 부르심을 받는다

말씀대로 되는 인생

말씀으로 사건이 해석된다

내 고통을 열어 보인다

말씀을 온전히 의지한다

말씀 앞에 핑계를 대지 않는다

하나님의 뜻을 찾는다

주님의 부르심에 따른다

주님의 은혜를 체험한다

큐티보다 삶이 중요하다

말씀에 꽂혀 산다

말씀대로 되는 인생

나의 간증은 항상 에스겔서 1장 1절 말씀으로 시작된다.
제 삼십 년 사 월 오 일에 내가 그발강가 사로잡힌 자 중에 있더니 하늘이 열리며 하나님의 이상을 내게 보이시니 여호야긴 왕의 사로잡힌 지 오 년 그달 오일이라 갈대아 땅 그발강가에서 여호와의 말씀이 부시의 아들 제사장 나 에스겔에게 특별히 임하고 여호와의 권능이 내 위에 있으니라(에스겔 1:1-3)

내 나이 "삼십", 시집살이에 "사로잡힌 지 오 년"에 내게도 여호와의 말씀이 임했다. 시집살이 5년 되던 해 친구를 만나러 외출했다가 호되게 야단을 듣고는 집을 나왔다. 집을 나와서 기도원에 머물렀는데 사랑 안에 두려움이 없고 온전한 사랑이 두려움을 내어 쫓나니(요한일서 4:18) 하신 말씀에 눈물로 회개하며 예수님을 만났다.

당시 최고 강대국이었던 바벨론의 "갈대아 땅 그발강가"는 없는 것 없이 풍요로워 하나님이 없이도 살 수 있을 것 같은 곳이었다. 하지만 포로 신분으로 잡혀 있던 에스겔에게는 너무 힘들어 하나님이 없다고 생각되는 곳이었다. 잘 나가는 집안, 잘 나가는 남편이 좋아서 선택한 나의 결혼이야말로 그 발강가였다. 거기 사로잡혀 제사장 가문 출신인 에스겔도, 4대째 모태 신앙인 나도 제 할 일을 못하니까 하나님이 찾아오셨다. 그리고 남편의 죽음을 통해 "특별히" 임하시고 여호와의 권능으로 내 삶을 인도하셨다.

내가 처음 공식적인 자리에서 간증한 것은 남편의 장례식 때였다. 워낙 갑작스러운 일이라 장례 절차를 생각할 겨를도 없이, 남편이 죽기 전 '집에 가고 싶다'고 한 말이 떠올라 시신을 집으로 옮겨 왔다. 집에서 장례식을 치르는 날, 하나님은 가족과 친지들 앞에서 남편의 죽음을 통해 내게 임한 말씀을 증거하게 하셨다.

하나님이 에스겔에게 사명을 주시면서 가장 먼저 찾아가라고 한 사람들이 이스라엘 자손이다. 내게 이르시되 인자야 내가 너를 이스라엘 자손 곧 패역한 백성, 나를 배반하는 자에게 보내노라 그들과 그 열조가 내게 범죄하여 오늘날까지 이르렀나니 (에스겔 2:3) 마찬가지로 나도 믿음의 자손 이스라엘, 모두가 믿는 집안인 우리 가족들 앞에서 제일 먼저 말씀을 전한 것이다.

내가 너를 그들에게 보내노니 너는 그들에게 이르기를 주 여호와의 말씀이 이러하시다 하라 그들은 패역한 족속이라 듣든지 아니 듣든지 그들 가운데 선지자 있은 줄은 알지니라 (에스겔 2:4-5) 사명을 주고 가라고 하시면서 '그런데 그 사람들이 절대 안 들을 걸!' 하신다. 정말 대부분 믿는 가족들이었지만 내 간증에 귀를 기울이는 사람은 거의 없었다. 평소에 말도 없이 얌전하기만 하던 나였기에 아마 놀라움이 더 컸을 것이다.

에스겔이 너무나 대단한 선지자이기에 그 삶에 나를 견준다는 것은 너무 송구한 일이다. 하지만 우리들교회 목회를 하고 있는 지금까지 내 삶의 때마다 하나님은 에스겔 말씀으로 나를 찾아오셨다. 내가 하고 싶은 본문을 찾아 큐티를 하는 것도 아니고 큐티 교재의 편집 순서에 맞춰 큐티를 하는데 어떤 경우에는 문자적으로까지 딱 들어맞아서 깜짝 놀랄 때도 많다.

그래서 나는 감히 에스겔의 삶을 꿈꾼다.

자신의 삶으로 직접 하나님의 말씀을 전하기 위해 벙어리가 되고, 줄에 동여맴을 당하고, 쇠똥으로 떡을 구워 먹었던 에스겔. 사랑하는 아내를 잃고도 기뻐하며 명령대로 따랐던 에스겔. 믿는다고 영적으로 교만했던 이스라엘을 향해 세상적으로 잘 나가는 열방을 향해 자나 깨나 '망한다'는 메시지만 외쳐야 했던 에스겔.

그의 삶을 나는 감히 닮기 원한다. 그가 비록 살아생전에 이 땅에서 솔로몬 성전 같은 화려한 성전을 짓지는 못했지만, 48장 마지막에는 하나님이 보여 주신 천국 성전을 지었기 때문이다. 영원히 무너지지 않을 천국 성전을 내 삶에서 누리고 있기 때문이다.

말씀으로 사건이 해석된다

남편과 함께 외식을 하기로 한 토요일이었다. 그런데 "외식은 힘들 것 같고, 집에서 저녁을 먹어야겠어" 하는 남편의 전화가 걸려 왔다. 그러고 한 시간쯤 지났을까, 다시 전화벨이 울렸다. 남편 병원의 간호사였다.

"사모님, 원장님이 이상하세요. 퇴근한다고 나가셨다가 다시 들어오시더니 지금 누워 계세요. 혈압도 자꾸 떨어지시고…."

별일 아닐 거라 생각하며 병원으로 달려갔다.

"여보! 기도해 줘."

남편은 나를 보자마자 손을 붙잡고 기도해 달라고 했다. 그때의 감격이란…. 뭐라고 기도했는지는 기억나지 않는다. 다만 크지도 않고 작지도 않게 기도하고 밖에 나와서는 간호사들과 일하시는 아주머니들에게 "원장님이 기도해 달라고 했다" 하고 너무 기뻐서 큰 소리 쳤던 것만 기억난다. 평소에 늘 기도하고 말씀을 읽던 내 믿음을 알고 기도를 부탁하는 남편이 너무 반갑고, 그렇게도 예수님을 믿지 않던 사람이 쓰러지고 난 이후에라도 예수님을 찾는 것이 너무 기뻤다.

특히 더 기뻤던 이유는 그날 아침 큐티를 하면서 남편의 구원을 놓고 눈물의 기도를 드렸었기 때문이다.

"혈통으로도 육정으로도 구원되는 것이 아니라면 어떻게 해야 남편의 구원이 이루어질까요. 주님, 저의 생명을 내놓고 기도드리오니 남편의 구원을 이루어 주세요. 말세에 먹을 것, 입을 것을 구하지 않고 이렇게 구원을 위해 기도하는 인생만큼 더 기쁜 인생이 어디 있겠습니까…."

남편은 장로이셨던 아버님 밑에서 자랐건만, 도무지 주님께로 돌아올 것 같지 않았다. 그런데 병실에 누워 산부인과 의사로서 낙태 시술을 했던 자신의 죄를 시인하며 예수 그리스도를 영접하는 기적이 일어난 것이다. 그런데 불과 몇 시간 뒤 하나님은 나의 기도에 상상치 못할 사건으로 응답하셨다는 것을 알았다. 바로 그 다음날 남편은 숨을 거두었던 것이다. 누구보다 성실하던 남편, 의사로서 항상 자기 몸을 체크하던 남편을 하나님이 데려가신 것이다.

남편은 가기 직전에 내게 말했다.

"이제 예수 실컷 믿겠네!"

내가 오직 예수님만 소망하며 살았다는 것을 남편은 자신의 입으로 확증해 주고 내 곁을 떠났다. 내 자신이 저주를 받아 그리스도에게서 끊어질지라도(로마서 9:3) 골육 친척의 구원을 원한다고 했던 바울처럼, 내 생명을 데려가시더라도 남편의 구원을 원했던 나는 그 일이 이루어져 눈물로 감사를 드렸다.

하지만 지금껏 성실한 삶을 살아왔고, 주님까지 영접한 남편을 왜 하루 만에 데려가셨을까? 왜? 왜? 왜? 하나님께 묻고 싶었다.

"하나님, 너무 불공평합니다…."

십자가에 못 박히시기 전에 "습관을 좇아" 감람산에 가신 주님처럼 (예수께서 나가사 습관을 좇아 감람산에 가시매 누가복음 22:39), 나도 습관을 따라 그날 큐티 본문인 에스겔 18장 21~32절의 말씀을 '남편의 시신 앞에서' 펼쳤다. 이 사건을 주님은 뭐라고 하실까?

나 주 여호와가 말하노라 내가 어찌 악인의 죽는 것을 조금인들 기뻐하랴 그가 돌이켜 그 길에서 떠나서 사는 것을 어찌 기뻐하지 아니하겠느냐(에스겔 18:23)

하나님은 이미 남편의 죽음을 아시고 내 질문에 답해 주고 계신 것이 아닌가! 또한 천지의 창조주이신 하나님은 이 말씀을 통해 남편의 구원을 직접 확증해 주셨다.

그런데 너희는 이르기를 주의 길이 공평치 않다 하는도다 … 내 길이 어찌 공평치 아니하냐 너희 길이 공평치 않은 것이 아니냐… 그가 스스로 헤아리고 그 행한 모든 죄악에서 돌이켜 떠났으니 정녕 살고 죽지 아니하리라(에스겔 18:25-28)

하나님은 의인이 한 가지 악을 행하고 죽는 것도, 악인이 한 가지 의를 행하고 사는 것도 모두 공평하다고 하셨다. 믿는 집안의 아들로 성실했던 남편이 예수 그리스도를 믿지 않는 "한 가지 악"을 행했지만, 이제 자신의 죄를 회개하고 그리스도를 영접했으니 그 "한 가지의"로 살아났다고 확인해 주신 것이다. 결국, 남편의 육신은 죽었으나 모든 죄악을 버리고 마음과 영을 새롭게(에스겔 18:31) 하여 구원받았으니 이 또한 공평한 일임을 가르쳐 주셨다. 여기에 내가 무슨 말을 더하겠는가! 하루아침에 남편이 죽었는데 어떤 말이 위로가 되겠는가? 하지만 사람의 천 마디 위로와는 비교할 수 없는 하나님의 생명력 있는 말씀으로 위로받는 순간이었다. 과연 하나님은 공평하셨다.

건강하던 남편이 하루아침에 주검이 되어 돌아왔지만, "나를 데려가서라도 남편을 구원해 달라"는 기도에 조금은 다른 방법으로 응답해 주셨지만, 나는 이 일을 통해 하나님의 말씀이 단순히 어느 특정 민족의 역사가 아니라 내 삶을 인도해 가시는 현실에 거하는 말씀이라는 사실을 절감할 수 있었다.

내 고통을 열어 보인다

남편을 먼저 하늘나라에 보내고 나서 주일학교 선생님을 당분간 쉬기로 했다. 갑작스런 남편의 죽음 때문이 아니라고 한다면 거짓일 것이다. 그렇지만 그 슬픔은 나를 갉아먹을 정도의 것은 아니었다. 남편의 죽음은 구원 사건이었기에 나는 슬퍼하지 않고 오히려 기뻐해야 옳았다.

인자야 내가 네 눈에 기뻐하는 것을 한 번 쳐서 빼앗으리니 너는 슬퍼하거나 울거나 눈물을 흘리거나 하지 말며 … 내가 아침에 백성에게 고하였더니 저녁에 내 아내가 죽기로 아침에 내가 받은 명령대로 행하매 (에스겔 24:16-18)

아침에 백성에게 고하였더니 그 저녁에 에스겔의 아내를 데려가신 것처럼 주님은 하루 만에 남편을 데려가셨다. 그냥 아내도 아니고 "네 눈에 기뻐하는" 아내였다. 하지만 그럼에도 슬퍼하거나 울거나 눈물을 흘리지 말라고 하신다. 주님은 내가 가장 원하는 것을 가장 합당한 때에 주셨다.

이와 같이 에스겔이 너희에게 표징이 되리니 그가 행한 대로 다 너

희가 행할지라 이 일이 이루면 너희가 나를 주 여호와인 줄 알리라(에스겔 24:24)

아내를 잃는 고난으로 에스겔이 표징이 되었던 것처럼 나도 남편의 죽음을 통해 표징이 되라고 하신다. 세상의 기준으로 볼 때 나는 병원 원장의 아내라는 가장 안정적인 타이틀에서 순식간에 새파랗게 젊은 과부라는 가장 비천한 타이틀을 달았지만 낙망하는 마음이 들지 않았다. 주님과 나만 아는 비밀, 무엇과도 바꿀 수 없는 구원의 비밀 때문이었다. 하나님은 그 비밀을 나누고 선포하는 일에 내가 쓰임받기를 원하셨다.

그날에 네 입이 열려서 … 다시는 잠잠하지 아니하리라 이와 같이 너는 그들에게 표징이 되고 그들은 내가 여호와인 줄 알리라(에스겔 24:27)

나는 무엇보다 아버지를 잃어버린 아이들의 마음을 다스려 주어야 했다. 이제는 어머니의 역할에 충실해야 한다고 생각했다. 하지만 주님은 내가 계획하지 않은 자리에서도 고난 가운데 나의 입을 여시고 그것들을 나누게 하셨다. 큐티 모임을 찾는 분들은 대부분 가정 주부들이다. 그들에게 내가 늘 강조하는 것은 "내가 감옥에 갇혀 있어도, 시부모, 남편, 자녀 때문에 갇혀 있어도, 아프리카 오지에 숨어 있어도 하나님이 뜻하시면 얼마든지 나를 쓰실 수 있다"는 것이다.

나는 어머니의 때에 순종하기 위해 이런저런 집회 요청도 거절했지만 하나님은 "다시는 잠잠하지 않게" 나를 인도하셨다. 그리고 나도 살고 남도 살리는 길이 무엇인지, 말씀대로 되는 것이 무엇인지를 날마다 보여 주셨다.

고등부를 섬기며 가르쳤던 아이들이 대학에 떨어지자 나를 찾아왔다. 소속된 학교가 없으니 대학부에서도 소외감을 느끼는 아이들을 보며 나는 그 아이들의 영혼이 불쌍했다. 그래서 우리 집에서 재수생 큐티 모임을 시작했다. 이 아이들 몇 명 데리고 한 것이 내 사역의 출발이 될 줄은 나도 몰랐다. 아무리 대단한 사역이라도 영혼을 불쌍히 여기는 마음, 그 마음에서 모든 사역이 출발한다는 것을 그때는 몰랐다.

재수생 큐티 모임을 하고 있으니까, 이번에는 대학부에서 나를 초청했다. 대학부 조장 큐티 모임, 대학부 엘더 큐티 모임 등도 우리 집에서 열었다. 또 구역 모임도 큐티로 인도하고 있었는데 내가 속해 있던 교구 구역장 모임을 큐티로 인도해 달라는 부탁을 받았다. 내가 속한 구역, 내가 속한 교회에서 한 사람 한 사람의 구원에 초점을 두고 헌신했더니 저절로 지경이 넓어지기 시작했다.

그래서 교회에서 모임을 가지기 시작하니까 관계 없는 이들도 말씀을 들으러 자꾸 모여 들었다. 얼마 안 되어 매주 40-50명 정도가 모일 정도로 큐티 모임이 자리를 잡았다. 그렇지만 그때만 해도 이것이 큐티 사역의 출발점이 될 줄은 몰랐다. 그로부터 14년 뒤 하나님이 친히 큐티로 부흥하는 교회의 모범을 내게 보이라고 하실 줄 그때는 알지 못했다.

말씀을 온전히 의지한다

남편이 떠나고, 서울예고와 총신대에서 피아노를 가르칠 때의 일이다. 1989년에 미국의 동부와 서부로 피아노과 교수들과 함께 연주 여행 떠날 일이 생겼다. 교수 연주회를 간다는 연락을 받은 날 묵상한 말씀은 사도행전 27장이었다.

우리의 배 타고 이달리야로 갈 일이 작정되매(사도행전 27:1) 사도 바울이 배 타고 로마로 갈 일이 생겼는데, 당시 그는 죄수의 몸이었다. 하지만 오히려 공짜로 배를 타고 복음 전하러 가게 된 것을 기뻐하고 있었다. 해외로 나가는 일이기에 어떻게 할까 잠깐 생각하던 나는 이 말씀을 내 연주 여행에 적용하기로 했다. 유학도 다녀오지 않은 내가 남편 살아 있을 때도 가지 못한 미국으로 연주 여행 갈 일이 생겼는데, 가는 길에 나는 내 삶의 이야기를 좀 나누어야겠다고 생각한 것이다.

사실 그동안 나는 말씀에 진심으로 순종하고부터 내 삶에 어떤 변화가 일어났는지에 대해 간증을 하고 싶었다. 미국에 가면 우리 시댁 식구들을 아는 사람이 없을 테니 시집살이한 간증을 해도 괜찮을 것이라고 생각했다.

그렇게 말씀을 적용해서 출발한 연주 여행이었다. 나는 여행하는 내내 아무리 복잡하고 정신없는 상황이어도 큐티 하는 것을 빼놓지 않았다. 흔들리는 버스 속에서건 배 안에서건 성경을 붙들고 말씀 묵상하기를 쉬지 않았다. 그것은 내 영혼의 양식이기도 했지만, 한국에 돌아가면 곧바로 큐티 모임을 몇 개씩이나 인도해야 했으므로, 말씀 묵상을 게을리할 수 없었기 때문이다. 말씀의 인도함을 따라서 내 삶을 간증하려고 기회만 엿보고 있는데, 같이 간 교수님들이 성경을 붙들고 앉아만 있는 나를 보면서 하는 말이 이랬다.

"아니, 왜 그렇게 성경만 봐. 남편이 떠나서 그러나 봐. 그래도 너무 그러는 거 아니야. 좀 지나면 괜찮아지겠지…."

영혼의 생명수를 마시고 있는 나를 사람들은 오히려 이상하게 보았다. 피아노를 치는 사람들 중에는 그리스도인이 참 많다. 그들은 주일이면 교회 성가대와 피아노 반주자로 봉사도 열심이지만, 아무리 봉사를 열심히 해도 진정한 크리스천이 아닐 수 있다는 것을 알고 있었다. 나는 교수님들 사이에 성령의 불을 붙이고 싶었다. 나와 같은 방을 쓰던 교수님에게 넌지시 뜻을 비쳐 보았지만 그분은 내 말을 진지하게 받아들이지 않았다.

나는 할 수 없이 애타는 마음을 감춘 채 성경을 붙들고 앉아 있을 수밖에 없었다. 그날 큐티 본문을 읽는데, 이런 말씀이 있었.

내가 불을 땅에 던지러 왔노니 이 불이 이미 붙었으면 내가 무엇을

원하리요 나는 받을 세례가 있으니 그 이루기까지 나의 답답함이 어 떠하겠느냐(누가복음 12:49-50)

나는 지금 성령의 불을 붙이러 왔는데, 선생님들께 복음을 전했으면 좋겠는데, 이러고만 있으니 정말 마음이 답답했다. 하지만 하나님이 내 마음의 중심을 아시는구나, 싶었다.

그런데 그날 밤에 이상하게도 선생님들 사이에 분쟁이 일어났다. 연주 여행 일정을 짜는데, 동부로 가느냐 서부로 가느냐 한참 입씨름이 붙은 거였다.

내가 세상에 화평을 주려고 온 줄로 아느냐 내가 너희에게 이르노니 아니라 도리어 분쟁케 하려 함이로라(누가복음 12:51)

한참 이말 저말이 왁 들리는데, 갑자기 어떤 선생님이 나서서 큰 소리로 말했다.

"다들 그만하세요. 김양재 선생님이 말씀을 많이 아니까, 말씀이나 들어 봅시다."

정말 말씀 그대로였다. 예수님을 만난 뒤로 말씀으로 인도함을 받아 온 나로서는 크게 놀랄 일도 아니었다. 주님은 언제나 그렇게 말씀대로 인도해 주시는 분이니까 말이다. 나는 이미 일이 이렇게 될 줄 알고 있었던 사람처럼 자리에서 일어나 말했다.

"제가 말씀으로 만난 하나님을 증거하려고 하는데, 바쁘신 분들은 먼저 주무세요."

내가 목소리를 깔고 무게 있게 말하니까, 하려면 짧게 해라, 무슨 성경 말씀이냐 하는 목소리들이 쑥 들어가고 조용해졌다. 나는 내가 비록 일류대 피아노과를 나왔어도 시집에서 한 일은 고작 걸레 뒤집는 생활이었으며, 장로님 아들인 의사 남편을 만나 시집을 갔어도 단돈 천 원이 없어서 내가 먹고 싶은 것도 사 먹지 못했다고, 이혼을 결심하고 집을 뛰쳐나가 무작정 기도원에 올라갔을 때, 모태 신앙으로도, 교회 피아노 반주자 생활을 하면서도 만나지 못한 예수님을 만났다고 울면서 간증을 했다.

"…그 다음부터 저는 시어머니에게 무조건 '예' 하기보다, 시어머니께 제 속마음을 표현하기 시작했어요. 어머니를 사랑하려고 하지만 이런 점에서는 잘 되지 않는다고 제 속의 죄를 고백했어요. 말씀을 함께 읽으면서 죄를 고백하니까 시어머니도 본인이야말로 남편을 미워하는 죄인이라고 고백하시더군요.…"

이 외에도 남편이 아무 데도 못 나가게 해서 하루 두 번 시장에 가는 시간을 이용해 시장 상인들에게 예수님을 전한 이야기며, 전도하러 갔다가 남편한테 혼날까 봐 앰뷸런스를 타고 집으로 급하게 돌아온 이야기도 들려주었다. 종이가 헐어서 몇 번이나 성경을 새로 사야 할 정도로 말씀을 반복해서 읽고, 주님이 그날그날 삶에 들려주시는 이야기들을 큐티 노트에 깨알같이 적어서 하나님의 말씀대로 인도함을 받으며 살았을 때 삶에 놀라운 변화가 일어났다는 것도 전했다.

"남들은 예수님을 그렇게 잘 믿는데 왜 남편이 갑자기 죽었냐고 하지만, 그 일은 하나님이 계획을 이뤄 가시는 과정이기 때문에 하나님을 원망할 이유가 하나도 없습니다."

밤이 늦었지만 교수님들은 두 시간째 내 간증을 듣고 있었다. 연주 여행 중에 이렇게 밤늦게까지 잠자리에 들지 않는다는 것은 정말 예외적인 일이었다. 보통 연주자들은 연주 전날에는 무조건 절대 휴식을 취한다. 연주자들에게 몸의 상태는 연주회의 성공 여부와 직결되기 때문이다. 연주 여행의 도중, 바로 다음날도 연주회의 일정이 잡혀 있었음에도 이토록 오랜 시간 동안 내 간증에 집중해 준다는 것 자체가 기적이라 할 수 있었다.

그날 교수님들이 얼마나 은혜를 많이 받았는지 모른다. 나는 속으로 하나님께 말했다.

"하나님, 보세요, 저 불 붙였어요."

대부분 연주 여행을 다니면 큰 교회에서 연주회를 하는 경우가 많다. 워낙에 클래식 음악이라는 것이 교회사에 뿌리를 두고 있기 때문일 것이다. 연주회 일정에 따라 미국 동부에서 서부로 가기 전 날이었다. 동부의 플러싱 교회에서 우리 일행을 아침 식사에 초청했다. 그래서 한참 아침 식사를 하고 있는데, 교수님 한 분이 그곳 목사님께 말했다.

"저 목사님, 우리 연주보다 김양재 교수님 간증을 들으시는 게 더 좋으실 겁니다."

목사님도 허허 웃으면서 그러냐고 해서 다들 그냥 웃고 말았다.

그날 교회에서 연주회가 밤 10시에 끝났다. 그런데 목사님이 갑자기 강단으로 올라오시더니 말씀하셨다.

"지금부터 김양재 교수님 간증 집회가 있겠습니다. 늦으신 분들은 돌아가시고 들으실 분만 들으세요."

목사님은 교수님들의 말을 흘려듣지 않고 내게 간증할 기회를 준 것이다. 마음의 중심으로 복음 전하지 못하는 것을 안타까워했을 때 하나님은 그 기회를 주셨다. 나는 주님의 인도하심에 따라 밤 10시부터 12시 30분까지 큐티 간증을 했다. 시댁과 멀리 떨어진 미국에서 시집살이한 간증을 자신 있게 할 수 있었다. 그런데 놀라운 것은 1천 명이 넘는 사람 중에서 자리를 뜬 사람이 아무도 없었다는 것이다.

간증을 마쳤을 때 〈11시에 만납시다〉라는 텔레비전 프로그램의 사회자였던 김영호 아나운서가 나를 기다리고 있었다. 은혜를 많이 받았다면서 내일 복음방송에 출연을 해 달라는 거였다. 사실 나는 그 자리에서 확답을 하기가 어려웠다. 왜냐하면 일행은 다음날 바로 서부로 떠나야 했기에 나 혼자 떨어져 남아야 한다는 것이 염려되었던 것이다. 잘 곳도 마땅치 않을 것이고 비행기 스케줄이며 여러 가지 걱정이 밀려들었다. 하지만 나는 주님이 부르시는 것에 응답해서 순종하기로 했다. 그렇게 해서 복음방송뿐만 아니라 몇 군데서 간증을 더 하게 되었다.

말씀 앞에 핑계를 대지 않는다

연주 여행을 다녀오고 나서 얼마 지나지 않아서였다. 내가 출석하던 교회의 담임 목사님이셨던 홍정길 목사님이 나를 부르셨다.

"집사님 간증이 미국에 알려졌던데요?"

담임 목사님이 미국에 갔더니 미국에서 내 간증이 유명하더라면서 하신 말씀이었다. 사실 내가 다니던 교회에서는 간증을 한 적이 없었을 뿐 아니라, 남편이 하늘나라에 가기 전까지는 교회 생활을 제대로 할 수 없었고, 남편은 교회 직분도 없는 사람이었다. 때문에 교회에서 나는 숨은 자에 지나지 않았다. 그런데 목사님은 내 간증에 사람들이 은혜를 너무 많이 받았다고 하면서 놀랍게도 나를 1990년 코스타에 초청해 주었다.

코스타에 초청을 받고도 가야 하나 가지 말아야 하나, 한참을 고민했다. 우선 코스타는 강사들도 자비로 동참해야 하는 집회였다. 주님의 사업을 위해 경비를 들일 경제적·정신적 여유는 있었지만, 내가 걱정한 것은 좀 다른 문제였다. 코스타가 열리는 여름방학 무렵이면 예고 아이들 실기 시험이 한창 가까울 무렵이다. 입시생들에게는 가장 중요한 때라고 해도 지나친 말이 아니다. 그러니까 한 달 정도 코스타 집회에 가려고 하면 내가 레슨을 하던 아이들을 다른 선생님들에게 보내야 한다는 이야기이다. 중간에 선생이 바뀌는 것도 아이들에게는 큰 문제지만, 한 번 다른 선생님에게 보내면 그 아이들을 되찾아올 방법이 없었다. 그렇게 되면 레슨을 하는 피아노 선생님으로서 받는 타격은 클 수밖에 없다. 피아노 선생으로서는 이것만큼 큰 결단을 요구하는 일이 없었다. 나는 예수님의 잔치에 초청을 받고도 피아노과 강사라는 세상적인 지위를 내려놓지 못했던 것이다.

그렇지만 한편으로는 유학생들에게 하나님을 제대로 만나는 방법을 알려 주고 싶었다. 예수님을 알아야 인생을 제대로 살 수 있다는 것을 내 삶을 통해 증명해 주고 싶었다. 눈에 보이는 것에 현혹되어 달려가는 삶이 나중에 어떤 결말을 가져오는지 똑똑히 알려 주고 싶었다. 아직 인생의 큰일이 닥치지 않은 아이들에게 예수님을 제대로 만나기 위해서 날마다 말씀으로 무장해야 한다는 사실을 보여 주고 싶었다.

생각해 보니 이것은 고민할 문제가 아니라 크게 기뻐해야 할 일이라는 생각이 들었다. 그 당시 코스타의 강사진은 우리 나라에서도 내로라하는 유명한 목사님들로 짜여 있었다. 홍정길, 하용조, 김진홍, 이동원, 오정현, 송인규 목사님 등 요즘에는 한 분도 모시기 힘든 분들이 모여서 집회를 열었다. 지금이야 전 세계 곳곳에서 코스타가 지역별로 열리지만 그때만 해도, 한 곳에 모여서 전부 다같이 움직였다.(지금에 와서는 강사의 국력 낭비였다고 우스개 소리를 하기도 하지만, 사실 이건 굉장한 일이다.) 그런데 집사인 나를 이렇게 대단한 목사님들이 하시는 집회에 초청을 해 주셨으니….

세상적인 소욕을 내려놓기는 쉽지 않다. 의지로 집착하던 것을 끊을 수도 없다. 집착하는 것보다 더 좋은 것이 있어야 내려놓을 수 있는 것이 사람이라는 존재다. 큐티로 일어난 내 삶을 간증하고 말씀을 나누는 것을 통해 보여 주신 성령님의 열매가 더 크고 아름답다는 것을 몇 번이나 되새긴 이후에야 세상의 지위를 내려놓고 코스타에 가기로 결단을 내릴 수 있었다. 그렇게 해서 1990년 여름, 나는 미주 코스타에 강사로 참여하게 되었다.

집회 장소에 도착하니 강의 일정표가 나와 있었다. 하지만 일정표를 확인한 나는 크게 실망하고 말았다. 내게 주어진 시간은 선택식 강의 단 한 시간뿐이었다. 유명하지도 않고 코스타에 처음 서는 신출내기 집사인 나를 주강사로 세울 수는 없는 건 어찌보면 당연했다. 그렇지만 서운했다. 유람을 하러 온 것도 아니고 하나님을 증거하러 왔는데, 사회 생활을 포기하면서 왔는데 한 시간 강의라니. 구원의 기쁨을 알리기 위해 꼭 간증을 하고 싶었던 나는 마음이 급해졌다. 나는 당시 대회장이었던 이동원 목사님을 찾아갔다. 내 딴에는 심호흡을 가다듬고 큰 용기를 낸 것이다.

"대회장님, 제가 경험한 큐티, 말씀 묵상의 힘을 학생들에게 꼭 알리고 싶어요. 그러니 제게 간증할 시간을 주시면 안 될까요?"

간곡히 부탁했지만, 이 목사님의 답변은 냉정했다. 전 세계에서 오신 분들이기 때문에 어느 강사님의 시간도 함부로 뺄 수 없다는 것이었다. 나는 곧장 홍 목사님을 찾아갔다. 홍 목사님이 나를 초청해 주셨으니까, 어떻게 말씀 좀 잘해 달라는 지원군 요청이었던 셈이다. 그런데 목사님은 아무 말씀도 하지 않으셨다. 내가 대회장인 이 목사님께 거듭해서 부탁을 드리자 이렇게 되물어 보셨다.

"한 십 분 간증하고 강의하시면 되겠어요?"

"아니요, 목사님. 두 시간은 주셔야 해요."

"두 시간이나요? 그럼, 이번에는 안 되겠는데…."

용기를 내어 말했지만, 깨끗하게 거절당했다. 지금 생각하면 어디서 그런 용기가 나왔는지 모르겠다. 어떻게 보면 내가 내 유익을 구하지 않은 것이기에, 말씀에 순종해서 한 일이기에, 주님이 그런 용기를 주셨던 것 같다.

어쩔 수 없이 숙소로 돌아와서 힘없이 큐티를 했다. 그날 본문 말씀이 야고보서 1장이었다.

하나님과 주 예수 그리스도의 종 야고보는 흩어져 있는 열두 지파에게 문안하노라 내 형제들아 너희가 여러 가지 시험을 만나거든 온전히 기쁘게 여기라 이는 너희 믿음의 시련이 인내를 만들어 내는 줄 너희가 앎이라(야고보서 1:1-3)

정말 말씀대로 나는 여러 가지 시험을 만난 이야기를 미국에 흩어져 있는 지체들에게 전해 주고 싶었다. 그렇게 생각하면서 말씀을 읽어 나가던 나는 25절 말씀에 눈을 딱 멈추었다.

자유하게 하는 온전한 율법을 들여다보고 있는 자는 듣고 잊어버리는 자가 아니요 실행하는 자니 이 사람이 그 행하는 일에 복을 받으리라(야고보서 1:25)

'아이고, 주님도 참, 말씀을 들여다보고 있는 자가 행하는 자라고 하시네.'

그때도 율법을 들여다보고 있었으니 나는 행하는 자인 셈이었다. 하나님 앞에서 정결하고 더러움이 없는 경건은 곧 고아와 과부를 그 환난 중에 돌아보고 또 자기를 지켜 세속에 물들지 아니하는 이것이니라(야고보서 1:27)고 하셨는데, 과부의 입장이 되어 본 내가 환난 중에 있는 사람들에게 말씀을 전하고 싶었던 거였다. 그런데 주님은 내가 영혼의 말을 하고 왔기에 따로 시간을 갖고 말씀을 전하지 않아도 이미 행한 것이라고 나를 위로해 주신 것이다.

그때 말씀을 묵상하다가 얼마나 울었는지 모른다. 나는 별명이 새침데기와 깍쟁이인 사람이고, 예수님을 만나기 전에 내 우상이 교양이었다고 간증할 정도로 어디 가서 아쉬운 내색조차 하기 싫어 하는 성격이었다. 그런 내가 하나님의 말씀을 적용해서 용기를 내서 갔는데, 단번에 거절을 당하고 말았으니…. 나는 말씀 앞에서 하염없이 울었다. 주님의 위로를 받고 나는 아무 일도 없었던 사람처럼 첫날 첫 강의를 들으러 나갔다.

첫날 강의는 송인규 목사님이셨다. 강의를 들으러 가는데 집행부에서 나를 찾더니 간증할 시간을 한 시간 줄 테니, 1초도 어기지 말라고 했다. 내가 성령님의 인도하심으로 말씀을 묵상하고 있을 때, 밖에서는 이동원 목사님과 송인규 목사님 사이에 의견이 조율된 모양이었다.

갑자기 벌어진 일이니까 "아이, 저 못해요." 해야 정상일 텐데, 나는 기다렸다는 듯이 그냥 편하게 입고 있던 옷차림 그대로 강단에 올라갔다. 내가 생각해도 이건 보통 변신이 아니다. 두 시간짜리 간증을 한 시간으로 압축하고 압축해서 말씀 묵상을 생활의 한 중심축으로 끌어오기까지의 과정을 들려주었다.

"하나님, 믿음으로 저희들이 의롭게 되었습니다. 아무 공로도 없는 저희들을 주님이 택해 주셨습니다. '그러므로' 이제 우리를 위해 죽으신 예수님 때문에 우리도 형제들을 위해서 죽어야 하지 않겠습니까?

하나님은 하나님의 선하시고 기뻐하시고 온전하신 뜻을 분별하기 위해서 마음으로 변화를 받고 이 세대를 본받지 말라고 하시는데 너무도 이 세대를 본받고 싶을 때가 많습니다. 그래서 눈만 뜨면 가슴이 아프고 갈등을 합니다. 아버지, 이 세대를 본받지 않게 하시려고 주님이 막아 놓으신 광야가 있음을 감사합니다. 막아 주신 환경이 있음을 감사합니다. 그 모든 환경으로 인해서 앉으나 서나 주님만 부르짖게 하시니 감사합니다. 천하의 구원주가 주님밖에 없는 것으로 인하여서, 제가 주님만 부르는 인생이 되게 하심을 감사합니다.

자신의 사연을 십자가에 못 박기 원하는 분들, 이제 새 사람을 입고 땅에 있는 지체를 죽이기 위해 주님을 영접하기 원하는 분들을 주님이 부르십니다. 우리의 힘으로 극복할 수 없는 사연과 상처 속에서 나를 도우실 분은 하나님뿐입니다. 예수님께 모든 것을 맡기기 원합니다. 어떤 편견과 벽들도 새 사람을 입으면 다 무너진다고 했습니다. 하나님이 기다리십니다."

내가 간증을 마쳤을 때, 이동원 목사님이 강단에 올라 오셨다.

"복음에 이르는 초청을 하고 싶습니다. 많은 세월을 허비하지 않고 주님 앞에 나오기를 원합니다. 예수님이 여러분에게 찾아 오셨습니다. 예수님을 내 개인의 구세주로 영접하기 원하는 분, 내 인생을 주님 앞에 드리기 원하는 분은 일어나시기 바랍니다. 가만히 자리에서 일어나 주시기 원합니다."

보통 구원 초청은 집회 마지막 날 하는 것인데, 첫 시간 오전 강의에 이동원 목사님이 갑자기 그렇게 말하실 줄은 몰랐다. 그런데, 학생들이 거의 다 일어났다. 성령님은 이런 놀라운 은혜를 내게 자꾸 보여 주셨다. 주님이 이런 열매를 맺기 원하신다고, 정말 한 영혼을 구하기 원하신다고 내가 가는 곳곳마다 이렇게 사람이 변화하는 놀라운 현장을 보여 주시는 것 같았다.

그날 '김양재 집사의 큐티 세미나' 1시간짜리 선택식 강의에 얼마나 많은 학생들이 수강 신청을 했는지, 강의 장소를 옮겨야 할 정도였다. 그래서 선택식 강의실이 아니라 본당 주강의실에서 두 시간 동안이나 큐티 특강을 했다.

코스타가 끝나고 나서 이동원 목사님이 내게 다가오셨다.

"집사님, 다섯 시간이라도 집사님 원하시는 대로 드릴 테니까, 우리 교회에서 주일 하루 종일 간증하고 큐티 세미나 좀 해 주세요."

그래서 나는 동부 코스타 집회가 끝나자마자 당시 이동원 목사님이 담임하던 워싱턴 지구촌교회에서 주일 하루 종일 큐티 간증을 했다. 또 당시 오정현 목사님이 담임하던 남가주 사랑의교회에 가서도 주일과 수요 예배 때 간증 집회를 열었다. 그러니까, 서부 코스타 집회에서는 집사인 나를 자연스럽게 큐티 주강사로 세워 주었다.

만약 내 유익을 구했던 것이라면 주님은 나를 세워 주시지 않았을 것이다. 내가 받은 고난을 자랑하고, 그 고난과 환난 가운데 말씀으로 승리한 이야기를 전하므로, 주님은 내가 어떤 상황에서도 말씀으로 승리할 수 있게끔 인도해 주신 것이다.

이것이 지금까지도 계속되고 있는 내 코스타 사역의 시작이었다. 어떤 신학 공부보다 직분보다 지속적인 말씀 묵상이 얼마나 능력이 되는지 '국제적인' 역사를 주님이 보여 주셨다.

하나님의 뜻을 찾는다

"예수님을 제대로 믿어야 한다면서 어떻게 이렇게 좋은 집에 살 수 있지요?"

나는 순간 당황했다. 어린 학생이 이런 질문을 할 줄은 생각지도 못했기 때문이다. 이 어린 학생에게 어떻게 풀어 말해야 할지 좀 답답했다. 어린 학생의 눈에 보기에는 강남의 40평 아파트에 사는 내가 너무 부유해 보였는지도 모르겠다. 부자이건 가난하건 중요한 것은 하나님과의 만남이라는 것, 내가 보기에 저 사람은 부자니까 예수님을 제대로 만난 것이 아니라고 판단해서는 안 된다는 식의 말을 하고 싶지는 않았다. 또 사람을 외모로 판단해선 안 된다는 말도 해 주고 싶지 않았다. 그때 내가 그 아이에게 무슨 말을 해 주었는지는 정확히 기억나지 않는다. 다만 어린 학생이건 어른이건 사람들이 예수님 잘 믿는다고 하는 이들의 삶을 얼마나 유심히 지켜보는지 분명하게 깨달았을 뿐이다.

그러고 보니 아이들이 내 피아노 연주 공연을 보면서도 그런 생각을 했는지도 모르겠다.

나는 그 무렵 예원예고 피아노 강사로 아이들 레슨을 성실히 지도하면서, 연주 활동도 활발히 하고 있었다. 하루도 빠짐없이 열리는 큐티 모임을 인도하기 위해서 말씀 묵상을 내 삶의 중심에 놓고 살았지만, 내 평생의 천직으로 생각하는 피아노에 최선을 다하고 싶었다. 말씀을 묵상하는 삶도, 피아노 연주자로서도, 또 아이들의 엄마로서도 최선을 다하다 보니 인생이 고달플 정도로 바쁘고 긴장된 생활이기는 했지만, 사실 은근히 그런 생활에 만족하고 있었던 것 같다.

그때 큐티 모임에 오는 아이들에게 내 연주 티켓도 곧잘 나눠 주곤 했다. 그런데 말씀을 함께 나눌 때는 줄줄줄 울다가, 화려한 드레스를 입고 짠 나타나서 피아노를 치는 내 모습에 아이들이 혼란스러울 수도 있었겠다는 생각이 든 것이다. 힘들고 어려운 아이들이 많았는데, 그 아이들이 내 화려한 연주를 보면서 말씀 앞에서 우는 내 모습을 가식적으로 느낄 수 있었을지도 모르겠다. 내 연주 활동이 혹시 덕이 안 되는 것은 아닐까 하는 생각마저 들었다.

그 무렵 내 생활이 왜 그렇게 바쁘고 정신이 없었는지 나도 이해가 되지 않는다. 세상적으로 보면 나는 얼마든지 자유롭게 살 수 있었다. 남편이 비록 하늘나라에 먼저 갔어도, 나는 피아노 강사라는 좋은 직장이 있었고, 피아노 연주 생활을 더욱 열심히 하면서 전문인으로서 멋진 삶을 살아갈 수 있었다. 하지만 그 한편으로 큐티 모임을 인도하는 횟수가 점점 많아지고, 사역의 규모가 커지면서 나는 심각한 고민에 빠져들지 않을 수 없었다.

어느 누구도 내게 큐티 모임을 인도하라고 말한 사람은 없었다. 그러니 힘들어서 그만두겠다고 해도, 나를 비난할 사람은 한 명도 없었다. 하지만 그것을 놓을 수는 없었다. 나는 이미 주님 앞에 내 생명을 내려놓았던 사람이기 때문이다. 주님이 남편을 구원해 주셨을 때 나는 이미 주님 앞에서 죽은 사람이기 때문에, 지금 살고 있는 삶은 주님의 것이지 내 것이 아니었다. 생각해 보니, 나는 이미 죽었다는 것, 덤으로 주신 삶을 살고 있다는 걸 잊고 있었던 것이다. 그것을 잊고 어느새 하나님의 영광보다는 피아노 연주자로서 내 영광을 더 추구해 왔다는 것을 깨달았다.

사실 나는 예수님을 기쁘게 만난 이후로도 한동안은 여전히 집에 매여 있었고 교회에 나가지 못했었다. 주의 일을 해야겠다는 생각을 하면서도, 그게 너무 막막하며 뭘 해야 할지 몰랐던 것 같다. 그저 입만 열면 예수님 타령을 했을 뿐이었다. 그때쯤 같이 피아노 공부를 했던 친구들이 유학을 마치고 하나 둘씩 귀국하는 모습을 보니까 '나도 빨리 공부하러 갔다 와야지' 하는 조급한 마음이 들었다. 주님의 일은 어느 결에 미뤄 놓고 베드로처럼 "빨리 물고기 잡으러 가야지" 하는 마음이 들었던 것이다.

시몬 베드로가 나는 물고기 잡으러 가노라 하매 저희가 우리도 함께 가겠다 하고 나가서 배에 올랐으나 이 밤에 아무 것도 잡지 못하였더니(요한복음 21:3)

나는 언제나 내가 앞으로 해야 할 일은 피아노라고 생각해 왔다. 남편이 병원을 개업해서 병원이 막 자리를 잡아갈 때도 그랬다. 그 무렵 나는 순교자의 각오로 병원 살림집에서 두세 사람씩 모아 놓고 성경 공부를 가르쳤다. 하루 성경 공부 모임을 위해서 일주일 내내 남편의 눈치를 보아야 했고, 성경 공부 하러 오시는 분들 드리려고 약식도 쪄 날랐다. 일주일에 한 번 일 도와주러 오시는 도우미 아주머니를 붙잡아 앉혀 놓고 큐티를 나누기도 했다. 그야말로 한 번 모임을 열었다 하면 침을 튀면서 다섯 시간씩 말씀을 가르쳤다. 그런데 그러면서도 속으로는 앉으나 서나 물고기 잡으러, 그러니까 피아노 공부하러 갈 생각만 했던 것이다.

결국은 그 엄한 시부모님 아래서, 남편에게 꽉 잡혀 살면서도 대학원 공부를 시작했다. 물론 대학원 공부를 하면서도 성경 공부를 중단하지는 않았지만, 나는 늘 이런 생각뿐이었다.

'나는 이렇게 살 사람이 아닌데…'

'내 길은 피아노다.'

아마도 어렸을 때부터 피아노 공부를 해 왔으니 그러했을 것이다. 그리고 이미 대학에 출강을 하고 있던 터라 대학원 공부를 하지 않으면 그 자리를 포기해야 할 상황이기도 했다. 그 자리를 그만두기 싫으니까 공부를 시작했다. 남편 자가용을 타고 대학원에 다니던 시절이었으니 내 인생에 그때처럼 호강했던 적도 없을 것이다.

그런데 살림은 살림대로 흠 잡히지 않으려고 기를 쓰고 했고, 남편이 잠든 뒤에야 몰래몰래 피아노 연습을 하며 살았으니 정말 주님의 인도하심 없이 내 열심만 하늘을 찌르던 때였다. "이 밤에 아무것도 잡지 못하였더니" 하신 것처럼 내 공부가 헛되다는 것을 그때는 몰랐다.

날이 새어갈 때에 예수께서 바닷가에 서셨으나 제자들이 예수신 줄 알지 못하는지라(요한복음 21:4)

내가 그렇게 날밤을 새면서 피아노 공부를 해도 아무 소용이 없었다. 남편이 절벽같이 길을 막고 서서 연주회도 못하게 했고, 집에서 레슨도 못하게 하는데 공부한다는 것이 무슨 의미가 있겠는가. 날밤을 새우면서 공부하는 내 곁에 예수님이 서 계셨지만 나도 제자들처럼 예수님을 보지 못한 것이다. 물고기, 피아노에만 관심이 있으니까 예수님을 알아보지 못할 수밖에 없었다. 주님의 인도함을 받지 못하면 날밤을 새우고 열심히 수고를 해도 결국 헛되다는 것을 그때는 몰랐다.

예수께서 이르시되 애들아 너희에게 고기가 있느냐 대답하되 없나이다(요한복음 21:5)

"애야, 그렇게 공부해 보니까 열매가 있더냐?"

주님이 내게 물어보셨다. 나는 이렇게 대답할 수밖에 없었다.

"아니요, 주님!"

그때 남편이 나를 뒷바라지해 주고 내가 피아노 공부한 것에 열매가 많이 맺었다면 지금의 나는 없었을 것이다. 이 땅의 삶에서 버릴 것이 있고, 살 것이 있고, 기다릴 것이 있는데 하나님은 내게 피아노를 버릴 마음을 주셨다.

> 가라사대 그물을 배 오른 편에 던지라 그리하면 얻으리라 하신대 이에 던졌더니 고기가 많아 그물을 들 수 없더라(요한복음 21:6)

주님은 내가 할 일에 대해 "배 오른편에 던지라"고 정확하게 말씀해 주셨다. 주님의 이 말씀을 듣기 전까지 나는 두세 사람 성경 공부를 가르치면서 내 나름대로 말씀 보고, 전도한다고 했지만 정확하게 인도함을 받지 못하고 그물을 던졌던 것이다. 말씀을 봐도 욕심을 버리지 못하면서 가르친다고만 하니까 제대로 인도할 수 없었던 것이다.

하지만 그런 속에서도 성경 공부를 계속하고 있었기에 하나님은 점점 말씀으로 나를 양육시키시고, 피아노가 전부가 아니라는 것을 알게 하셨다. 내가 아무리 전문 피아노 연주자로서 화려하게 성공한다 해도, 한 영혼이 하나님 말씀을 한 구절 한 구절씩 알아가고 말씀으로 승리하고 변화되는 과정을 지켜보는 것만큼 경이롭지는 않을 것이다. 물론 피아노 연주자와 말씀 사역자로서의 하나님의 부르심은 각각 다르다. 만약 내가 너무 힘들어서 피아노 연주자로서의 생활과 큐티 모임의 인도 두 가지를 병행할 수 없다면, 그 둘 중 하나를 포기해야 하는 것은 당연했다. 피아노 연주자의 삶을 살고 싶다 하더라도 주님이 내게 큐티 모임을 인도하기 원하신다면 나는 피아노 연주자의 삶을 내려놓을 수밖에는 없는 것이다.

그것이 고달픈 내 인생에서 벗어나, 주님이 원하시는 즐거운 인생을 사는 길임을 나는 명확히 깨달을 수 있었다.

주님의 부르심에 따른다

1995년에 나는 종합 진단을 받았다. 검사 결과, 가슴 오른쪽에 2센티미터짜리 종양이 생겼다고 했다. 수술을 해야 한다는 소식을 들었을 때 나는 히스기야의 이야기를 떠올렸다. 나는 성경을 펴들고 열왕기하 20장을 읽어 내려가기 시작했다.

그때에 히스기야가 병들어 죽게 되매 아모스의 아들 선지자 이사야가 저에게 나아와서 이르되 여호와의 말씀이 너는 집을 처치하라 네가 죽고 살지 못하리라 하셨나이다 히스기야가 낯을 벽으로 향하고 여호와께 기도하여 가로되 … 내가 네 날을 십오 년을 더할 것이며 내가 너와 이 성을 앗수르 왕의 손에서 구원하고 내가 나를 위하고 또 내 종 다윗을 위하므로 이 성을 보호하리라 하셨다 하라 하셨더라 이사야가 가로되 무화과 반죽을 가져오라 하매 무리가 가져다가 그 종처에 놓으니 나으니라 (열왕기하 20:1-7)

나는 이 말씀을 읽으면서 히스기야가 암에 걸렸던 것은 아닐까 하고 생각했다. "종처"에 놓았다니까 말이다. 물론 나도 히스기야처럼 주님 앞에 울면서 매달릴 수 있었다. 주님 보시기에 선하게 행한 것을 기억하시라고 울부짖을 수 있었다. 능력의 주님이시기 때문에 주님이 얼마든지 고쳐 주실 수 있다는 것도 믿어 의심치 않았다. 하지만 나는 병원에 가는 것도 미적미적 미루고 있었다. 시간이 없었던 것도 사실이지만, 히스기야와 같은 기도가 마음속에서 나오지 않았다. 히스기야는 기적적으로 병 고침을 받은 뒤 자신의 부귀와 영광을 취하다가 15년 뒤에 하늘나라로 가고 말았다. 내가 병 고침 받은 이후의 삶에 대해 주님 앞에 자신 있게 말할 수 없는 것은 당연하다. 아무것도 언제나 장담할 수 없는 것이 인간의 본성이기 때문이다.

몇 달 동안 종양을 몸에 지니고 있으면서 나는 내가 15년 더 살아서 무엇을 할까에 대해 진지하게 고민했다. 내 삶에서 끊이지 않는 이 고난을 통해 주님은 내게 어떤 말씀을 하시려는 것인지 생각해 보았다. 어쩌면 주님은 내게 죽음을 잊지 말라고 말씀하시는 것 같았다. 곤고한 마음으로 늘 죽음을 잊지 않는 것, 날마다 말씀 앞에 자신을 비춰 보면 그런 삶을 살 수밖에는 없다. 주님은 나의 전부인 것 같은 이 몸뚱이조차도 없어질 것이라고 말씀하시는 것 같았다. 어쩌면 언제까지나 영원한 것은 주님 한 분밖에, 주님의 말씀밖에 없다는 것을 깨닫게 하고 싶은 것인지도 몰랐다.

내가 그것을 깨달았을 때 주님은 수술을 받을 수 있도록 인도해 주셨다. 수술은 아주 간단하게 끝났지만, 주님이 그사이 내게 들려주신 말씀은 아직도 내 귓가에 쟁쟁하다.

1991년 3월이었다. 내가 출석하던 교회에서 고난 주간 집회를 열었는데, 그때 오신 강사님들이 유난히 말씀 묵상을 강조하셨다. 그 때문이었는지, 하루는 담임 목사님이 나를 부르셨다.

"집사님, 평소에 하던 대로 교회에서 큐티 특강 한 번 해 주세요. 참 지난번에는 빼셨으니까 이번에는 꼭 들어 주셔야 합니다."

그렇게 해서 나는 큐티 특강을 열게 되었다. 참 조심스러운 자리라 어떻게 할까 고민도 많이 하다가 일단 내가 생각하는 큐티에 대해서 소개하는 식으로 해야겠다는 결정을 내렸다.

"Quiet Time의 약자인 큐티(QT)가 말씀 묵상의 대명사로 불리고 있는 이 시대에, 큐티에 진정한 제목을 붙이고자 한다면 성경을 구속사적으로 차례대로 읽어 가는 운동이라고 할 수 있습니다. 내게 이르시되 인자야 내가 네게 주는 이 두루마리로 네 배에 넣으며 네 창자에 채우라 하시기에 내가 먹으니 그것이 내 입에서 달기가 꿀 같더라(에스겔 3:3)는 말씀처럼, 날마다 말씀을 조금씩 씹어 먹어서 소화하여 새로운 조직으로 나가는 것입니다.

그러면 새 시대 새 질서가 임하면서 인생의 가치관이 변하는데, 이렇게 말씀을 묵상하다 보면 성경 공부도 아니고 줄거리 중심으로 읽어 가는 통독도 아니지만 성경이 꿰뚫어지는 축복을 누릴 수 있습니다.

말씀이 일상 생활과 연결되어지면 그 말씀은 기억에 오래 남습니다. 하나님이 사건을 통해서 말씀하시는 것을 날마다 듣고 삶 속에서 자신을 부수면 하나님의 위로를 받게 됩니다. 그러면 예수님의 일생에 대해 깊이 생각하고 결국 십자가를 지신 예수님을 사랑하지 않을 수 없을 겁니다. 그렇게 예수님에 대한 사랑 때문에, 내 삶의 현장에 줄로 재어 준 구역(내게 줄로 재어 준 구역은 아름다운 곳에 있음이여 시편 16:6)에서 십자가를 지는 순종의 삶을 살고자 하는 것이 진정한 큐티라고 생각합니다.

예수님은 누가복음의 씨 뿌리는 비유에서 바위에 떨어진 씨는 습기가 없어서 말랐다고 하시며, 말씀을 기쁨으로만 받지만 환난이 오면 배반하는 사람이라고 하셨습니다. 우리가 설교를 들을 때는 기쁨으로 듣고 자신에 대해 반성도 하지만 그것으로 끝일 때가 많습니다. 바위 같은 가치관 위에 말씀을 받기 때문에 변할 수가 없는 것이죠. 그럼 바위가 깨어지려면 어찌해야 되겠습니까? 소나기가 가끔 몇 번 와서는 바위가 절대 깨지지 않습니다. 습기가 없어 말랐다고 하신 것처럼 날마다 촉촉이 적셔 주는 이슬비에 드디어 바위는 깨지는 겁니다.

날마다 촉촉이 적셔 주는 이슬비, 이것이 큐티가 아닌가 생각합니다. 날마다 말씀을 조금씩 씹어서 소화하고, 그것이 나에게 새로운 조직이 될 때 비로소 내 가치관이 변화하는 것입니다. 큐티는 말씀, 구제, 봉사, 찬양, 기도, 설교 등 모든 것을 뒷받침해 줍니다. 오늘도 나의 어디가 부족한가를 지적받고 하나님의 인격에 대해 인격으로 반응하는 것이 바로 큐티입니다."

큐티 특강이 끝난 며칠 뒤 목사님이 나를 찾으셨다.

"집사님! 일주일에 한 번 정기적인 프로그램을 맡으시지요. 지난번

세미나를 들었던 분들이 정기적으로 했으면 좋겠다고 다들 요청을 하는데 매주 큐티 모임을 하면 어떨까요?"

별 일 아니겠거니 하고 있던 나로서는 깜짝 놀랄 소식이었다. 지금은 평신도 사역자가 많지만, 그때만 해도 평신도가 교회에서 뭘 가르친다는 것이 굉장히 낯설었다. 큐티를 가르치시는 목사님들도 많고, 다른 사역자들도 많은데 하필 나 같은 평신도를 세우시겠다는 목사님의 결단은 나로서는 너무나 감당하기 힘든 것이었다. 나는 손사래를 쳐 가며 내 십팔 번을 불렀다.

"안 돼요. 목사님 저는 못해요."

"지금 이미 하고 계신데요 뭘, 청년부 모임 하지, 재수생 모임하지, 교구장 모임하지… 그걸 그냥 일반 평신도 대상으로 한다고 생각하면 되지 않겠어요? 이제 성도들도 집사님이 큐티 모임을 인도하는 것을 아니까 너무 겁내지 않아도 돼요. 그 은혜로운 말씀 같이 좀 나눕시다, 어디!"

그러니 할 말이 없어졌다. 사실 엄마로서 아이들에게 지장을 주는 집회가 아니라면 주님이 부르시는 곳은 어디든지 달려가겠다고 다짐했던 나로서는 정말 핑계 댈 이유가 하나도 없기도 했다. 교회에 전혀 알려져 있지 않던 오리지널 평신도인 나에게 이런 직분을 덜컥 맡겨 주신 것이 감사하면서도 얼마나 두렵고 떨렸는지 당장 집에 달려가 기도하지 않을 수 없었다.

이렇게 된 것은 전적으로 연약한 자를 들어 쓰시는 하나님의 섭리라는 것을 알고 있었지만, 내가 두려웠던 이유는 좀 달랐다. 북 이스라엘의 멸망 직전 평신도인 아모스 선지자가 예언한 것처럼, 평신도인 내게 큐티를 가르치게 하신 하나님의 섭리가 이 시대가 마지막 때임을 알려 주시려는 것은 아닐까 하는 생각이 들었던 것이다. 이 사명을 감당할 수 있는 힘을 주시라고 나는 하나님 앞에 매달린 채로 큐티 모임을 준비하기 시작했다.

나는 우선 교회의 다른 프로그램들과 겹치지 않도록 수요일 낮 2시에 큐티 모임 시간을 잡았다. 그렇게 해서 시작된 큐티 모임은 처음에는 교회 식구들만 대상으로 삼았으나, 시간이 지나면서 말씀을 듣기 원하는 사람이라면 누구나 와서 말씀을 들을 수 있도록 했다. 그러다 보니 정말 말씀에 대한 갈급함을 가진 성도들만 모였다. 교파와 교회 구별 없이 타 교회 교인들이 더 많이 참석하는 프로그램이 되었다.

큐티 특강을 한다는 것은 생각보다 쉽지 않았다. 이제까지의 큐티 모임은 큐티 교재를 정해 일주일 동안 같은 본문을 같이 묵상하고 서로 모여서 나누는 식이었는데, 너무 많은 사람이 모이는 바람에 할 수 없이 강의 형식을 취할 수밖에 없었다. 특별한 강의안이나 과정 없이 내가 일주일 동안 묵상한 것을 본문의 차례대로 읽으면서 시대적 배경도 설명하고, 그 사이 사이에 내가 삶에서 적용한 바를 나누는 식으로 진행했다. 전체적으로 하나님 나라에 대한 것을 알아야 하기에 깨달음 적용, 실천 적용을 그때 그때 성령님이 인도해 주시는 대로 나누었다.

큐티 특강을 들은 분들은 말씀을 한 절 한 절 같이 읽으면서 깨달아지는 것이 있으면 쓰고, 없으면 그냥 넘어가는 방법으로 함께 깨달음을 나누니까 큐티가 어렵지 않고 쉽게 다가온다고 했다.

"이렇게 말씀을 함께 나누니까, 성경 공부가 저절로 되네요. 말씀이 삶하고 연결이 되니까 그 말씀이 정말 기억에 남는 거 있지요. 삶과 연결된 말씀은 잊혀지지 않더라구요. 말씀이 능력이라고, 말씀이 있으니까 정말 전도도 되고 기도도 되고, 요즘 신앙 생활하기가 얼마나 신나는지 몰라요."

일주일 분량의 본문을 다루다 보니 한 번 강의를 했다 하면 3시간이 훌쩍 지나가 버리는데, 이런 고백을 해 오는 분들이 점점 늘어났다. 물론 지식적인 성경 공부가 아니고 삶을 나누는 것이라서 큐티 특강 듣는 것을 부담스러워하는 분들도 있었다. 끊임없이 말씀으로 삶을 도전받는다는 것이 듣기에 편한 강의는 아니기 때문일 것이다.

날마다 "예수님이라면 어떻게 하셨을까"를 생각해 보면서 거룩한 갈등(?)을 한다는 것은 분명 쉬운 일은 아니었다. 하지만 나는 지치지 않고 강조할 수밖에 없었다. 예수님을 따르는 것이 어렵다고 말만 하지 말고, 예수님을 따라 살려고 하는데 오늘 무엇이 어려운가를 하나씩 찾아내 숨은 부끄러움의 일을 버리라고 말이다.

그래서인지 시간이 좀 흐르자 여기저기에서 반가운 소식들이 들려오기 시작했다. 날마다 묵상하고 적용하고 간증하다 보니 저절로 소그룹 리더가 만들어지고, 각 교회에서 오신 분들이 자신의 교회에 돌아가 자원해서 말씀을 나누다 보니 교회를 말씀 운동으로 변화시킨 분들도 나타나기 시작했다. 진실로 성령님의 역사라고밖에는 말할 수 없는 일들이 일어나기 시작한 것이다.

주님의 은혜를 체험한다

큐티 모임에 매주 천여 명이 넘는 사람들이 오기 시작하면서, 말씀 묵상을 하루도 거르지 않고 꼼꼼하게 하는 것 외에 한 가지 큰일이 늘었다. 하나님이 나를 사용하셔서 이렇게 많은 분들이 모이게 해 주시는 것은 좋은데, 문제는 나 혼자서 감당하기에는 조직이 너무 커졌다는 것이다.

말씀 묵상 중인 나. '따르릉 따르릉~'

"저, 큐티 모임을 찾아가려고 하는데요? 어떻게 찾아가죠?"

"아, 네…."

잠시 말씀 묵상. '따르릉 따르릉~'

"저 한 번 뵙고 은혜를 받고 싶은데요, 지난주에도 갔더니 쉰다고 해서요 이번 주는 하는 거죠?"

"아, 예…."

하루에도 문의 전화를 몇 차례나 받아야 했다. 게다가 큐티 모임이 있는 날인데, 교회에 행사가 있어서 큐티 모임을 쉴 때면 이러이러해서 다음 주는 모임을 쉰다고 몇 번이나 광고를 해도 전화통에 불이 난다. 왜 쉬냐, 언제 다시 하냐 등등. 혼자서 전화를 받기에 힘이 점점 빠져나갔다.

게다가 그 무렵에 나는 또 고난의 강을 한참 건너는 중이었다. 다른 게 아니라 똑같은 얘기를 반복한다는 것이 고난이었다. 토요일, 일요일, 월요일, 화요일 큐티 모임을 몇 개씩이나 인도하다 보면 내가 꼭 앵무새처럼 느껴질 때도 있었다. 내가 아무리 생활 속 말씀 적용의 달인이라지만, 모임을 할 때마다 적용이 매번 다를 수는 없었다. 그러니까 했던 것을 또 할 수밖에 없는데 그때마다 내가 꼭 연극 배우가 된 것 같아서 싫었다.

"하나님, 저 너무 힘들어요. 저 혼자 이 일을 어쩌지도 못하고 그만둘 수도 없고요."

나는 하나님 앞에 푸념을 계속하고 있었다.

그런 나에게 주님은 이 말씀을 주셨다. 이르시되 너희 맞은편 마을로 가라 곧 매인 나귀와 나귀 새끼가 함께 있는 것을 보리니 풀어 내게로 끌고 오너라 만일 누가 무슨 말을 하거든 주가 쓰시겠다 하라 그리하면 즉시 보내리라 하시니 (마태복음 21:2-3)

나는 타협안을 내놓지 않을 수가 없었다.

"그러면요, 주님 전화 받아 주고 조직을 관리해 주는 간사가 한 명만 있었으면 좋겠어요. 주님! 정말 저를 쓰시려고 하시면요, 응답해 주세요. 평신도는 조직을 가질 권리가 없다고 하니까 제가 목사님들께 조직을 꾸리기 위한 부탁을 드릴 때 주님이 응답해 주세요. 주님이 저를 쓰시겠다면 목사님들이 사나흘 내로 다 응답해 주시리라 믿어요. 그럼 제가 할게요."

주님이 쓰시겠다 하면 "즉시 보내리라"는 믿음에 의지해서, 어린 나귀와 같은 내가 옥한흠 목사님, 이동원 목사님, 홍정길 목사님, 김진홍 목사님 등 우리 나라에서 내로라하는 목사님들께 전화를 넣었다. 그런데 평소에 안면도 없으신 분들과 사나흘 만에 다 통화가 되어서 큐티선교회의 이사직을 흔쾌하게 수락하는 기가 막힌 일이 벌어졌다.

큐티선교회 창립 예배를 앞두고 큐티 모임에 알렸다.

"정말 전도하고 싶은 분들 데려 오세요."

2000년 7월, 그렇게 큐티선교회 창립 예배는 2천 명이 넘는 분들이 참석해 주셨다. 창립 예배는 정주채 목사님의 사회로 김진홍 목사님이 설교를, 정근두 목사님은 기도를, 이철 목사님은 축사를, 옥한흠 목사님은 축도를 해 주셨다. 이사회 목사님들이 예배의 모든 순서를 다 맡아서 해 주신 것이다. 그리고 그날 참석한 불신자들 중에서 300여 분이 결신하는 놀라운 성과가 있었다.

그것만 해도 놀라운데, 곧바로 홈페이지 사역이 시작되었다.

큐티선교회를 창립하고 나서였다. 큐티 모임에 나오는 남자 집사님 한 분이, 내 홈페이지를 만들었다면서 들어가 보라고 했다. 그 이후 그분이 가르쳐 준 대로 들어가 보기는 했지만 자주 들어가 보지는 못했었다.

그런데 생각해 보니까, 우리가 날마다 큐티 모임에 모여서 말씀을 나누고 은혜를 받는데 그 나눔을 홈페이지에 올린다면 수많은 사람들이 함께 은혜를 누릴 수 있겠다는 생각이 들었다. 코스타에서 간증한 내 간증 테이프가 나도 모르는 새에 전 세계를 돌아다니면서 은혜를 끼쳤듯이, 발 없는 홈페이지가 내가 몇십 번 집회를 다니는 것보다 더 큰 은혜를 끼칠 수 있을 것 같았다. 또 큐티선교회를 창립하고 나서 해외로 선교하러 가자는 단체가 아니냐는 질문도 자주 받는데, 그 질문을 해소하는 데도 도움이 많이 될 것 같았다.

"선교라고 하면 다들 미전도 종족으로, 해외로 나가는 것만 생각하지만 내가 말씀으로 승리한 사건을 홈페이지에 올리는 것이야말로 수천 사람에게 복음을 전하는 선교입니다. 우리 가정이 선교지이고, 직장이 선교지입니다. 그런 자세로 큐티를 하고 그 나눔을 올려 주는 것만으로도 땅 끝까지 가서 복음을 전파하라는 주님의 말씀에 순종하는 것입니다. 이 나눔을 읽고 나와 같은 고난에 처한 많은 지체들이 말씀의 힘으로 일어날 수 있습니다."

그렇게 해서 시작된 홈페이지 사역은 지금까지도 계속되고 있다. 자고 일어나면 새로운 나눔이 올라오는데, 모니터 앞에 앉아 눈물을 훌쩍일 때가 한두 번이 아니다. 아침마다 인터넷을 열고 나눔을 읽을 때마다 말씀을 간구하는 이들이 이렇게 많다는 것에 감격하고, 우리들의 간구를 들으시고 알맞은 때에 응답하시는 하나님께 감사한다.

큐티보다 삶이 중요하다

내가 과부가 되었을 때, 나는 무리에 둘러싸인 혈루증 여인과 같았다. 감히 예수님께 다가오지 못했던 여인처럼, 과부라고 사람들에게 막혀서 눌려 있던 나를 예수님은 둘러보셨다. 집사라고 과부라고 모두가 무시해도 주님은 나를 꿰뚫어 보셨다.

예수께서 이 일 행한 여자를 보려고 둘러보시니 여자가 제게 이루어진 일을 알고 두려워하여 떨며 와서 그 앞에 엎드려 모든 사실을 여짜온대 (마가복음 5:32-33)

성중에 다녀서도 안 되고, 남을 만져서도 안 되는 혈루증 여인이 어떻게 감히 "그 앞"에 나와 모든 사실을 고할 수 있었을까. 병 낫는 것만이 목적이었다면 나오지 못했을 것이다. 그 여인은 예수님의 구원을 알고 예수님이 모든 죄와 사망에서 구하신 것을 알았기 때문에 죽음에 대해 자유함이 생겼던 것이다. 죽도록 집착하던 것에서도 예수님만 만나면 자유해질 수 있다는 것을 알았기에, 두렵지만 주님 앞에 엎드려 여쭐 수 있었다. 나도 나와 예수님만 나누는 관계를 교양 있게 유지하고 싶었지만 주님이 나를 꿰뚫어 보셨다.

"내가 너 혼자 좋으라고 만나 준 줄 아냐? 내가 이 고난 가운데 네게 평강을 준 것은 너 혼자 편안히 살라는 게 아니다. 내 옷에 손을 댄 일을 어서 고해라."

내가 젊은 나이에 시집살이한 이야기, 남편 죽은 이야기를 해서 얻을 유익이 무엇이 있겠는가. 그야말로 집안 망신만 시키는 건 아닌가 하고 간증하기 싫은 마음도 많았다. 하지만 나를 꿰뚫어 보시는 주님의 사랑 때문에 그 앞에 나가 모든 사실을 털어놓았던 것이다. 혈루증 여인의 처지를 나는 처절하게 이해할 수 있을 것 같다.

나를 둘러보시는 주님의 시선을 느껴야 한다. 인생은 내 마음대로 사는 것이 아니다. 말씀을 통해 나의 수치스러운 혈루증을 보고, 그럼에도 나를 구원하신 주님을 내 삶으로 증거하기를 주님은 원하신다.

간증을 하고 큐티 사역을 하면서 인간적으로는 나를 무시하는 사람이 많았지만 생각지 못한 곳에서 인정받는 일들도 생겼다. 말씀 전하는 길이 너무 험난하기에 주님은 대한민국의 유명한 목사님들이 나를 인정하고 후원하도록 도우셨다. 그분들의 명성을 의지했다는 것이 아니라 하나님이 나의 연약함을 아시고 큐티선교회를 시작할 때 그분들을 울타리 삼아 힘을 실어 주신 거라고 믿고 있다. 힘들어도 이 사역의 길을 잘 걸어 가라고, 목숨 걸고 주님만 위해 살라고 격려해 주신 것이다.

하지만 큐티선교회를 창립하고 나서 나는 유독 주변의 따가운 시선을 많이 느꼈다.

"여자인 건 그렇다치고 신학도 전공하지 않은 사람이 무슨 말씀을 가르쳐…."

'쉰이 다 되어 가는 나이에 어떻게 해야 하나.'

고민이 깊어졌다. 처음부터 나는 하나님의 말씀을 체계적으로 배운 직분자로서 사역을 시작한 것이 아니라, 평신도로서 내 삶을 말씀으로 해석해 주시는 주님의 음성에 따라 왔기 때문에 내가 말씀을 전하는 데 여러 소리가 났던 것이 사실이다. 주변 목사님들은 말씀을 가르치는 데 방해를 받지 않으려면 신학을 하라고 권고를 해 주셨다. 그 무렵 마침 우리 딸이 대학 입시에서 놓여났다. 인생에서 어머니의 때를 지나 전도인의 때로 접어든 나는 1999년 신학대학원에 입학하기로 했다.

그래서 시작한 신학 공부였는데, 시작하고 나서 보니 이건 장난이 아니었다. 젊은 학생들을 따라가기 어려워서가 아니었다. 사실 쉰이 넘은 나이에 공부를 새로 시작한다는 것 자체가 보통 용기는 아니었지만, '이십여 년이 되도록 말씀만 묵상해 왔는데 그게 어디 가겠어' 하는 은근한 자신감이 있었다. 신약이나 구약이나 어느 부분이라도 지식적으로 가르치라면 가르칠 자신도 있었다. 왜냐하면 20년 동안 그야말로 토씨 하나 빠뜨리지 않고 말씀만 붙잡고 살았기 때문에 내 머릿속에는 성경이 줄줄 꿰어져 있었기 때문이다. 문제는 큐티 모임이 고정적으로 일주일에 서너 개씩 굴러가니까 말씀 묵상 해야지, 신학대학원 다녀야지, 짬짬이 신앙 상담도 해야지, 정말 몸이 열두 개라도 감당할 수 없을 것 같았다. 큐티 모임을 인도하려고 신학교에 왔는데, 학교 때문에 큐티 모임을 당분간 쉴 수도 없고 그야말로 진퇴양난의 상황이었다.

"나는 성경 지식이 아니라 큐티를 가르치는 사람이니까 삶이 따라 주지 않으면 안 돼."

이를 악 물고 버텼다. 신학대학원을 다니는 3년 내내 단 한 번도 지각이나 결석을 하지 않았다. 그리고 누구보다 좋은 성적으로 졸업했다. 이것은 자랑이 아니고 처절한 고백이다. 나보다 젊은 신학생들에게 삶으로 증거하고 싶었다. 주님은 그럴 수 있도록 상황과 여건을 준비해 주셨다. 나는 큐티보다 중요한 것은 삶이라는 것을 너무나 잘 알고 있었다. 말씀을 아는 것과 말씀에 순종해서 삶을 살아가는 것은 분명 다르기 때문이다.

말씀에 꽂혀 산다

〈교회 개척을 위한 준비 예배와 기도 모임〉, A4 종이에 복사한 순서지를 들고 나는 잠시 아득해졌다. 날짜는 당장 돌아오는 주일인데, 기도와 성경 봉독과 봉헌 순서에 누구의 이름도 적을 수 없었다. 20년이 넘는 동안 큐티 모임에서 함께 말씀을 나누었던 그 어떤 지체에게도 미리 전화를 하지 않았다. 솔직히 아무개 집사님에게는 미리 말을 해서 확답을 받고 싶은 마음이 없었다면 거짓일 것이다. 하지만 나와 함께 교회를 개척한다는 것은 나오미를 좇아가기로 결단한 룻과 같은 심정이 되지 않는다면 힘든 일임을 잘 알고 있었다. 다만 주님께 룻과 같은 영의 동반자를 달라고 기도하는 마음으로 발걸음을 옮겼다.

"큐티의 결론은 영혼 구원이란다. 말씀을 사모해서 모이는 것에 그치는 것이 아니라 말씀으로 삶을 나누는 건강한 교회의 모범을 보여주렴."

에스겔 말씀에서 하나님은 1장부터 3장까지 에스겔에게 소명을 주시고 24장까지 믿는 이스라엘을 향해 예언하게 하신다. 그리고 25장부터는 이방 민족인 암몬, 에돔, 블레셋, 두로, 애굽 등을 향해 외치라고 하신다.

여호와의 말씀이 또 내게 임하여 가라사대 인자야 암몬 족속을 향하여 그들을 쳐서 예언하라 너는 암몬 족속에게 이르기를 너희는 주 여호와의 말씀을 들을지어다 (에스겔 25:1-3)

문자적으로는 교회 안에서 큐티 모임을 하던 나를 코스타를 통해 세계 각국으로 가게 하신 것도 내게 주신 에스겔 25장의 명령이었다. 그런데 이번에는 영적으로 이방 민족인 불신자들을 향해 "주 여호와의 말씀을 전하라"고 하신다.

사실 큐티선교회 사역은 이미 말씀을 사모하는 사람들이 모이는 모임이고, 교회를 다녀도 말씀을 읽지 않는 사람들에게 말씀을 읽어 가도록 하는 사역이었다. 그러니 믿는 이스라엘을 향한 사역이라고 볼 수 있다. 그런데 거기에서 그치지 말고 주일 사역을 통해 그리스도 밖에 있는 자들을 향해 가라고 하시는 것이다.

아브라함은 시험을 받을 때에 믿음으로 이삭을 드렸으니 저는 약속을 받은 자로되 그 독생자를 드렸느니라 저에게 이미 말씀하시기를 네 자손이라 칭할 자는 이삭으로 말미암으리라 하셨으니 저가 하나님이 능히 죽은 자 가운데서 다시 살리실 줄로 생각한지라 비유컨대 죽은 자 가운데서 도로 받은 것이니라 (히브리서 11:17-19)

아브라함은 아들 이삭을 내놓는 훈련을 받았다. 분명 하갈에게서 먼저 얻은 이스마엘이 있었지만, 하나님은 이삭을 독생자라 하시며 그 독생자를 달라고 하신다. 하나님이 원하시는 대로 이스마엘을 내보내고, 자신의 욕심을 끊었으니 아브라함은 "이젠 됐죠?" 하는 마음이었을 텐데, 하나님은 아브라함이 속으로 얼마나 이삭을 끔찍이 아끼는지 다 알고 계셨다. 그래서 이스마엘 내보내고 헌신했다고 하지 말고 네가 정말 아끼는 이삭을 바치라고 하셨을 것이다.

"평신도로서 여자로서 여기까지 온 것만 해도 어디인데요. 주님 저요, 이젠 나이도 많고 몸도 더 약해졌어요. 주님, 말씀 전하는 데 걸림이 되지 않기 위해 신학 공부는 마쳤지만 목회는 하지 않을래요."

그때 내 심정은 솔직히 그랬다. 직분에 욕심이 있었다면 30대에 벌써 신학을 전공했을 것이다. 그런데 주님은 말씀을 통해 아직도 내려놓지 못하는 내 속의 이삭이 있다는 것을 아시고 그것을 내놓으라고 말씀하시는 중이었다. 그리고 그 길이 영적 자녀를 낳을 수 있는 통로라고 말씀해 주셨다. '설마 죽이지는 않으시겠지…' 하며 내놓는 것이 아니라 "능히 죽은 자 가운데서 다시 살리실 줄"을 믿고 내놓으라고 하시는 주님. 내가 끔찍이 여기는 이삭을 먼저 죽이라고 하시는 주님의 음성을 듣고도 나는 갈등이 되었다.

"주님, 제가 죽이지 못하는 이삭이 너무 많습니다"

하지만 이것이 하나님의 부르심이라면 어쩌겠는가. 내 생명을 가져가서라도 남편을 구원해 달라고 기도했을 때 주님은 남편을 구원해 주셨다. 이미 그 순간 나는 목숨을 주님께 드린 셈이었다. 나는 이미 죽은 사람, 나에게는 선택권이 없었다.

"주님, 제 인생이 덤으로 사는 인생임을 알겠습니다. 저는 무익한 종에 지나지 않을지라도 주님 앞에 엎드릴 수밖에 없습니다."

주님은 베드로에게 내가 진실로 진실로 네게 이르노니 젊어서는 네가 스스로 띠 띠고 원하는 곳으로 다녔거니와 늙어서는 네 팔을 벌리리니 남이 네게 띠 띠우고 원치 아니하는 곳으로 데려가리라(요한복음 21:18)라고 말씀하셨다. 진정 하나님 앞에서 우리에게는 순종만 있을 뿐이라는 것을 알았다.

"남이 네게 띠 띠우고 원치 아니하는 곳으로 데려가"는 일, 내가 꿈에도 생각하지 못한 일을 주님은 나를 통해 하기 원하신 것이다. 곰곰이 생각해 보았다. 평신도 여성도로서 20년 동안 큐티 모임을 인도해 오면서 겪었던 고달픈 일들을 새삼 늘어놓을 필요는 없을 것이다. 다만 여러 가지 전통과 거기에서 비롯되는 아픔들에 대해 어떻게 반응할 것인지를 생각해 보았다. 분명한 것은 주님은 주님의 고난을 등 뒤에 놓고 나 혼자서 편한 길을 가기 원하시지 않는다는 점이었다.

하나님이 나를 어떻게 쓰실지는 모른다. 내일 일은 정말 모른다. 하지만 말씀 앞에 순종하는 마음을 품는 것, 말씀에서 주님의 음성을 들었을 때 알아듣고 실천하는 것을 늘 강조해 왔던 나로서는 이제 비로소 주님 앞으로 천천히 움직여야 할 때임을 내 머리보다 몸이 먼저 알고 있었다.

지난번 큐티선교회 정기 이사회 때 나는 교회 개척에 대한 안건을 내놓았다.

"평신도인 제가 큐티로 삶이 회복되고, 그 귀한 말씀을 함께 나누고 싶어서 제 집을 열어 구역 식구 한두 명을 데리고 시작한 모임이 큐티선교회까지 올 수 있었습니다. 이 모든 것이 전적으로 하나님의 은혜임을 압니다. 하루하루 말씀을 통해 인도받으려고 한 것을 주님은 선교회의 열매로 나타내셨고, 깨어졌던 가정을 회복하게 하시고, 영혼이 살아나는 변화 또한 많이 보여 주셨습니다.

그런데 이제는 영혼 구원의 눈물을 주시네요. 그동안 많은 분들이 말씀을 듣고 가시고 그 빈자리를 또 새로운 분들이 채우고 했지만, 뭔가 안타까운 것이 있었어요. 불신자들의 영혼 구원은 교회를 통해서 이루어져야 함을 알았습니다. 대한민국에 너무나 훌륭한 목사님들이 많고 좋은 교회가 많은데 하나 더 보태서 주님이 무엇을 하시려는지 저는 모르겠지만, 큐티선교회에서 말씀으로 새롭게 일어난 분들을 보며 정말 큐티로 영혼을 양육하고 진정한 영혼 구원을 이루는 교회의 모델을 보이고 싶어요. 갈 바를 알지 못한 채 하나님 말씀에 순종했던 길이기에 언제든 '여기까지만 하고 끝내야지, 끝내야지' 하면서 걸어왔는데, 교회 개척을 위해 자꾸 하나님이 부르시는 것을 깨닫습니다."

이사회 목사님들은 진정한 교회 부흥은 말씀이 부흥되는 것이라면서, 우리나라 최초의 큐티 교회 개척을 진심으로 찬성해 주셨고, 지도협력을 해 주기로 했다. 처음 큐티선교회를 시작할 때와 마찬가지로 나는 하나님의 인도하심을 느낄 수밖에 없었다.

2장
말씀으로 순종을 배운다

영혼 구원에 온힘을 쏟는다
천국 성전을 짓는다
주님의 계획을 날마다 확인한다
하나님의 사정을 이해한다
하나님이 주신 역할에 순종한다
큐티의 결론은 감사이다
말씀이 내 삶의 자서전이라고 고백한다

영혼 구원에 온힘을 쏟는다

친정 아버지가 암으로 입원하게 되셨다. 이번에는 정말 일어나지 못하실 것만 같았다. 교회 개척 준비를 하느라 마구잡이로 벌여 놓았던 일들을 잠시 접고 아버지에게 달려갔다. 나는 막내인데도 어려서부터 집안에 일이 생기면 모두 내 몫으로 여기곤 했다. 아버지 병간호도 그랬다.

"할렐루야."

아버지는 의식이 거의 없는 상태에서도 주님을 찬양하고 계셨다. 나는 아버지께 말씀이 들렸다는 것이 무엇보다 감사했다. 아버지의 입원 소식을 들었을 때 나는 먼저 돌아가신 어머니가 떠올랐다. 아버지의 구원을 위해 하루도 빼놓지 않고 새벽 기도를 하시던 어머니의 기도가 이제야 이루어진 것이다. 어머니는 비록 아버지의 저 평안한 모습을 보지는 못하셨지만 이제 자녀들이 보고 있다. 그리고 내가 어머니의 믿음을 간증하고 있다. 나는 아직도 교회 화장실 청소를 하시던 어머니의 모습을 잊을 수가 없다.

돌아가시기 전 어머니는 아버지를 교회에 모시고 가려고 늘 애를 쓰셨다. 아버지는 마음이 좋은 분이셨다. 나는 지금까지도 아버지만큼 마음 좋은 사람을 만나지 못했다. 아버지 쪽은 14대째 내려오는 유교 집안, 어머니 쪽은 3대째 내려오는 기독교 집안이었다. 아버지는 어머니와 결혼하려고 교회에서 학습 세례를 받으셨지만, 그 다음에는 교회에 나가지 않으셨다. 하지만 아버지는 어머니가 교회에서 살다시피 해도 야단도 치지 않으시고, 헌금도 마음껏 하게 하시고, 새벽 기도, 기도원에도 마음껏 가도록 허락하셨다. 어머니는 교회에 같이 나가자며 숱하게 아버지를 설득했지만, 아버지는 술을 특별히 즐기신 것도 아니면서 사업하려면 술도 담배도 해야 되니까 사업이 끝나면 간다고만 하셨다.

그러던 어느 날, 어머니는 새벽 기도 가는 길에 교통사고로 돌아가신 것이다. 그때도 그 지저분한 바지 차림이었다. 생전 울지 않으시던 아버지가 그날은 눈물을 보이셨다. 그리고 다음 주일부터 교회에 가셨다. 30년 전 학습 세례 후 받았어야 할 세례도 그제야 받으셨다. 다들 칭찬만 하지 욕하는 사람이 없을 정도로 성품이 워낙 좋으신 분이라 성품만으로도 금세 장로님이 되셨다.

그렇지만 말씀은 쉽게 들리지 않는 모양이었다. 남을 미워하는 법도 없고, 주일마다 교회에 열심히 다니셨지만, 구원을 위해 애통하고 눈물 흘리는 것하고는 관계가 없었다. 내가 남편 떠나고 나서 간증을 시작했을 때 14대째 유교 집안의 아버지는 그걸 창피하게 여기셨다.

"거 나가서 집안 이야기 좀 하지 말라우."

"믿으면 너만 예수 믿냐, 나도 믿는다."

"너, 내가 돈 벌어다 줄게."

비록 직분은 장로님이었지만 아버지와 늘 언쟁이 있을 수밖에 없었다. 아버지는 60세에 처음 쓰러지셨다가 회복되셨는데, 80세가 가까워지시면서 뇌경색이 찾아왔다. 나는 아버지의 손을 붙잡고 말했다.

"아버지, 성도님들이 아버지 기도 한 번만 받으면 모든 병이 낫는다고, 모든 문제가 해결된다고 고백하시는 말씀을 들었으면 좋겠어요. 아버지, 예수님이 인생의 주인이시라고 입으로 시인하세요."

그래도 자기 관리가 철저한 분이라 열심히 운동하셔서 겨우 걸을 수 있을 만큼 회복이 되었다.

그런데 80세에 아버지에게 말씀이 들리기 시작했다. 큐티 모임에 오셔서 내가 말씀만 시작하면 눈물을 그렇게도 흘리셨다. 기도를 해도 우시고, 말씀을 전해도 우셨다. 가족에게는 은혜를 받기 힘들다는데 아버지와 나는 그제야 영혼 구원을 생각하는 눈물의 공동체가 된 것이다. 그래서 나는 설령 아버지가 큐티 모임 오시는 중에 돌아가셔도, 가는 도중에 돌아가신다고 해도 담대할 수 있었다. 천국에 가실 것이 너무 확실했기 때문이다. 나는 한 번도 아버지에게 건강을 생각해 큐티 모임에 오시지 말라는 말씀을 드리지 않았다. 다리를 절뚝거리고 언제 넘어지실지도 모르는데 우이동에서 버스 한 번, 지하철 두 번 갈아타고 일원동 남서울은혜교회까지 3년 동안 큐티 모임에 오셨다. 혹시라도 딸에게 누가 될까 봐 모임이 끝나자마자 가 버리시니까 점심 한 번 대접을 못했다. 1시 30분에 모임이 끝나고 지하철 타고, 버스 타고 집에 도착하면 오후 4시가 다 될 텐데, 월요일마다 그때서야 점심을 드셨다. 은혜가 없었다면 도저히 하실 수 없는 일이었다.

나는 의식이 가물가물한 아버지 옆에 붙어 앉아서 아버지와 이런저런 대화를 나누었다.

"아버지! 아버지 집안에서 아버지만 대학에 못 가셨잖아요? 아버지 혼자만 아들이 없으시잖아요? 또 집안에서 제일 연약하셨잖아요? 하지만 몸이 연약해서 남쪽으로 홀로 피난 오실 수 있으셨고, 바로 예수님 믿는 아내를 만나 가계에 흐르는 저주를 끊으셨잖아요. 아버지가 평생에 제일 잘하신 것은 예수 믿는 아내를 택하신 거였어요."

어떤 교단이나 교회에서 지원을 받는 것도 아니고 혼자서 교회 개척 준비를 감당하려니 마음이 정신없이 바쁠 때였지만, 아버지의 병상을 지키는 것이 내게는 큰 은혜가 되었다. 그러는 중에 준비가 되어서 교회 개척 준비 예배를 드리고 온 날이었다. 나는 아버지에게 이 소식을 알려드리고 싶었다.

"아버지, 제가 교회 개척을 하게 되었어요"

아버지는 거의 의식이 없는 상태에서도 이 말을 알아들으시고 누워서 손을 흔들며 기뻐하셨다. 그러고 나서 교회 개척 일주일 후 아버지는 돌아가셨다. 아버지는 끝까지 하나님 앞에 당신의 죄를 회개하며 아름다운 모습을 보여 주셨다. 나는 아직도 아버지의 모습이 눈에 선하다.

아버지는 결국 하늘나라로 돌아가셨다. 아버지가 섬기던 교회 목사님은 살아 계신 예수님을 보이라고 한다면 김 장로님을 보라고 하겠다고 하실 정도로 높임을 받으셨다. 그 교회에서도 그런 영광스러운 장례식이 처음이었다고 할 만큼 은혜로운 교회장을 치렀다. 아버지의 장례식을 치르고 돌아오면서 나는 아버지에게 이렇게 속삭였다.

"아버지, 개척 준비 예배를 드리면서 몇 분이나 오시려나 했는데, 우리 집안에 신발 놓을 곳이 없을 정도로 꽉꽉 찼어요. 막내 딸 과부 되었다고 돈 벌어다 줄 생각은 이제 하지 않으시겠지요? 아버지와 제가 이제야 영의 공동체가 되었는데, 아버지가 가시니까 하나님이 제게 아주 멋진 영의 공동체를 허락해 주셨어요. 저는 이렇게 연약하고 부족한 게 많은 데 말이에요, 너무 감사하죠!"

대학 1학년, 어머니의 갑작스러운 죽음을 겪으면서도 그때는 신앙이 없어서 깨닫지 못했다. 그때는 어머니가 너무 불쌍해 보였을 뿐이다. 지금 생각해 보면 어머니는 아버지의 구원에 대한 집착에서 이미 벗어나 있으셨던 것 같다. 남편이 돌아오지 않더라도 어머니는 이미 영생에 들어갔기에 자유함을 누리셨을 것이다.

내 입에서는 계속 이 말씀이 맴돌았다.

금세에 있어 집과 형제와 자매와 모친과 자식과 전토를 백 배나 받되 핍박을 겸하여 받고 내세에 영생을 받지 못할 자가 없느니라(마가복음 10:30)

진정한 아버지는 하나님 아버지 한 분밖에 없기 때문에 진정한 가족은 하나님 아버지를 중심으로 맺어지는 '영의 가족' 이다. 우리가 금세에 받는 '백 배' 의 축복, 완전한 축복은 바로 '영의 가족' 을 갖는 것이다. 어머니처럼 모든 일을 하나님께 맡겼더니 생각지도 못했던 남편이 돌아와 장로가 되고, 자녀가 돌아와 말씀을 전하는 사람이 되었다. 비록 당신의 눈으로 보지는 못하셨어도 이 땅에서 백 배나 넘는 축복을 누리고 계셨던 것이다.

"그래서 아버지, 저는요 제 열심을 회개하는 사람이 되려고 해요. 그래서 날마다 회개하려고 말씀을 봐요. 세상에서 많이 배우는 것도 얼마나 모르는가를 알기 위해 배우는 거잖아요.

자신의 열심으로 아버지를 구원시킬 수 없다는 걸 알았던 어머니, 돈으로도 못 가고 울어도 못 간다는 걸 알았던 어머니, 아버지 구원 때문에 날마다 교회를 청소하실 정도로 하나님 앞에 겸손하셨던 어머니, 아버지가 돌아올 때까지 기다리셨던 어머니, 기다리기 위해 수없이 침묵하셨던 어머니의 마음을 이제 알 것 같아요.

기다리기 위해 수없이 침묵하는 것, 그것이 진짜 열심이라는 것을 알았어요. 가만히 기다리고 견뎌 주는 것이 주님이 원하시는 열심이라는 생각이 들어요. 예수 믿으라고 떠들어 대고, 들볶아 대는 게 열심이 아니라 눈물로 기도하면서 기다려 주는 것, 이것이 하나님이 원하시는 침묵의 열심이라는 생각이 들어요. 아버지, 저요, 구원에 열심이셨던 어머니의 침묵의 열심을 잊지 않고, 또 아버지를 통해 백 배로 보답해 주신 하나님의 계획도 잊지 않고 제게 맡겨 주신 영의 공동체 식구들을 잘 돌볼게요."

　나는 돌아가신 아버지를 생각하며 깊은 안식을 누릴 수 있었다. 영의 공동체가 정말 중요하다는 것을 나는 하나님의 열심을 닮은 어머니의 열심을 보며 배웠다. 육적인 게 무너져서 영적인 게 세워진 사람들이 만나면 안식이 있다는 것을 아버지를 통해 배웠다. 육적인 소망, 남편이 잘되는 것, 내 자식이 최고가 되는 것이 중요한 것이 아니라 영혼 구원이 최고인 공동체! 그런 공동체를 주님이 허락해 주신 것이 나는 감사했다.

천국 성전을 짓는다

킥, 쾅당!

"어디 다친 데는 없니?"

"예… 괜찮아요!"

학교 식당을 빌려 예배를 드리다 보니, 예배 준비를 하다 보면 작은 사고들이 종종 일어난다. 예배를 드릴 때마다 탁자와 의자를 강대상 중심으로 다시 배치하고 엠프와 영사막 등 예배에 필요한 장비를 설치하고, 예배가 끝나면 다시 거둬들인다. 어떻게 보면 번거롭게 보일 수도 있겠지만, 매번 성막 예배당을 짓는 마음의 자세가 남다를 수밖에 없는 것은 사실이다. 우리들교회에 처음 오시는 분들은 이 성막 예배에 많은 감동을 받는다. 그러면 나는 자신 있게 말한다.

"그래도요, 우리 교회가 열 분이 넘는 선교사를 후원하고 있고요, 북한 돕기에도 앞장서고 있어요. 그 기도 덕분에 이런 멋진 예배처도 주님이 주셨잖아요!"

사실 우리들교회 개척 예배는 우리 집 거실에서 드렸다.(십여 년 전 그 집에 처음 이사 와서 "드나드는 사람마다 복음을 듣게 해 주시라"고 기도

했던 그대로 하나님은 응답해 주셨다.) 예배처를 구할 수 없었기 때문이다. 내 마음에 드는 예배처가 나타나기란 쉽지 않다는 것을 알고는 있었다.

"하나님, 저는요, 눈에 보이는 교회 건물보다도 마음의 성전을 잘 짓는 목회자가 되고 싶어요. 에스겔 말씀에 보여 주신 천국 성전처럼 교회 건물 짓지 않고 정말 큐티 잘해서 천국 성전 짓는 교회가 되었으면 좋겠는데요, 성도들 한 사람 한 사람이 움직이는 성전인 그런 교회 말이에요. 그 대신 예배처는 멋진 곳으로 주세요. 건물 짓지 않고 그 돈으로 선교하고 구제하고 북한 돕는 데 쓰게 해 주실 거죠? 주님, 제 마음에 가정을 살리고 싶다는 소원을 주셨는데 아이들을 말씀으로 가르칠 수 있게 학교 사역도 하고 싶어요. 요즘 학교 건물을 빌려 쓰는 교회도 있는데 학교를 빌려서 예배를 드리면 얼마나 좋을까요!"

하나님의 부르심에 순종하면서 마음속에서는 벌써 이런 기도가 나오고 있었다. 내 마음속의 소원은 정말 그랬다. 주님은 나의 이 까탈스러운 기도를 듣고 계셨던 것인지, 어지간한 데를 가도 예배처를 구할 수가 없었다. 예배처로 삼을 만한 건물 자체가 나타나지 않았고, 마음에 드는 건물이 나와서 달려가 보면 그 건물에는 교회가 세 드는 것을 극구 반대하는 세입자들이 많아서 시간만 속절없이 흘러가고 말았다.

그럴수록 예배 처소를 위한 우리의 기도도 더욱 간절해졌다. 백 평 정도 되는 상가 건물을 소개받고는 '여리고 작전'으로 건물을 빙빙 돌며 기도를 드리기도 했다. 교회에는 절대 세를 줄 수 없다는 건물 주인을 붙잡고 정말 깨끗하게 쓰고 청소도 열심히 하겠다고 사정도 해 보았다. 여전히 거절을 당했지만 그저 그 '백 평'을 놓고 부르짖으며 기도할 수밖에 없었다. 어느 날은 모여서 기도를 하는데 어떤 집사님이 "주여~! 천 평을 주시옵소서!" 하는 것이다. '아이고… 무슨 천 평씩이나…' 하는 생각에 속으로 웃음이 나왔다.

그러는 중에도 주님이 내 기도를 들으셨으니까 분명 상상도 못할 곳에 예배처를 준비해 두셨으리란 확신이 들곤 했다. 이미 기도드린 대로 학교 건물을 사용하고 싶은 마음에 여기저기 학교를 알아보기 시작했다. 몇몇 교회에 그런 전례들이 있어서 나도 좀 용기가 났던 것이다. 하지만 그것도 쉬운 일이 아니라 학교 이사장의 마음을 겨우 움직여 놓으면 선생님들이 반대를 하고 나섰다. 미션 스쿨 몇 곳도 찾아가 보았지만 모두 이런저런 이유로 곤란하다고 했다. 학교 사역이라는 좋은 기도 제목과 비전이 있어도 하나님이 열어 주시지 않으면 그 역시 갈 수 없는 길이었다. 아침마다 말씀을 붙잡고 매달리며 나는 더욱 낮아지고 갈급해졌다.

> 인자야 너는 얼굴을 남으로 향하라 남으로 향하여 소리 내어 남방들의 삼림을 쳐서 예언하라 (에스겔 20:46)

휘문고등학교 측과 만나기로 한 날, 에스겔 20장 큐티를 하는데 "남방(南方)들의 삼림을 쳐서 예언하라" 하시는 말씀이 마음에 꽂혔다.

"하나님, 휘문고등학교가 대치동에 있으니까 여기에서 보면 남쪽인데 그곳을 쳐서 예언하라고 하시네요. 자녀 교육이 우상인 그곳에 우리들교회를 통해 하실 일이 있다면 그 학교를 허락해 주실 줄 믿습니다."

조금은 문자적인 해석으로 보일 수도 있지만 인생의 때마다 문자적으로도 딱 맞게 인도하신 주님이기에 나는 심상치 않음을 느끼며 하나님의 인도하심을 기대했다. 그렇다고 해도 휘문고등학교가 워낙에 미션스쿨도 아니고 강남 한복판에 있기에 긍정적인 상황이라고는 할 수 없었다. 하지만 주님은 말씀 그대로 우리 나라 최고의 교육열을 가진 남방의 휘문고등학교를 우리들교회에 붙여 주셨다. 학교 사역의 기도에도 응답해 주시고, "천 평을 주시옵소서!" 기도했더니 2만 평의 땅을 쓸 수 있도록 2천 배의 응답을 주신 것이다.

"정말 기도대로 응답해 주시는 주님! 감사합니다!"

주님의 계획을 날마다 확인한다

"겨우 6장이 남았나 봐, 하나님이 허락하신 내 인생은… 시간이 얼마 남지 않았네!"

우리들교회 창립 예배를 드리는 날 아침이었다. 나도 모르게 이런 말이 흘러나왔다. 말씀대로 되는 인생이 재미있으면서도 그날 아침의 큐티 본문인 에스겔 43장의 말씀을 읽으면서는 가슴이 조금 떨렸다.

여호와의 영광이 동문으로 말미암아 전으로 들어가고 성신이 나를 들어 데리고 안 뜰에 들어가시기로 내가 보니 여호와의 영광이 전에 가득하더라(에스겔 43:4-5)

휘문고등학교의 문이 동문을 향하고 있어서 너무나 세심하신 주님의 마음에 감격하기도 했지만, 단순히 문자만으로가 아니라 주님이 에스겔의 말씀대로 나를 이끄시는 섭리에 그만 놀라고 말았다. 남편이 죽었을 때에도, 또 큐티선교회를 창립했을 때에도 주님은 에스겔 말씀을 통해 내게 음성을 들려주셨던 것이다. 몇 장을 뒤로 더 넘겨, 에스겔 말씀은 48장으로 끝을 맺고 있는 것을 다시 한 번 확인했다.

"좋다! 그것이 주님의 뜻이라면 멋지게 말씀대로 살아야지! 시간이 얼마 안 남았으니까 더 멋지게!"

그런 다짐으로 개척한 우리들교회였다. 휘문고등학교에 우리들교회를 붙여 주신 주님의 섭리는 시간이 가면 갈수록 더욱 뜻깊게 다가왔다. 강남에 우리들교회를 인도하신 것은 결코 우연이 아닐 것이다. 주님의 뜻은 이런 것이 아니었을까.

'입시와 성공에 매여 많은 학부모와 아이들이 종노릇하고 있는데, 우리들교회야, 그들이 예수 그리스도를 알고 참 생명과 진리의 길로 갈 수 있도록 교회의 사명을 다하길 바란다. 영혼 구원이 최고인 믿음을 심어 주어라.'

나는 주님이 내게 말씀하고 싶으신 것이 이것이라고 생각한다. 그렇지 않고서야 이런 재미난 현상이 일어날 수는 없을 것이기 때문이다.

우리들교회에 오시는 분들은 빚지고 원통하고 환난당한 분들이 많다. 그런 분들이 버스를 몇 번이나 갈아타고, 전철을 한두 번씩 갈아타고 우리들교회에 온다. 그런데 가까운 동네, 강남에 잘사는 분들은 정말 우리들교회에 오지 않는다. 거리상으로 본다면 강남에 사는 분들이 우리 교회에 나와야 할 텐데, 전혀 그렇지 않다. 은혜를 누리지 않는다면 이곳에 나올 이유가 전혀 없는 분들이기에, 성도들을 볼 때마다 주님께 감사할 수밖에 없다.

형편없는 여리고 기생 라합이 이백만 명의 이스라엘 백성이 가나안으로 들어가는 길목을 열었듯이, 나는 우리들교회가 한국 교회의 개혁을 위해 디딤돌이 되기를 소망한다. 그 믿음으로 교회를 시작했다고 해도 지나친 말이 아니다. 부르심 받은 자로서 마지막까지 하나님이 주시는 훈련을 잘 감당할 것이다. 하나님의 경영하시고 지으실 터(히브리서 11:10)를 바라며 내 십자가를 지고 갈 것이다. 많은 생명을 죽은 자 가운데서 돌려받는 공동체, 사랑과 기도의 공동체가 되기를 주님 앞에 날마다 간구한다.

하나님의 사정을 이해한다

빗소리에 잠을 깼다. 얼른 일어나서 창문을 열었다. 아닌 게 아니라, 비가 주룩주룩 내린다.

'주님, 왜 하필 비가 내려요, 오늘 같은 날요. 모두들 손꼽아서 오늘을 기다려 왔는데요….'

오늘은 우리들교회가 개척 예배를 드리고 나서 처음 있는 한가족운동회 날이었다. 우리들교회 식구들은 뭐가 그리 좋은지 만나기만 하면 엉덩이를 털고 일어설 줄 모르는데, 운동회를 하기로 작정했으니 청년부나 목장(구역) 식구나 할 것 없이 너무들 신나했다. 나도 소녀 같은 마음이 되어서 어젯밤은 아예 잠을 설치기까지 했다.

'그런데 비가 오다니…. 너무도 하시지, 주님은….'

하마터면 '무심한 주님' 하는 생각에 마음이 엉망이 될 뻔했다. 그렇지만 그때 나를 사로잡는 주님의 말씀이 있었다. 사람의 사정을 사람의 속에 있는 영 외에는 누가 알리요 이와 같이 하나님의 사정도 하나님의 영 외에는 아무도 알지 못하느니라(고린도전서 2:11) 바로 엊그제 큐티 말씀이었다. 나는 주님한테 '주님, 제 사정이 이렇습니다. 주님 명령에 순종해서 교회를 개척한 지 1년, 우리 지체들이 모여서 처음으로 운동회를 하는데, 이러실 수 있는 겁니까' 하고 내 사정만 되풀이해서 말할 뻔했다. 그런데 주님은 내게 이렇게 말씀해 주신다.

"너한테만 사정이 있는 게 아니라 내게도 사정이 있단다. 네 사정만 앞세우지 말고 내 사정도 좀 헤아려 주렴."

20년이 넘도록 주님의 말씀에 의지해서 한 발 한 발 내딛어 왔지만, 그래서 쉰 살이 넘은 여자의 몸으로, 게다가 과부인 내가 교회를 개척할 수 있었지만, 아직도 가끔은 주님도 사정이 있으신 분이란 사실을 잊어버릴 때가 많다.

'그렇지, 주님도 사정이 있으시지. 오죽이나 사정이 있으셨으면 오늘 비를 내리셨겠는가.'

운동회를 위해 기도하면서 "주님, 비가 오게 하시든지 해가 나게 하시든지 주님의 뜻대로 하옵소서" 하고 기도할 사람은 없을 것이다. 나도 물론 그렇다. 나는 분명 "주님, 날씨를 맑게 해 주세요" 하고 기도했다. 그런데도, 이렇게 비가 온다면, 이것은 하나님이 사정이 있으신 것이다. 하나님은 우리의 육체와 나라와 우주와 그 모든 것에서 우리가 구원받기를 원하시는 분이니까, 그래서 주님만의 사정이 있으시니까, 지금 당장은 좀 억울하더라도 내 사정만을 앞세워서는 안 된다. 언제나 내 사정만을 앞세우기에 급급한 나를 주님은 또 이런 방법으로 꺾어 놓으셨다.

예배가 끝나고 운동회를 시작할 무렵에는 빗줄기가 제법 굵어졌다. 하지만 우리들은 이미 설교 시간을 통해 하나님의 사정을 알고 있었기 때문에 감사한 마음으로 운동회를 시작할 수 있었다.

나는 분홍색 운동복으로 갈아입었다. 보혈 팀은 빨간색 옷을, 부활 팀은 하얀색 옷을 맞춰 입기로 했기 때문에, 두 팀을 다 포용한다는 뜻으로 분홍색 운동복을 입은 것이다. 내 마음을 알고 싶다면 내 운동복 색깔을 볼지어다!

계속 내리는 비 때문에 장소는 운동장에서 지붕이 있는 복도 밑으로 변경되었다. 복도는 좁고 사람은 많으니 자연스럽게 올망졸망 모여 서게 되었다.

우선 모두 함께 한가족운동회 선언문을 낭독했다.

2004년 제1회 우리들교회 한가족운동회에 임하는 우리들은 아름답고 즐거운 성도의 교제와 공동체의 하나 됨을 위하여 다음과 같이 선서합니다.
하나, 체육 대회의 모든 프로그램에는 우리를 향한 분명한 하나님의 계획과 '사정'이 깃들어 있음으로 적극적으로 참여하도록 한다.
하나, 경기에 참여하는 우리들은 상대팀의 반칙이 우리의 대적 마귀의 유혹임을 깨닫고 절대 마음에 상처를 받지 않고 웃으며 이겨 낸다.
하나, 사회자나 심판 모두가 100퍼센트 죄인임을 깨닫고 편파적인 판정을 할 경우 불쌍히 여기며 기도하는 심정으로 승복해 준다.
하나, 구원받은 것이 우리의 최대의 선물인 것을 항상 생각하며 하찮은 선물에 마음을 빼앗기지 않고, 설사 선물을 받지 못하더라도 삐치지 않고 교회를 돕는 마음으로 기쁘게 스스로에게 선물을 사 주면서 즐거워한다.

교회 운동회 역사상 이런 선언문은 이제까지 없었을 것이다. 우리는 맘껏 웃었다. 예수님을 믿기 전에 에어로빅으로 동네에서 이름을 날렸던 집사님을 선두로 대단한 준비 운동을 시작했다. 집사님은 예전보다 몸무게는 조금 불었어도 어찌나 날렵하던지, '역시' 하는 감탄사가 절로 나왔다.

준비 운동을 마치고 본 경기에 들어갔다. 단체 줄넘기를 했는데, 너무 오랜만에 하는 것이라 힘들어서 숨을 꺽꺽 몰아쉬면서도 다들 즐거워하는 모습이었다.

줄다리기를 할 때는 서로 인정사정 봐주지 않고 열심히 했는데, 자꾸만 보혈 팀이 밀렸다. 나는 보혈 팀 힘을 내라고, 왜 그렇게 안 변하냐고, 적용이 부족하다고 우스갯소리를 했더니, 보혈 팀의 어느 집사님인가 줄을 당기며 힘겨운 목소리로 말했다.

"우리는 팀 이름 때문에 이럴 … 수밖에 없어요. … 보혈로 죽어야 부활로 승천하기 때문에…."

이렇게들 말씀 적용을 잘 하는 데야…. 모두들 하하 웃었다. 운동회가 끝나고 각 목장(구역)마다 준비해 온 음식을 나눠 먹었다. 예배당이 학교 식당이어서 좋은 점은 바로 이런 날 예배당에서 고기도 맘 놓고 구워 먹을 수 있다는 것이다. 이런 재미는 우리들교회 식구가 아니고는 모를 것이다.

그러고 보니 그제야 하나님이 오늘 비를 내리신 이유를 알 것 같았다. 비를 맞지 않으려고 좁은 지붕 아래에서 싫으나 좋으나 서로 꼭 붙어 있을 수밖에 없었는데, 그 결과 오늘 '한가족운동회' 이름 그대로 한가족이 된 것이다.

이번 주 처음 교회에 나온 소 집사님 남편은 그야말로 오늘 우리들 교회와 한가족이 되었다. 이혼하자는 남편에게 주일 예배 네 번만 참석해 보고 결단을 내도 내자고 했는데, 이번 주가 그 첫 번째 예배였던 것이다. 주일 예배에 참석하는 것만 해도 큰 유세를 부리면서 왔던 소 집사님 남편은 운동회 때문에 아예 하루 종일 교회에 있게 되었다. 처음의 어색함은 어디로 갔는지 교회가 이렇게 재밌는 곳인 줄 몰랐다고 한다. '이를 어쩌면 좋아, 하나님한테 딱 걸렸어' 하는 표정이다.

예배당, 아니 식당 안은 고기 굽는 냄새와 불판에서 피어오르는 연기 때문에 정신이 하나도 없는데, 여기저기 피어나는 이야기꽃에 눈이 매운지도 모르고 시간을 보냈다. 잘 익은 고기를 상추쌈에 척 얹어 먹으면서 한마디씩 한다.

"햇볕에 그을리지 않아서 좋은데요, 뭘. 적당히 시원하고요. 흩어지지 못하니까 꼭꼭 붙어서 천국 잔치하고 교회 식구들 자세히 볼 수 있어서 좋네요. 온 교인이 거의 붙어 다닌 것 같아요. 원래 부대껴야 정이 들잖아요?"

우리들교회 식구들을 보면서 나는 속으로 하나님을 찾았다.

"사정이 있으신 하나님, 너무 감사해요. 저를 포함해서 원래 우리들교회에는 빚지고 원통하고 환난당한 분들이 많지만 늘 하나님의 인도하심 때문에 우리들은 너무 행복하잖아요. 운동회 날 비가 와서 참 속상할 수도 있지만, 하나님은 우리 생각 너머에 너무나 좋은 것을 준비해 주셨어요. 이렇게 많은 영적 지체들을 허락해 주시니 참 감사해요."

성경 말씀은 단순히 활자가 아니었다. 하루하루의 문제를 언제나 옳은 시각으로 해석해 주시는 하나님의 살아 있는 능력이었다. 돌이켜보면 내 삶이 이를 증명해 주고 있었다.

하나님이 주신 역할에 순종한다

정말 피해 가고 싶은 본문이었다.

여자는 일절 순종함으로 종용히 배우라 여자의 가르치는 것과 남자를 주관하는 것을 허락지 아니하노니 오직 종용할지니라 (디모데전서 2:11-12)

우리들교회 개척 1주년 예배 때 주님은 왜 이 큐티 본문을 주신 것일까.

우리들교회는 개척하면서부터 여러 가지로 주목을 받았다. 여자 목사라는 점, 최초의 큐티 교회로 자리를 잡았다는 점, 학교 식당을 빌려 예배를 드린다는 점, 또 강남 한복판에 예배처를 구했다는 것 등등 때문이다. 하지만 이렇게 부족하고 연약한 우리들교회에 주님은 지난 1년 동안 말할 수 없는 축복을 부어 주셨다. 백 명 정도의 성도로 늘 넉넉하던 식당이 이제는 식탁을 모두 치우고 의자를 놓아야 할 만큼 일곱 배나 가깝게 부흥한 것도 주님의 은혜라고 생각한다.

하지만 오늘 이 말씀을 피해 갈 수는 없었다. 나는 끙끙대기 시작했다.

'주님, 혹시 제가 여자라서 우리들교회에 나오기 힘들어 하시는 분이 있나요? 왜 이 말씀을 오늘 주셨나요? 실수가 없으신 하나님 이 말씀이 들리게 해 주세요.'

여자의 가르치는 것과 남자를 주관하는 것을 허락지 아니하노니(디모데전서 2:11)라는 말씀의 근거는 이는 아담이 먼저 지음을 받고 하와가 그 후며 아담이 꾀임을 보지 아니하고 여자가 꾀임을 보아 죄에 빠졌음이니라(디모데전서 2:13-14)에서 찾을 수 있다. 그러니까 창조의 순서는 남자가 먼저인데 범죄의 순서는 여자가 먼저라서, 순종의 역할을 여자에게 주셨다는 것이다.

그렇지만 성경은 분명 여자가 먼저 범죄했음에도 "아담 한 사람 때문에" 죄가 들어왔다고 말하고 있지 않은가.

한 사람으로 말미암아 죄가 세상에 들어오고 죄로 말미암아 사망이 왔나니 이와 같이 모든 사람이 죄를 지었으므로 사망이 모든 사람에게 이르렀느니라(로마서 5:12)

주님은 남성에게 책임을 물으시면서 더 놀라운 말씀도 하셨다. 남자들은 창조 질서에 입각해서 약한 여자를 귀히 여기지 않으면 영적 기도가 막힌다고!

남편 된 자들아 이와 같이 지식을 따라 너희 아내와 동거하고 저는 더 연약한 그릇이요 또 생명의 은혜를 유업으로 함께 받을 자로 알아 귀히 여기라 이는 너희 기도가 막히지 아니하게 하려 함이라(베드로전

서 3:7)

하나님은 우리들의 인간 세계를 위해서, 하나님이 지으신 우주를 위해서, 하나님의 경륜을 위해서 계급의 질서를 주셨다. 그래서 예수 믿고 가장 중요한 것은 자기 역할을 찾는 것이다. 여자에게 무엇보다 중요한 것은 자녀 양육이다. 여성 특유의 감싸고, 온유하고, 부드러운 역할이다. 여성 특유의 역할을 버리면서 혼자 가르치며 지도자인 척하는 사람은 결코 능력이 있을 수 없다. 실제 생활을 무섭게 여기고 거기에 성실하지 않은 사람은 누구도 제대로 가르칠 수 없다.

그때 번쩍 스쳐가는 생각이 있었다. 중요한 것은 '역할' 이라는 생각! 하나님이 창조 질서에 의해 내게 주신 역할을 받아들여야 한다는 생각!

'그러니까 이 말씀은 남자와 여자의 이야기가 아니라 역할에 순종하라는 말씀이구나!'

이 말씀을 문자적으로 보고 여자들이 가르치는 것을 금한다고 하면, 남자들은 늘 손을 들고 기도해야 하지 않겠는가? 또 금이나 진주나 값진 옷으로 꾸미지 말라고 했는데 가짜라도 진주 목걸이 같은 것은 하지 말아야 하지 않겠는가? 말씀을 이렇게 문자적으로만 보는 것도 문제이지만, 그렇다고 이 모든 것이 필요 없다고 자유주의 관점으로 봐서도 안 된다. 하나님이 남자에게 리더십을 주셨다면 여자에게는 순종의 역할이 필요하듯이, 창조 질서의 적용과 그 시대의 문화적 적용이 필요한 것이다.

하지만 기독교가 전파된 지 100년이 지난 지금도 유교 풍토에 젖어 있는 우리 나라는 교계에도 여자를 무시하는 풍토가 고스란히 남아 있는 것이 사실이다. 여자 목사인 내가 담임하고 있는 우리들교회는 어떻게 살아남아야 할까, 나는 고민에 빠져들었다.

요란한 교회 프로그램, 요란한 교회 건물은 내가 구할 것이 분명 아니었다. 나는 누구보다도 주님이 주신 남성과 여성의 역할에 순종하기를 가르칠 것이다. 그래서 무엇보다도 가정을 지키고 회복시키기를 주님께 간구할 것이다. 알코올 중독이라도, 이상한 성격이라도, 돈을 못 벌어도, 의심을 해도, 바람을 피워도 남편과 아내의 역할에 순종하기를 가르칠 것이다.

모든 것을 구원의 관점에서 순종하면 하나님이 맡기시는 일이 있다는 것도 잊지 않고 가르칠 것이다. 순종하면 하나님은 반드시 지경을 넓혀서 하나님의 일에 쓰신다는 것을 나는 내 삶을 통해 분명히 깨달았기 때문이다.

나는 평범한 일을 가장 잘하는 사람이 가장 성령 충만한 사람이라고 믿는다. 우리들교회가 비록 상황이 되지 않아서 새벽 기도나 금요 철야 기도회는 못하지만, 그 어떤 교회보다도 뜨거운 것은 한 사람 한 사람에게 복음의 본질이 살아 있기 때문이다. 제일 먼저 남자와 여자, 자기 역할에 순종해야 한다는 것을 열심히 선포하고 가르쳤기 때문이다. 그래서 성령 충만하다면 지금 가정과 직장에서 내게 주어진 평범한 일을 잘함으로써 가장 성령 충만한 사람이 되고 진짜 아름다운 교회의 모델이 될 수 있을 것이다.

나는 이 말씀을 펴놓고 무릎을 꿇어 기도드렸다.
"주님, 진정 아름다운 교회의 모델이 무엇인가 생각합니다. 교회를 위한 교회가 아니라 무엇보다도 각자 자신의 역할, 순종하기 싫은 역할, 십자가 짐 같은 그 역할에 순종하기를 바랍니다. 이 모든 것이 교회를 통해 이루어져야 하겠습니다.

내가 고슴도치처럼 상처를 받고 혼자 시베리아에서 떨고 있다면 결국은 죽을 것입니다. 아무리 힘들어도 교회에 와서 서로 부딪히고 찔림을 받으며, 그 따뜻함으로 살아남는 우리들교회가 되기를 원합니다. 아무리 힘든 문제가 많아도 그것을 내놓고 나누는 것이 가장 건강한 교회임을 믿습니다.

우리 역할에 순종하도록 도와주시고, 그 순종이 어떤 것보다 가정을 지키고 회복시키기 위한 순종이 되기를 간절히 원합니다. 모든 것을 구원의 관점으로 보면서 아버지 하나님이 쓰실 일을 기다리며 또한 그것을 기대합니다.

우리가 정말 행복을 원하지만 인생의 목적이 거룩이라고 하셨사오니 이 거룩을 향하여서 믿음과 사랑과 정절을 지킬 때에 해산함으로 구원의 방주가 되게 하시고, 그러한 우리들교회가 될 것을 믿습니다. 참으로 평범함 가운데 성령 충만을 이루는 우리들이 되기를 원하며 예수님 이름으로 기도하옵나이다. 아멘."

큐티의 결론은 감사이다

프린터가 말썽이었다. 인쇄키를 아무리 눌러도 프린터가 꿈쩍도 하지 않았다. 전원 코드를 뺐다가 다시 넣었다가 아무리 노력을 해도 어림없었다. 시간은 벌써 8시 30분을 넘어서고 있었다. 마음이 다급해졌다. 누구를 원망할 수도 없었다. 주일 설교하기 전날에는 잠을 도통 못 이루고, 설교 원고를 준비해 놓고도 주일 아침에 또 고칠 것이 있을까 싶어서 미리 원고를 인쇄해 놓지 않는 내 성격 탓이었다. 어쩔 줄을 몰라서 속을 태우다 사무실에 메일로 보내려고 교회에 전화를 해 보니 간사는 출근 전이었다. 아무리 메일을 보내도 제대로 가지를 않아서 다섯 번이나 다시 보내야 했다. 나는 할 수 없이 근처의 집사님께 전화를 걸었다.

"집사님, 아침부터 전화해서 미안해요. 원고 프린트 좀 해 줘요. 프린터가 고장 났나 봐. 제가 메일로 보내드릴게요."

메일을 받아 인쇄를 성공적으로 했다는 전화 통화를 하고 나서야 한시름을 놓을 수 있었다. 프린터 두들기랴, 전화통 붙잡고 확인하랴 기진맥진해진 나는 가슴을 콩콩 두드렸다. 그새 애간장이 얼마나 탔

던지 입 안이 다 껄껄했다.

'주님! 아직도 제가 이렇네요.…'

월요일에 제자 훈련, 수요일에 큐티 예배를 인도하고, 목요일부터 주일 설교에 매달리는데, 꼼짝을 못하고 책상 앞에 앉아 있을 때가 대부분이다. 텔레비전을 보는 건 꿈도 못 꾼다. 남편이 있을 때는 남편 때문에 백화점에 못 갔는데, 요즘에는 하나님 말씀에 매달려 있느라고 백화점은커녕 슈퍼마켓에도 갈 시간이 없다.

그래도 신문과 책은 설교 준비를 위해 사명감을 가지고 보는데 매일 봐도 거기에서 쓸 말이 하나도 없을 때가 많다. 여길 봐도 쓸 말이 없고, 저기를 봐도 쓸 말이 없고… 혼자 궁시렁 대다가 일주일이 훌쩍 가 버리곤 한다.

평생 주님의 말씀을 읽어 왔는데 외우는 게 하나도 없고, 그럴 때마다 내 자신이 좀 실망스럽다. 컴퓨터 워드 작업도 잘 못한다. 설교 원고를 독수리 타법으로 쳐 내려니까 워드 작업만 해도 시간이 진짜 많이 걸린다. 요즘엔 어디 가는 것도 싫고 먹는 것에도 시큰둥하다. 남들이 보면 '뭐 대단한 설교한다고 저러나' 할 수도 있겠지만, 나는 정말 기가 막힌 심정이다.

'다른 목사님들은 심방도 하시고, 수많은 모임에 미팅에 다 참석하시면서도 설교를 잘도 하시던데 난 왜 이것밖에는 안 될까.'

더 기가 막힌 것은 그렇게 몇십 년 동안 해 온 말씀 묵상인데도, 말씀이 깨달아지지 않는 듯한 느낌이 들 때이다.

하지만 주일에 말씀을 전하려고 하면 하나님이 함께하시는 것을 나는 느낄 수 있다. 일주일 내내 아무것도 깨닫지 못한 것 같은데, 주님이 허락하신 역할에 순종해서 매달려 있었기 때문인지 하나님의 성령이 임하는 것을 분명하게 느낀다. 그러면서 주님은 내게 이렇게 속삭여 주신다.

'양재야, 네가 헛된 수고하지 않았어.'

어떻게 보면 인생을 살아오면서 요즘이 가장 큰 십자가에 못 박혀 있는 때가 아닌가 생각한다. 구원의 공동체로 우리들교회를 세워 주셨기에, 나 한 사람 구원받는 것은 이미 하나님의 뜻이 아니다. 나는 구원의 공동체를 이루어야 할 사명을 받았으므로 한 사람이라도 더 말씀으로 살아나야 한다. 그래서 내가 혹시 입으로만 말씀을 전하고 있는 것은 아닌지 하루에도 몇 번씩 나를 말씀 앞에 내놓는다.

그러므로 너희가 그리스도 예수를 주로 받았으니 그 안에서 행하되 그 안에 뿌리를 박으며 세움을 입어 교훈을 받은 대로 믿음에 굳게 서서 감사함을 넘치게 하라 (골로새서 2:6-7) 말씀 앞에서 나의 죄의 찌끼를 흔든다. 어떤 환경에서도 내가 먼저 말씀을 보고 기도하고 다른 사람을 향해 사랑을 품는다면, 어디에서나 뿌리를 박고 세워질 것이다. 그래서 내 자신을 먼저 쳐다본다. 말씀 앞에서 기도한다. 한 사람이라도 살려 주옵소서, 누구를 살려 주옵소서, 살려 주옵소서…. 거저 되는 것이 아니라는 것을 알기 때문에 나는 기꺼이 말씀 앞에 뿌리 박혀서 주님 원하시는 기도를 할 뿐이다.

나는 믿고 있다. 내 자신이 말씀으로 삶이 회복되는 경험을 했기에, 하나님의 말씀에 뿌리 박혀 있으면 그 누구의 삶도 회복될 수 있다는 것을 진정 믿고 있다. 아줌마 평신도에서 목사가 되어 우리들교회를 개척해 오는 동안, 영혼 구원의 애통함으로 사랑의 공동체를 이루면 사람들이 살아나는 역사가 일어난다는 것을 누구보다도 속깊이 체험했다.

때문에 나는 날마다 힘들지만, 날마다 감사가 넘쳐 난다. 큐티의 결론은 감사이다. 내게 맡겨 주신 이 삶에 진심으로 감사하는 삶, 주님은 내게 그것을 원하고 계신다. 예수 그리스도를 깨달아 가는 삶의 기쁨, 예수 그리스도를 위하여 힘쓰고 애쓰는 삶의 기쁨, 예수 그리스도의 말씀에 뿌리 박혀 사는 삶의 기쁨, 기뻐하며 사랑의 공동체의 한 부분을 이루는 삶의 기쁨…, 이러한 기쁨을 누리게 하신 주님께 어떻게 날마다 감사하지 않을 수 있겠는가.

말씀이 내 삶의 자서전이라고 고백한다

개척을 시작한 이후로 매월 마지막 주일에는 구원 초청 예배를 드려왔다. 하지만 영혼 구원을 위해 세우신 우리들교회이기에 하나님의 사명을 좀더 구체적으로 실천하기 위해서 전도 대축제를 열었다. 주일날 오후 2시, 강당에 예배 준비를 하는데, 사실은 걱정이 앞섰다. 누가 주일 오후 2시에 이곳까지 오겠나, 더군다나 예수님을 믿지 않는 분들은 아무리 누가 가자 해도 오기가 쉽지 않겠구나 하는 생각이 들었다.

하지만 막상 예배를 시작하고 보니 그 넓은 휘문고등학교 강당이 거의 꽉 차 있었다. 새로 오신 분만 300명이 넘었고, 나중에 구원 초청을 했을 때는 130여 명이 결신했다. 이 자체만으로 나는 감사했다.

주님이 이렇게 강하게 역사하실 때 나에게 다른 목회자는 느낄 수 없는 많은 감정들이 오간다. 육신을 좇는 자는 육신의 일을, 영을 좇는 자는 영의 일을 생각하나니 육신의 생각은 사망이요 영의 생각은 생명과 평안이니라(로마서 8:5-6)

사실 나로 따질 것 같으면 너무나 연약한 사람이다. 아직 우리나라는 여자에 대한 고정관념이 너무 크다. 특히 어떤 면에서 사회보다 편견이 더 심하다고 볼 수 있는 교계에서 여성 목회자가 받는 차별은 너무 크다. 하지만 나는 여자의 위치와 고정관념에 대해 인정한다. 이것에 대해 울분을 토한다면 그것이 바로 사망의 생각일 것이다.

하나님이 나를 이 땅에 여자로 태어나게 하셨다. 그러면 나는 여자에 순종해야 한다고 생각한다. 힘든 시집살이와 강한 남편에게 순종하면서 한때는 내가 왜 이렇게 살아야 하나 자살하고 싶은 생각도 있었지만, 주님이 율법의 요구를 이루시고 죽으셨기 때문에, 이제는 여자라서 그렇게 살아야 한다는 생각은 하지 않는다. 도리어 여자라서 겪을 수 있는 모든 여러 가지 고통을 경험하게 해 주심을 감사 드린다. 남자보다 더 무시받는 자리에 있어서 더 하나님을 생각하고 생명과 평안을 누리게 하신 것에 오히려 감사한다.

내가 남자였다면 목회를 더 잘했을 텐데, 하는 생각은 절대 하지 않는다. 내가 남자라서 목회를 더 잘하고, 남자라서 영성이 더 뛰어나다고는 생각하지 않는다. 내가 남자가 아니라서 힘들고, 내가 과부라서 힘든 것이 아니다. 아직도 내가 영을 좇지 않고 육신을 좇기 때문에 힘든 것이다.

"내가 남자 목회자가 아니라서 사람들이 날 무시할 거야."

이런 생각이 사망의 생각이라는 것을 알고, 그것이 사망의 생각이라는 것을 깨닫는 것이 영의 생각임을 안다. 그런데 하나님은 감사하게도 내게 영의 생각을 불어넣어 주셨다.

나는 참 희귀한 여자 목사이다. 주님은 극심한 고정관념을 딛고 목회를 시작하게 하셨지만, 사실 교회를 개척하기 전까지 나는 약 25년 동안 한 교회를 평신도로 섬겼다. 안수 집사도 아니고 1년에 한 번씩 집사 교육을 받아야 임명되는 서리 집사로 있었다. 내 큐티 모임에는 천 명이 넘는 사람들이 모여들었지만, 하나님은 나이 쉰이 넘도록 서리 집사인 채로 사람들을 양육하도록 명하셨다.

이에 대해서 한 번도 "내가 평신도라서 사람들이 날 무시해"라고 생각해 본 적도 없었다. 나는 평신도였고, 남자도 아니었지만 하나님은 치유의 은혜를 베풀어 주시고 큐티 모임을 부흥하게 하셨다. 이 부흥이라는 것이 사람들이 천 명이 넘게 많이 모여서가 아니라, 마음으로 인격적으로 예수님을 만난 사람들이 많아졌다는 뜻이다.

지나고 보니 나는 참으로 평범한 인생을 살았다. 남편 죽는 것도 누구든지 겪는 일이고, 고부간의 문제도 누구에게나 있을 수 있는 일이다. 내 인생이 드라마틱하지 않다고 말하는 사람들도 있다. 하지만 남들이 '그것도 고난이야' 하는 그 평범한 삶 속에서 내 죄를 보아 왔기에 주님이 나를 사용하셨다고 믿는다. 어려움 속에서도 죄를 보지 못하는 사람들이 너무 많은데, 어떤 상황에서도 내 죄를 끊임없이 보게 하신 하나님을 찬양할 수밖에 없다. 성령님의 은혜로 나의 죄를 보게 하신 하나님을 찬양한다.

사망의 생각은 막대기 같아서 아무리 높이 던져 올려도 떨어질 수밖에 없고, 생명의 생각은 새와 같아서 아무리 낮게 던져도 창공을 치고 올라갈 일밖에 없다. 큐티란 바로 지금에 대해 사망의 생각을 버리고, 영의 생각을 하도록 깨우치는 일임을 잊어서는 안 된다.

3장 말씀으로 삶이 형통한다

복 있는 사람의 8복 큐티 실전1_여호수아 1:1-9

젖과 꿀이 흐르는 땅, 가나안은 광야 같은 이 땅의 삶을 마치고 우리가 가야 할 천국의 모형으로 상징된다. 하지만 여호수아서를 통해 찾아가는 그곳은 영원한 안식을 누릴 곳이 아니라 계속적인 전쟁을 통해 쟁취해야 하는, 가시덤불을 헤치고 들어가 일구고 건설해야 할 땅이다. 출애굽 이후 광야 생활 40년을 거쳐 힘들게 왔는데, 이제 하나님이 허락하신 땅 가나안 입성을 눈앞에 두고 있다. 여호수아 1장 1절은 "모세가 죽은 후에"로 시작된다.

* * *

여호와의 종 모세가 죽은 후에 여호와께서 모세의 시종 눈의 아들 여호수아에게 일러 가라사대 **(여호수아 1:1)**

여호수아서가 시작되기 전 신명기 마지막을 보면 모세가 얼마나 큰 권능과 위엄을 행했던지 그후에 모세와 같은 선지자가 일어나지 못했다고 기술하고 있다.(신명기 34:10) 그렇게 훌륭한 모세가 죽었다. 강퍅한 바로를 상대하느라 고생하고, 불평 많은 이스라엘 백성들을 끌고 오느라고 이제까지 고생했는데, 고지가 바로 코앞인데 모세는 죽었다. 하지만 여기에서 중요한 것은 모세가 그 죽음에 순종했다는 사실이다.

민수기 13장에서 모세가 가나안으로 정탐꾼들을 보냈을 때, 여호수아와 갈렙을 제외한 정탐꾼들은 '장난이 아니라' 면서 겁에 질려 돌아온다. 그 보고를 들은 백성들은 '차라리 애굽에서 죽게 놔두지~' 라고 밤새도록 악을 쓰면서 모세와 아론을 원망한다. 그 모습이 얼마나 괘씸한지 하나님은 "그들은 우리의 밥"이라고 믿음으로 선언한 여호수아와 갈렙만 가나안에 들어가고, 당시 20세 이상으로 계수된 사람들은 모두 가나안에 들어가지 못할 거라고 하셨다.

그리고 민수기 20장, 이번에는 마실 물이 없다면서 백성들은 '차라리~ 죽게 놔두지~' 다시 볼멘소리를 하고, 화가 난 모세는 하나님이 말만 하면 물이 나온다고 하시는데도 두 번을 '탁! 탁!' 쳐서 물을 터뜨린다. 혈기 때문에 모세 역시 가나안 입성에서 제외되었다.

결국 가나안에 들어가기 위해서는 그때 20세 이상으로 계수된 모든 사람들은 모세를 포함해서 죽어야만 했던 것이다. 120세의 나이로 모세가 죽을 때 그 눈이 흐리지 아니하였고 기력이 쇠하지 아니하였다고 했다.(신명기 34:7) 모세는 늙어 쇠약해 죽은 것이 아니라 하나님의 뜻에 따라 떠날 때가 되어서 이 땅을 떠났다. 하나님의 뜻에 따라 가나안과의 영적 전쟁에도 참여하지 못하고 죽었다. 나에게 아직은 능력이 있는 것 같고, 그래서 더 큰일을 해낼 것 같아도 하나님이 허락하시지 않는 일이 있다.

그리고 모세가 죽음에 순종한 것처럼 하나님이 막으시는 그것에 순종할 때 나의 죽음도 모세처럼 아름다울 수 있다. 모세가 살아 있었다면 이스라엘 백성이 가나안에 들어가는 데 걸림돌밖에 안 된다.

'내가 얼마나 고생했는데 하나님이 어떻게! 이러실 수가 있느냐,

나는 억울해서 못 죽는다!' 이랬다면 모세의 최후가 얼마나 비참했겠는가.

사랑은 억지가 아니다. '열 번 찍어 안 넘어가는 나무 없다'고 하면서 밀어붙이는 것은 사랑이 아니다. 실을 가져다가 한 번 밀어보라. 실은 내가 끌어당길 때는 쉽게 따라오지만 밀어붙이면 절대 움직이지 않는다. 아이젠하워는 이 실의 비유로 리더십을 정의하고 있다. 리더십이란 내 힘으로 밀어붙이는 것이 아니라 내가 내 앞에 놓인 길을 열심히 걸어갈 때 내 뒤의 사람들이 저절로 끌려오는 것이다. 모세가 너무나 대단한 사람이어도 떠날 때를 알고 떠났기에 여호수아 같은 후계자를 세울 수 있었던 것처럼 말이다.

적용 : 나는 죽도록 하고 싶지만 하나님이 막으시는 일은 무엇인가. 모든 환경을 동원해서 하나님이 막으시는데도 여전히 거기에 연연해서 추한 모습을 보이고 있지는 않은가? 집착으로 버티고 있는 내 존재가 가정의 영적 후사가 세워지는 데 걸림돌이 되고 있지는 않은가.

여호수아 입장에서는 하나님처럼 의지하고 따르던 지도자 모세를 떠나보냈다. 지금까지 모세를 따라다니면서 백성들이 얼마나 말을 듣지 않는지 다 지켜봤는데 이 사람들 끌고 가나안에 들어가려니 여호수아의 마음이 어땠을까. 이 중요한 시기에 왜 모세를 데리고 가시나 그런 원망은 없었을까? "모세가 죽은 후에"라는 말씀이 여호수아 1장에만 7번이 나온다. 모세의 영향력은 상상보다 큰 것이었다. 죽고 나서도 불세출의 지도자이다. 하지만 하나님은 그럼에도, 여호수아나 백성들의 마음과는 상관없이 모세를 데려가셨다.

적용 : 내 마음을 아랑곳하지 않고 데려가신 모세가 있는가? 내 인생에서 의지의 대상이었던 남편, 부모, 자녀, 돈, 명예를 데려가셨는가?

이 말씀이 부모, 남편, 자녀를 잃은 분들에게 위로가 될 수 있는 이유는 모세가 우연히, 병들어서, 늙어서 죽은 것이 아니기 때문이다. 하나님이 모세에게 주신 사명이 끝나서였다.

주님은 남편이 급성간암으로 하루 만에 떠난 것도 우연히 간 것이 아니라고 하신다. 병으로 간 것이 아니라고 하신다. 남편에게 주신 이 땅에서의 사명이 끝났기 때문이다. 남편의 죽음을 통해 내게서 이루실 사명이 있었기 때문이다. "모세가 죽은 후"가 여호수아에게는 사명의 시작이었듯이 모세가 떠났어도 하나님의 약속은 반드시 성취되는 것이다. 하나님의 계획은 위대한 종 모세가 죽었어도 여호수아를 통해 진행되는 것이다. 또 여호수아 24장 마지막에 여호수아가 죽어도 하나님은 그 언약을 이루어 가신다.

어머니는 누구보다 헌신하며 예수님을 믿는 본을 보이셨지만 남편과 딸 넷이 믿음으로 바로 서는 것을 보지 못하고 돌아가셨다. 하지만 하나님은 어머니가 돌아가신 뒤에도 아버지의 구원을 이루셨고, 나와 언니들이 각자의 자리에서 하나님을 증거하게 하셨다. 내가 죽어도 우리 가정을 향한 하나님의 약속은 반드시 이루어진다.

그렇다면 모세가 죽은 후에 약속의 새 시대를 여는 여호수아는 어떤 사람인가. 1절 말씀을 다시 보니 "모세의 시종 눈의 아들 여호수아"라고 그를 소개하고 있다. 가나안과의 전쟁을 앞둔 위기의 때에 이스라엘을 이끌어 갈 한 사람은 천부장도 아니고, 백부장도 아니고, 대제사장도 아니고 모세의 "시종" 여호수아였다.

그 앞의 말씀을 보니 모세는 "여호와의 종"이고 여호수아는 "모세의 시종"이다. 여호수아를 '여호와의 종'으로 기록한 곳은 성경에 한 군데도 없다. 오직 그의 죽음을 기록한 여호수아서 마지막 24장 29절에서만 "여호와의 종"으로 불리었다. 살아생전에는 애굽에서 벽돌 굽는 종 노릇 40년, 모세의 시종 40년으로 인생을 보냈다.

여호수아의 삶을 볼 때 결국 지도자의 자질은 '하나님이 쓰시는 사람을 섬기는 것'이 아닌가 생각한다. 정말 중요한 것 하나! 종의 마음을 가진 사람을 하나님은 지도자로 부르신다는 것이다. '종의 마음'이야말로 지도자가 갖추어야 할 기본 덕목이다.

사도 바울은 로마서 1장에서 자신을 "예수 그리스도의 종"이라고 표현했다. 원어로 '둘로스(duolos)'라고 쓰인 그 '종'은 새 한 마리 값도 안 되는, 생사 여탈권이 전적으로 주인에게 달린 존재였다. 내가 정말 죄인이라는 것을 아는 사람, 새 한 마리 값도 안 되는 무력한 존재라는 것을 아는 사람은 '하나님의 종'으로 불리는 것이 얼마나 축복인지를 안다. 그래서 충성할 수밖에 없다.

그래서 후계자의 조건은 충성과 헌신이다. 충성된 종에게는 반드시 좋은 기회가 예비되어 있다.

여호수아는 이미 준비된 사람이었다. 아말렉과의 전투에서도 앞장서서 싸웠고, 가나안 정탐을 다녀와서 "그들은 우리의 밥"이라고 담대히 선포한 사람이다. 이런 담대함과 지혜는 어디에서 비롯되는가. "모세의 시종"을 잘하는 사람에게 이런 용기와 담대함과 지혜가 있는 것이다. 잘될 사람은 '떡잎부터 알아본다'고 '여호수아는 어려서부터 남 달랐어, 어려서부터 특별했다'는 것이 아니라, 모세의 종 노릇을 열심히 한 것이 여호수아가 갖춘 지도자의 자질이었던 것이다.

적용 : 시종인 내가 지금 섬겨야 할 모세는 누구인가.

100퍼센트 죄인인 인생이기에 모세와 여호수아의 관계에서도 인간적인 어려움이 있었을지 모른다. 하지만 모세의 시종으로 "종"의 자리에 있었기에 생색내지 않고 섬기는 자가 되었다. 사회적 직분, 성별, 나이가 문제가 아니다. 지금 내 위치에서 종의 마음으로 섬겨야 할 사람이 반드시 있을 것이다. 그렇게 시종 역할을 잘하고 있으면 모세가 죽은 뒤에, 모세에게 말씀하시던 여호와 하나님이 이제 여호수아에게 똑같이 말씀하시고 사명을 주신다. 말씀이 들리기 시작하면 지도자로서 사명이 시작되는 것이다.

적용 : 내가 의지했던 모세(배우자, 부모, 자녀, 물질, 건강)가 죽은 사건에서 어떤 말씀을 깨닫게 하셨는가. 나에게 주신 그 말씀에서 내가 헌신해야 할 사명을 깨닫고 있는가.

* * *

내 종 모세가 죽었으니 이제 너는 이 모든 백성으로 더불어 일어나 이 요단을 건너 내가 그들 곧 이스라엘 자손에게 주는 땅으로 가라(여호수아 1:2)

모세는 40년 동안 광야에서 양치기를 하며 홀로 훈련을 받았다. 하지만 여호수아는 그런 훈련을 거친 모세와 더불어 광야 40년의 훈련을 받았기에 처음부터 백성을 이끌어 가는 사역을 주신다.

이 말씀에서 우리가 적용해야 할 것은 "요단을 건너", 가나안에 들어가기 위해 건너야 할 요단이 있다는 것이다.

모세가 죽고 나서 이스라엘 백성이 타격을 받았듯, 나도 남편이 죽고 나서 큰 타격을 받았다. 남편은 내 영적 지도자는 아니었지만, 내게는 모세 못지 않은 영향력을 가지고 있었기 때문이었다. 남편이 죽은 뒤에 나에게 맡겨진 두 자녀와, 내가 챙기지 않으면 마땅히 돌볼 사람이 없는 친정 식구들에 대한 생각이 밀려들었다. 그 무렵 내가 건너야 하는 요단 강은 이들을 돌보기 위한 나의 진로 문제였다. 그런 상황에서 피아노 가르치는 것을 내려놓고 말씀만 전한다는 것은 어쩌면 무모한 일이었는지도 모른다.

피아노 강사가 내가 건너야 할 육적 요단 강이었다면, 30대 젊은 나이에 과부가 되어 여기저기 간증을 하고 다닌다는 것 또한 건너기 힘든 정신적 요단 강이었다. 남편이 없다는 것만으로도 무시받을 일인데, 믿음없는 사람들이 보기에는 고생으로밖에 여겨지지 않는 이야기들을 어느 정도까지 드러내야 좋을까 염려되기도 했다.

평신도 여집사에 불과한 내가 사람들 앞에서 말씀을 전해도 좋은지, 내가 전하는 말씀이 은혜를 끼치고 있는지, 그 역시 내가 건너야 할, 하지만 건너기 힘든 영적 요단이었다.

적용 : 어떤 핑계도 변명도 없이 내가 건너야 할 요단은 무엇인가.

내가 쉽게 피아노 강사라는 '요단 강'을 건너지 못하고 있으니까 하나님은 더불어 건너야 할 이스라엘 백성을 나에게 붙여 주셨다.

내 처지가 아무리 막막해도 나 때문에 복음을 듣고, 구원받는 사람이 있으니까 그게 너무 기쁘고 신기해서 말씀을 놓지 못했다. 처음에는 힘들어서 더불어 못 갈 것 같았는데, 지나고 보니 그들과 "더불어" 있었기에 그 힘든 요단을 건널 수 있었던 것이다.

적용 : 혼자 건너가기도 힘든 요단, 내 한 몸 추스르기도 힘든 상황이지만 그럼에도 더불어 가야 할 "모든 백성"은 누구인가. 힘든 요단을 건너기 위해 내가 붙들고 갈 약속의 말씀이 있는가.

* * *

내가 모세에게 말한 바와 같이 무릇 너희 발바닥으로 밟는 곳을 내가 다 너희에게 주었노니 곧 광야와 이 레바논에서부터 큰 하수 유브라

데에 이르는 헷족속의 온 땅과 또 해지는 편 대해까지 너희 지경이 되리라(여호수아 1:3-4)

　주님은 "발바닥으로 밟는 곳"을 다 주겠다고 약속하신다. 유대인 사회에서 맨발은 종의 표시였다. 첫째도, 둘째도 겸손한 자를 후대하시는 하나님은 하이힐도, 군화도 아닌 발바닥으로 밟는 자에게 축복을 주신다. 당장 요단 강을 건너야 되는데 하이힐 신고 건널 수 있겠는가. 철벅철벅 무거운 군화를 신고 건널 수 있겠는가.
　발바닥 인생은 대장이 지휘하는 대로 열심히 따라가는 인생이다. 발바닥 인생에게 '내 계획'이란 없다. 주인되신 하나님이 "가라"고 하시는 대로, 요단 강 궂은 물길도 "예!" 하고 건널 뿐이다.
　이 말씀을 듣고 적용을 시켰더니 한 자매는 "미국에 도착했을 때 누군가 나를 차로 데리러 와줄 줄 알았는데 올 사람이 없어서 서운했다. 그런데 '발바닥'으로 밟으라고 하시니 누가 차를 태워 주지 않아도 버스를 타고 집까지 가기로 했다"고 적용했다. 말씀을 적용하는 것은 이렇게 평범하고 사소한 것에서부터 시작해야 한다.
　발바닥으로 부지런히 밟고 있으면 구체적으로 "광야와 레바논에서부터 큰 하수 유브라데에 이르는" 온 땅이 내 지경이 되리라 약속해 주신다. 지나고 나서 보니 하나님은 지리적으로, 영적으로 이 약속의 말씀을 내 삶에 이루셨다. 지리적으로는 코스타 등 집회 초청으로 전 세계를 다니며 사역의 지경이 넓어졌다. 그리고 영적으로는 너무나 쓸쓸하고 외롭게 광야에 사는 사람, 또는 레바논의 백향목과 같이 대단한 지위를 가진 사람, 도무지 변하지 않을 것 같은 큰 하수 유브라데 같은 사람도 점령하게 하셨다.

적용: 내가 오늘 발바닥으로 찾아가 만나야 할 사람은 누구인가. 영적인 지경이 넓어지라고, 발바닥으로 섬기라고 허락하신 가족과 지체들인데 군화 신고 가고, 하이힐 신고 가고, 입으로만 찾아가고 있지는 않은가.

✳ ✳ ✳

너의 평생에 너를 능히 당할 자 없으리니 내가 모세와 함께 있던 것 같이 너와 함께 있을 것임이라 내가 너를 떠나지 아니하며 버리지 아니하리니 (여호수아 1:5)

떠나지 아니하며 버리지 아니하실 분은 오직 하나님, 예수님밖에 없다. 현실적으로는 가장 먼저 어머니가 떠났고, 남편이 떠났고, 시부모님이 떠났고, 몇 해 전 아버지도 떠났다. 하나님은 내 곁에 의지할 만한 사람을 아무도 남겨두지 않으셨다. 하지만 사랑하는 사람들을 하나씩 떠나보낼 때마다 하나님은 나에게 사역의 길을 열어 주시고 건너기 힘든 요단 강을 "능히" 건너게 하셨다.

하나님은 모세를 보내고 홀로 선 여호수아에게, 홀로 남은 나에게 "너의 평생에 능히 당할 자가 없으리니"라고 약속해 주신다. 어떤 경우에도 "떠나지 아니하며 버리지 아니하리라" 확인해 주신다. 만남이 있으면 반드시 떠남이 있는 이 세상에서 이 약속의 말씀만이 너무나 확실한 보증 수표임을 믿어야 한다.

적용 : 이 땅의 삶에서 나를 절대 떠나지 않을 사람이 있다고 생각하는가.

* * *

마음을 강하게 하라 담대히 하라 너는 이 백성으로 내가 그 조상에게 맹세하여 주리라 한 땅을 얻게 하리라(여호수아 1:6)

그래도 여호수아가 걱정이 되서서 하나님은 다시 한 번 강조해 주신다. 여호수아는 모세를 따라다니면서 이스라엘 백성들이 지겹게 말을 듣지 않는다는 것을 직접 목격했다. 애굽의 노예 생활에서 구해 주었는데도 고기가 없다, 목이 마르다며 불평하고 또 직분에 대한 반역이 일어나는 것을 보았다. 여호수아가 두려움을 느끼는 것은 너무나 당연한 일이었다.

실존의 문제는 두렵다.

어떤 조사 결과를 보니까 우리가 걱정하는 것의 40퍼센트는 결코 일어나지 않는 일이고, 30퍼센트는 이미 지나간 일이고, 12퍼센트는 우리와 상관없는 일이고, 10퍼센트는 사실이든 상상이든 질병에 관한 걱정이라고 한다. 그리고 8퍼센트만이 정말 걱정할 만한 일들을 걱정한다는 것이다.

멀쩡하게 밥 한 그릇 뚝딱 비우고 출근한 남편이 하루만에 죽었을 때 나라고 두려움이 없었겠는가.

그런데 참 인간이 이기적인 것이 제일 먼저 느낀 두려움은 "사람들이 나를 어떻게 볼까" 하는 것이었다.

"그렇게 큐티, 큐티하더니 남편이 죽었네"

이런 시선으로 나를 볼까 봐 두려웠다. 그리고 남편의 학구열 때문에 아이들을 집에서 먼 사립학교에 보냈는데, 애들 학교는 누가 데려다줄까 하는 것 때문에 두려웠다. 우리의 모든 두려움은 이렇게 자기 중심적인 생각에서부터 시작된다.

적용 : 나는 요즘 무엇이 두려운가. 누구 때문에 마음이 약해져 있는가. 정말 두려워할 것을 두려워하고 있는가?

* * *

오직 너는 마음을 강하게 하고 극히 담대히 하여 나의 종 모세가 네게 명한 율법을 다 지켜 행하고 좌로나 우로나 치우치지 말라 그리하면 어디로 가든지 형통하리니 (여호수아 1:7)

'나는 마음을 강하게 가져야 돼! 강하게! 강하게!' 이러면 강하게 될까? 아들이 무엇에도 의욕이 없고 잠만 자니까 별의별 시도를 다 해봤는데 그것 중의 하나가 '신념학교' 에 보내기였다. 이름부터 대단한 '신념학교' 에 보낸다고 해서 마음이 강해질까?

마음을 강하게 하고 "극히" 담대히 하는 비결은 "네게 명한 율법을 다 지켜 행하고 좌로나 우로나 치우치지" 않는 것이다. 이 말씀을 읽으며 "그리하면 어디로 가든지 형통하리니"는 꽉꽉 가슴에 와 닿는데 "좌로나 우로나 치우치지 말라"는 어렵게 느껴진다면 이미 치우쳐 있는 것이다.

남편이 가고 나니 눈만 뜨면 혼자서 결정해야 할 일들이 너무 많았다. 앞에 말한 것처럼 아이들 학교가 멀리 있으니까 전학을 시켜야 되나 말아야 되나, 병원은? 자동차는? 세금은?… 그럴 때마다 모르면 몰라서 치우치고, 알면 아는 대로 손해를 보지 않으려고 하니까 치우친다. 결국 내 욕심 때문에 두려움이 생기고 좌우로 갈팡질팡 치우치는 것이다.

스캇 펙은 '결정에 따르는 고통을 기꺼이 감수할 용의를 가진 사람이 가장 결정을 잘하는 사람'이라고 했다. 내가 고난과 희생을 감수하기로 결정하면 두려움이 없어진다. 쉽게 말하면 상황에 따라 내가 부모님을 모시고 형제를 도와야 하는데 내가 희생하기 싫으니까 두려워하고 결정을 내리지 못하는 것이다.

그럴 때 오늘 말씀을 묵상하면서 이렇게 적용해 보자.

'내 부모, 형제는 하나님이 더불어 가라고 붙여 주신 사람들이니까 무조건 돕자, 하나님이 책임지실 테니 내 형편에서 아끼지 말고 돕자'

이렇게 적용하면 두려움이 없어진다. 큐티는 그렇게 내 욕심을 하나하나 가지치기해 가는 과정이다.

적용 : 나의 관심과 기호, 시간 분배는 어떤 쪽으로 치우쳐 있는가. 쉽게 결정을 내리지 못하는 나의 우유부단함이 착해서(?)가 아니라 손해보기 싫어하는 이기심 때문임을 깨닫고 있는가.

* * *

이 율법책을 네 입에서 떠나지 말게 하며 주야로 그것을 묵상하여 그 가운데 기록한 대로 다 지켜 행하라 그리하면 네 길이 평탄하게 될 것이라 네가 형통하리라 내가 네게 명한 것이 아니냐 마음을 강하게 하고 담대히 하라 두려워 말며 놀라지 말라 네가 어디로 가든지 네 하나님 여호와가 너와 함께하느니라 하시니라 (여호수아 1:8-9)

그래서 우리는 말씀을 "주야로 묵상" 해야 한다. 다시 한 번 반복하지만 두려움은 하루아침에 없어지는 것이 아니다. 내 욕심 때문에 두려움이 생기고, 하루하루가 괴로워도 날마다 그것을 회개하고 말씀을 보며 기도하는 것이 형통의 지름길이다. 나는 너무 연약해서 감정에, 상황에, 사람의 평가에 치우칠 수밖에 없는 존재지만 그럼에도 하루도 빠짐없이 말씀을 묵상하게 하셨다는 것이 나에게는 기적이요 은혜 중의 은혜이다. 그렇게 습관으로 하루종일 말씀을 생각하니까 내 길을 평탄하게 하시고 형통하게 하셨다.

어떻게 평탄하게 하셨을까? 재산을 모았을까? 애들이 잘돼서 척척 학교에 들어가고, 취직을 했을까? 자랑할 만한 건강을 가졌을까? 그 어떤 것보다 내가 누린 평탄함은 감정의 요동함이 점점 없어지는 것이었다. 삼십 대에 과부가 돼서 혼자 살아도, 아이들이 입시에 실패해도, 부모님이 돌아가셔도 슬픔과 연민의 감정으로 요동하기 이전에 하나님은 말씀으로 그 일들을 해석해 주셨다.

말씀을 하루 안 보면 내가 알고, 이틀 안 보면 가족이 알고, 일주일 안 보면 공동체가 안다. 그러다가 조그만 사건에서도 요동을 치는 것이다.

적용 : 큐티를 지속적으로 하고 있는가. '주야로 묵상'이 아니라 한 번 훑어보는 것으로 하루분 큐티를 '해치우고' 있지는 않은가. 환경은 미친 듯이 요동을 해도 주야로 말씀을 묵상하기에 평탄함을 누리고 있는지 한 주간의 삶을 돌아보자.

우리는 날마다 치우치는 인생이다. 평탄하게 잘 닦인 길도 가진 게 많으면 무거워서 기우뚱거리며 가고, 없으면 가벼워서 비틀거리며 간다. 기쁘면 기쁜 감정에 들떠 '오버'하면서 치우치고, 슬프면 슬픈 감정에 빠져 입맛까지 잃어 가며 치우친다. 좋으면 좋아서, 나쁘면 나빠서 치우칠 수밖에 없는 인생에 어떻게 평탄하고 형통한 삶을 살 수 있을까.

다윗이 온갖 전쟁에 승리해서 왕국을 세우고, 신나게 춤을 추면서 언약궤까지 되찾아왔는데 사탄에게 격동을 당해 인구 계수를 하고 만다.(역대상 21장) 하나님은 다윗의 잘못을 물어 온역을 내리셨고 그 일로 백성 7만 명이 목숨을 잃었다. 내가 잘못해서 누구 한 사람이 죽었다고 해도 끔찍한 일인데 다윗은 자기 잘못으로 7만 명이 죽는 것을 보았다. 얼마나 견디기 힘들었을까?

당장 죽고만 싶었을 다윗에게 하나님은 이렇게 처방을 내리셨다.

"너, 오르난의 타작 마당에 가서 예배드려라."

오르난은 지극히 평범한 사람이다. 먹고 살기 위해 농사를 짓고 곡식을 터는, 자기 삶에 충실한 사람이었다. 그런 사람이 다윗 앞에 꿇어 엎드려 '내 밭을 취하시라' 고 했을 때 다윗은 문득 부끄러웠을 것 같다.

대단한 전쟁에서 이기고 전리품을 하나님께 드리지 않아도 평범한 삶에 충실한 사람, 자신이 거하는 환경 속에서 '생활 예배' 잘 드리는 사람이 얼마나 영적인지 그제야 깨달았을 것이다. 그 삶의 현장인 타작 마당이야말로 하나님이 진정 원하시는 예배의 현장임을 깨달았을 것이다.

이것은 어쩌면 다윗처럼 7만 명이 죽어야 깨달을 수 있는 진리인지도 모르겠다. 하지만 이것은 우리가 가장 쉽게 실천할 수 있는 진리이기도 하다.

오늘 누군가의 죽음을 겪었다면, 남편과 자식 때문에 죽고 싶은 사건을 당했다면 그분들에게 드리고 싶은 처방은 생활 예배를 잘 드리라는 것이다.

생활 예배를 잘 드리는 것은 무엇인가? 잘 시간에 자고, 깰 시간에 깨는 것이다. 세 끼 잘 먹고, 오늘 할 일 오늘 하는 것이다. 아침에 일어나면 큐티 하고, 때마다 기도하고, 만나면 전도하는 것이다. 이 일을 열심히 하고 있으면 바로 그곳이 성전이다. 나의 예루살렘, 예배 처소이다.

우리가 짊어져야 할 최고의 십자가는 바로 생활 예배를 잘 드리는 것이다. 최고로 믿음 좋은 사람은 하루 24시간을 잘사는 사람이다. 남편이 바람을 피우는가? 자식이 집을 나갔는가? 사랑하는 가족을 잃었는가? 그렇다면 내가 할 일은 뭐가 있겠는가? 잠 잘 자면 된다. 밥 잘 먹고, 늘 하듯이 아침에 일어나서 큐티 하면 된다.

그럴 때 나의 길이 평탄할 것이다. 누구도 누리지 못하는 형통을 누리게 될 것이다.

✳ ✳ ✳

기도

아버지 하나님,

내 인생의 모세가 죽고 떠나는 사건들이 오늘도 저에게 있습니다. 내가 너무나 의지하던 모세가 죽었다고 그 자리에서 아무 것도 못하고 있지는 않은지 제 자신을 돌아봅니다. 모세가 없어서 아무것도 못하고 있다면 제가 시종 역할을 제대로 하지 않았기 때문입니다. 내 위치에 순종하지 못하고, 더 낮은 자리에서 하나님을 섬겨 본 경험이 없기 때문입니다.

이제부터라도 충실한 시종이 되게 하시고 그래서 이제 하나님이 명하신 그 요단 강을 이스라엘 백성과 더불어 건너기를 원합니다. 육적으로, 정신적으로, 영적으로 건너기 힘든 요단 강이 아직도 제 앞에 있습니다. 하지만 "내가 네게 주는 땅으로 가라"고 하신 명령에 '아멘'으로 응답하며 건너기를 원합니다.

주님, 발바닥으로 밟는 땅을 다 주겠다고 하셨사오니 발바닥 인생이 되게 도와주시옵소서. 맨발의 인생 되게 하여 주시옵소서. 저는 연약합니다. 말씀을 보면서도 여전히 욕심을 버리지 못합니다. 욕심 때문에 여전히 치우치고 또 치우칩니다. 그래서 두렵습니다.

그럼에도 주님, 여호수아가 처음부터 대단한 지도자로 떠난 것 아니라고 하셨습니다. 종의 마음으로 하나님의 은혜만 구하며 걸어갔던 여호수아의 마음을 알고 떠나기를 원합니다. 모세를 보내고 두려워할 수밖에 없는 상황에서도 주님이 "너의 평생에 능히 당할 자가 없으리라, 너를 떠나지도 아니하고 버리지도 아니하리라" 약속의 말씀을 주셨기에 그 말씀만 믿고 걸어갑니다.

하나님의 말씀을 주야로 묵상할 때 저의 길이 평탄하며 형통케 되리라 하셨사오니 오늘도 말씀으로 저를 인도하옵소서. 좋고 싫은 감정에 요동하지 않으며, 두려움 없이 담대하게 하나님과 동행하는 저의 하루가 되게 하옵소서. 저에게 허락하신 지금 이 자리에서 생활 예배를 잘 드리며 충실한 삶을 살게 하옵소서. 그리할 때 세상 어디에도 없는 형통함으로 인도하시옵소서.

예수님 이름으로 기도하옵나이다. 아멘.

4장

말씀으로 삶이 달라진다

복 있는 사람의 8복 큐티 실전2_사무엘하 21:1-14

우리가 예수님을 믿고 나서 변할 수 있는 것은 고작 1퍼센트나 될까. 사람의 성품과 기질은 정말 안 바뀌는 것 같다. 신앙 생활도 각자 성격대로 한다. 때문에 전도도, 교제도 다 성격에 맞춰서 해야 하는데 큐티를 통해 우리는 인간을 이해하고, 각자에게 맞는 방법을 배울 수 있다.

사무엘하 말씀으로 예수님의 조상 다윗의 인생을 묵상하면서, 인생이 정말 어쩔 수 없는 죄인이라는 것을 깨닫는다면 사무엘하 묵상은 성공했다고 할 수 있다. 하나님은 여러 가지 사건으로 다윗의 죄를 다 드러나게 하셨다. 밧세바 사건이 아니었다면, 인구 조사로 7만 명이 죽는 사건이 없었다면 다윗의 죄성은 다 드러나지 않았을 것이다. 그렇게 여러 사건을 통해서 이 땅에서 다윗을 손볼 수 있는 만큼 손봐 주시는 것이 하나님의 사랑이다.

하지만 다윗이 밧세바 사건을 겪고 하나님 앞에 통회자복을 했어도 살인을 저지른 아들 압살롬에게 마음이 간절했다고 한다. 한 달에 한 번도 아니고, '날마다' 마음이 향했다는 것이다.(사무엘하 13:37) 그렇게 질기고 도무지 사라질 줄 모르는 것이 우리의 죄성이다.

우리는 내가 아무리 울며, 불며 매달리고 잔소리를 해도 내 남편, 내 자식이 변하지 않을 수 있다는 걸 알아야 한다. 그리고 그렇게 변하지 못하는 것을 긍휼히 여겨야 한다. 먼저 내 자신의 질긴 죄성을 인식하지 못하면 사람이 얼마나 변하기 힘든지 모른다. 때문에 자꾸 이런 소리를 한다.

'넌 왜 맨날 그 모양이냐, 넌 가망이 없는 인간이다.'

하긴 이렇게 말하는 것 역시 인간의 죄성이다.

적용 : 술, 도박, 여자, 주식 투자를 끊지 못해서 힘겨워하는 사람들을 얼마나 이해하고 있는가. 반복해서 정죄하기 이전에 그들의 고통에 공감하며 아파하는가. 다른 사람들의 죄를 보며 발견해야 할 나의 끊어지지 않는 죄악은 무엇인가.

사람은 변하지 않는다. 변하지 않는 사람을 두고 '나는 못한 게 하나도 없는데 저 인간이 바람을 피웠어', '나는 공부 잘했는데 저 녀석은 왜 저런 거야' 하고 있다면 내 가정의 문제를 도저히 해결할 수 없다. 다윗도 끊어 내지 못한 게 있는데, 나라고 없겠는가. 내 남편이라고 없겠는가. 내 자신의 연약함을 알고 다른 사람들을 긍휼히 여기는 것이 미움과 분노만 가득한 이 세상에서 내가 할 몫이다. 내 힘으로 끊을 수 있는 죄, 해결할 수 있는 문제는 하나도 없기 때문에 긍휼히 여김과 사랑으로 오직 예수만 나타내면 된다. 내 아이가 '왕따'를 당하고, 참을 수 없는 피해를 당했더라도 해를 입힌 사람을 찾아가 '모든 것을 용서할 테니 제발 예수님을 믿으라'고 말한다면 이 세상 모든 미움의 고리는 끊어질 것이다.

하지만 우리 주위에는 십자가를 지려는 사람은 없고 당했다고 원망하고 불평하는 사람만 가득하다. 꼬리에 꼬리를 물고 이어지는 미움의 고리, 죄의 환경을 어떻게 해결하고 나갈 것인가. 사무엘하 21장 다윗에게 닥친 "삼 년 기근" 사건을 통해 그 길을 생각해 보자.

* * *

다윗의 시대에 년부년 삼 년 기근이 있으므로 다윗이 여호와 앞에 간구하매 여호와께서 가라사대 이는 사울과 피를 흘린 그 집을 인함이니 저가 기브온 사람을 죽였음이니라 하시니라(사무엘하 21:1)

밧세바 사건, 압살롬의 반역, 세바의 반란도 끝나고 다윗은 사람으로서 당할 수 있는 고난은 다 당해 보았다. 그런데 그 와중에 기근까지 찾아왔다. 하나님은 "사람 막대기와 인생 채찍"(사무엘하 7:14) 뿐 아니라 '빵'이 없는 고난도 다윗에게 허락하셨다.

이 고난, 저 고난 골고루 당해 보지 않으면 인생을 논할 수 없기 때문에 나에게도 종류대로의 고난을 겪게 하셨다. 위로 세 언니는 공부를 마친 때였고 나는 고등학교 다닐 때였는데, 갑자기 집안 형편이 어려워지면서 스스로 노력하지 않으면 대학에 갈 수 없는 상황이 됐다. 피아노 공부를 하는데 레슨도 받을 수 없고 부모님은 자꾸 "거저 고등학교만 마치면 되지" 하셨기 때문에 정말 하나님의 은혜가 아니었다면 대학에 진학하지 못했을 것이다. 대학에 가서도 남들이 보기엔 화려해 보이는 피아노를 전공했지만 아르바이트하고, 장학금 받은 것으로 학교를 마칠 수 있었다.

아마 하나님이 그런 시기를 허락하지 않으셨다면 내 인생도 달라지지 않았을까. 결혼을 하고 시집살이가 그렇게 힘든데, 친정이 망하지 않고 잘살았다면 어찌 그것을 참고 견뎠겠는가. 당연히 참지 않았을 것이다.

하지만 전적인 하나님의 은혜로 나는 돈 벌 능력도 없고, 친정도 어려웠기 때문에 어쩔 수 없어서라도 순종하며 살 수 있었다. 학생 때 힘들게 벌던 돈에 비하면 시댁이 가지고 있는 돈은 어마어마하게 커 보였기 때문에 포기하지 못하는 치사한 계산도 나에게 있었다. 그런 치사함을 겪어 보지 않고 어떻게 인생을 말하겠는가. 결국 친정이 망했던 것도, 시집살이한 것도 모두 지금의 사역을 위해서 하나님이 은혜로 하신 일인 것이다.

적용 : 기근을 겪고 있는가. 특별히 물질의 고난을 겪고 있는가. 그것이 내가 다른 사람의 피를 흘렸기 때문이라고 생각해 본 적이 있는가.

기근이 삼 년에 이른 것은 1-2년 기근에서 정신을 못 차렸기 때문이다. 망했으면 이전 것은 딱 잊어버리고, 지금 있는 것 가지고 절제하면서 정신차리고 살면 된다.

최근 경제적으로 힘들어진 어떤 분이 있는데, 주위의 도움을 받아 살면서도 아직도 강남의 어디에 가서 머리를 해야 되고, 자가용도 타야 되고 여전히 살던 '가락'을 유지하려고 한다. 게다가 옆에서 '저 분이 그래도 살아온 게 있는데' 하면서 거드는 분들이 있으니 그 사람 하나 변화되려면 옆 사람들까지 다 기근을 겪어야 한다. 그 사람들이다 정신을 차리려니 1-2년에 끝날 기근이 2년 11개월이 지나도 안 되고 꼬박 3년은 가야 하는 것이다. 기근을 겪으면서도 내 생활에서 허리띠 졸라매려는 의지가 없는 사람들은 완전히 싹 망하는 것밖에 방법이 없다.

적용 : 어떤 부분에서 기근을 경험하는가. 좀처럼 끝나지 않는 기근을 통해서 내가 깨달아야 할 것은 무엇일까. 깨닫기 위해 매일 하나님께 묻고 있는가.

※ ※ ※

기브온 사람은 이스라엘 족속이 아니요 아모리 사람 중에서 남은 자라 이스라엘 족속들이 전에 저희에게 맹세하였거늘 사울이 이스라엘과 유다 족속을 위하여 열심이 있으므로 저희 죽이기를 꾀하였더라 이에 왕이 기브온 사람을 불러 물으니라 다윗이 저희에게 묻되 내가 너희를 위하여 어떻게 하랴 내가 어떻게 속죄하여야 너희가 여호와의 기업을 위하여 복을 빌겠느냐(사무엘하 21:2-3)

기브온 사람에 대한 이야기는 여호수아 말씀에서 배경을 찾아볼 수 있다. 가나안에 입성 뒤 여호수아가 이방 민족들을 하나씩 물리쳐 가던 중에 그 소식을 들은 기브온 사람들이 항복 의사를 표현하고 화친을 요청했다.(여호수아 9장)

비록 거짓말을 이용하긴 했지만 그들은 이스라엘 백성과 같은 약속의 민족이 되겠다고 스스로 찾아온 사람들이었다. 여호수아도 나중에 속았다는 걸 알았지만 자신이 한 약속은 그대로 지켰다. 그 이후 기브온 사람들은 이스라엘 안에서 약소 민족으로 종 노릇을 하면서 살아왔다.

그런데 사울이 민족주의를 내세워서 그들을 강탈한 것이다. 사울의 열심이 지나쳐서 하나님을 앞서 간 것이다. 교회 안에서도 혼자 열심을 내느라고 다른 사람을 다치게 하는 사람들이 많다. '나는 이렇게 열심히 하는데 너는 왜 못 하냐' 고 상처를 주면서 기브온 사람들처럼 약하고 소외된 사람들을 무시하고 밀어낸다. '오늘 집회에 안 오면 큰 일 날 줄 알아. 기도 모임에 빠지고도 잘될 것 같애?' 이런 말도 잘한다.

사울이 제일 만만한 기브온 사람들의 토지와 재산을 강탈해도 이스라엘의 어디에서도 국민적인 저항이 일어나지 않았다. 그렇기 때문에 지금 온 나라가 모두 3년 기근의 고난을 당할 수밖에 없다. 성경에 손을 얹고 시작한 나라 미국이 흑인들의 인권을 무시하고 노예로 삼았는데도 거기에 대해 아무런 국민적 저항이 일어나지 않았다. 그랬기 때문에 결국 남북 전쟁이 일어나고 동족간에 피를 흘렸다. 하나님이 피는 피로 갚게 하신다.

적용 : 새벽 기도, 수요 예배, 모든 집회에 빠지지 않고 참석하는 것은 예배의 기쁨 때문인가, 내 열심인가. 교회에서 소외되고 힘없는 사람들을 대할 때 강압적이거나 불손한 태도를 취하지는 않는가.

우리 친정은 유교 가문으로 14대를 한 집에서 지냈다. 그리고 백 년 전에 이미 동경 유학에 으리으리한 학벌들을 지닌 분들이 많았다. 말씀을 보기 전에는 그런 집안 내력이 참 자랑스러웠다.

그런데 14대를 한 집에서 지낼 정도였으니 부유하기도 부유했을 것이고, 그 시대에 그렇게 좋은 학벌로 얼마나 위세를 부렸을까 하는 생각이 들었다. 농촌의 지주로 소작인들을 착취해서 부를 쌓았을 테고, 그 시대에 부를 유지하기 위해 친일을 했을 수도 있다. 미처 생각지 못했던 것을 깨달으며, 결국 그동안 가족이 겪었던 어려움들이 조상으로부터 내려온 교만함 때문이라는 걸 알았다.

공산치하에서 지주 계급으로 숙청을 당하면서 값을 치르게 하셨다. 토지, 재산 다 버리고 남쪽에 내려오게 하셨다. 그런데 너무나 감사하게도 아버지가 예수님을 믿는 어머니와 결혼하셔서 우리 딸들의 대에서는 그 죄가 끊어지게 된 것이다. 세상적으로 내세울 것은 없지만 딸 넷이 다 예수를 믿기 때문에 지금 모두 남을 돕는 역할을 하며 살아가고 있다.

적용 : 하나님 앞에 회개해야 할 조상의 죄는 무엇이 있는가. 내게 이익이 온다고 해도 그것이 불법과 부정으로 행해지는 것일 때 적극적으로 저항하는가.

* * *

다윗과 사울의 아들 요나단 사이에 서로 여호와를 가리켜 맹세한 것이 있으므로 왕이 사울의 손자 요나단의 아들 므비보셋은 아끼고 이에 아야의 딸 리스바에게서 난 자 곧 사울의 두 아들 알모니와 므비보셋과 사울의 딸 메랍에게서 난 자 곧 므홀랏 사람 바실래의 아들 아드리엘의 다섯 아들을 잡고 저희를 기브온 사람의 손에 붙이니 기브온 사람이 저희를 산 위에서 여호와 앞에 목매어 달매 저희 일곱 사람이 함께 죽으니 죽은 때는 곡식 베는 처음 날 곧 보리 베기 시작하는 때더라(사무엘하 21:7-9)

사울에 대한 복수로 기브온 사람들이 사울의 자손들을 죽이려고 내어달라고 했을 때, 다윗은 요나단과의 약속을 기억하고 사울의 절뚝발이 아들 므비보셋은 내주지 않았다. 그리고 기브온 사람들도 그 약속에 동참했기 때문에 므비보셋에 대해서 아무 이의도 달지 않았다. 모두가 약속에 의거한 것이기 때문이다.

하지만 사울의 첩 리스바의 아들 둘, 손자 다섯이 한날 한시에 같은 방법으로 죽임을 당했다. 여호와 앞에 목매어 달리는 죽음이었다. 이스라엘 관습상 나무에 달려 죽은 자는 저주받은 자이거나 언약을 파기한 자이다. 기브온 사람들은 사울이 자신들과의 언약을 파기했다는 것을 공표하고 싶었던 것이다.

그리고 결과적으로 사울 집안은 다윗 왕국에 있어서는 안 될 사람들이었다. 걸림이 될 수밖에 없었다. 하지만 하나님은 다윗의 손으로 그들을 처리하게 하지 않으시고 이렇게 다른 사람들을 통해서 하셨다.

적용 : 나를 힘들게 하고, 걸림이 되는 사람이 있을 때 어떻게든 내 힘으로 그 사람을 해결하려 하지는 않는가.
내 기준으로 정죄하고 판단하면서 미움의 고리를 잇고 있지는 않은가.
내게 맡겨진 사람을 끝까지 사랑하고, 기도하며 기다리고 있으면 때가 돼서 하나님이 해결해 주신다.

사울 자손들의 죽은 때가 곡식 베는 처음 날, 즉 추수하는 날이다. 뭔가 기근이 끝나리라는 조짐이 보인다. 너무 어렵고 두려운 일이지만 내가 적용만 하면 하나님의 도우심이 시작되는 것이다.

다윗이 기브온 사람들에게 사울 자손 일곱을 죽도록 내어 준 것을 사울에 대한 복수로 봐서는 안 된다. 다윗의 입장에서는 조상의 죄, 나라의 죄, 특히 복음의 빚을 다 갚는 적용이었다. 그렇게 갚기로 결단을 하고 내어 주면 그 순간이 "곡식 베는 처음 날", 기근이 끝나는 날이 되는 것이다.

적용 : 힘든 기근의 기간이 끝나기 위해 스스로 적용해야 할 것은 무엇인가.
내가 지은 죄가 아니어도 말씀을 먼저 들은 자로서 회개해야 할 집안의 죄, 사회의 죄, 나라의 죄는 무엇이 있을까 찾아보자.

* * *

아야의 딸 리스바가 굵은 베를 가져다가 자기를 위하여 반석 위에 펴고 곡식 베기 시작할 때부터 하늘에서 비가 시체에 쏟아지기까지 그

> 시체에 낮에는 공중의 새가 앉지 못하게 하고 밤에는 들짐승이 범하지 못하게 한지라(사무엘하 21:10)

아야의 딸 리스바는 사울의 첩이었다. 왕의 첩이 된 걸 보면 외모도 예뻤을 것이다. 하지만 그 미모 때문에 군대 장관 아브넬이 사울이 죽자 왕이 된 사울의 아들 이스보셋에게 그녀를 달라고 했고, 그 일로 이스보셋과 아브넬의 분쟁이 일어났고, 아브넬이 등을 돌리고 다윗에게 가 버렸다. 사울에게 속했던 이스라엘이 완전히 다윗에게로 돌려지는 계기가 된 것이다. 남편 사울의 처참한 죽음도 감당하기 힘들었을 텐데 자기 때문에 나라가 그렇게 됐으니 리스바의 인생도 참 기구하다. 그런데 그것도 모자라서 아들 둘과 손자 다섯이 고향 기브아에서 목이 매달려 죽었다. 죄인으로서 죽음이었기 때문에 장례식도 치러줄 수 없었다. 그 비참함을 어찌 다 헤아리겠는가.

하지만 이 기가 막힌 상황에서도 리스바는 굵은 베를 반석 위에 폈다. 굵은 베는 '회개'를 의미한다. 그리고 반석은 '예수 그리스도'이다. 리스바와 자녀들이 조상의 죄 때문에 참혹한 대가를 치르고 있지만 이 상황에서도 자신의 죄를 회개하기 시작한 것이다. 회개는 내 자신의 죄를 회개해야 한다. 조상 탓, 부모 탓을 할 게 아니라 내 죄만 회개하면 된다. 나의 진정한 회개가 우리 집안에 흐르는 저주를 예수 그리스도의 반석 위에서 끊어 내는 것이다.

적용: 예수님을 믿고 10년, 20년이 지나도 조상 탓, 부모 탓만 읊어 대고 있

지는 않은가. 부모로부터 받은 사연과 상처를 내세우며 내 죄를 합리화하고 있지는 않은가.

리스바가 시체를 지킨 기간인 "곡식 베기 시작할 때부터 하늘에서 비가 쏟아지기까지"의 시간을 신학자들은 대략 여섯 달 정도로 추정한다. 그동안 사울의 자손은 매장도 할 수 없는 저주 가운데 있었다. 죄인으로 매달렸기 때문에 짐승이 뜯어먹게 내버려졌다. 언제 끝날지 모르는 하나님의 진노 가운데서 참혹하게 매달린 모습을 그대로 사람들에게 보이게 하셨다. 내가 고통당하는 것도 기가 막힌데 사람들이 보고 손가락질하도록 드러내라는 것이다.

집안의 저주 때문에 여섯 달 동안 시신들 옆에서 혼자 지키라고 한다면 그걸 할 수 있는 사람이 얼마나 될까. 잔디로 덮여 있는 묘지도 아니고 자식과 손자의 시체가 매달려서 썩어 들어가는 것을 여섯 달 동안 지킨다는 것. 그것은 땅 끝까지 내려가는 고난이 없으면 결코 할 수 없는 일이다. 한때 왕의 부인이었던 리스바에게 얼마나 외롭고 비참한 시간이었겠는가. 하지만 세상에 대한 모든 소망이 끊어졌기 때문에 리스바는 그 시간을 감당할 수 있었다. 그리고 거기에서 하나님과 깊은 교제가 이루어졌다.

하나님과의 깊은 교제는 바로 내 죄에 대한 회개이다. 죄로 인해 하나님과 분리된 인간은 회개를 하지 않으면 절대로 하나님과 대화할 수 없다. 하지만 어떤 고난에서도 내가 내 죄를 회개하면 매순간 하나님과 대화함으로 감당할 수 있다. 그래서 자기 죄를 회개하는 사람에게는 두려운 것이 없다. 처연한 가운데서도 산다는 것은 이렇게 황홀한 것이다.

적용 : 죽어버리고 싶은 처절한 생의 한 가운데서 온몸으로 돌을 맞으며 무조건 내 탓으로 돌릴 수 있겠는가. 하나님이 나를 버리셨다고, 교제가 끊어졌다고 생각하는가. 아직 회개하지 못한 내 죄가 있기 때문이다.

* * *

이에 아야의 딸 사울의 첩 리스바의 행한 일이 다윗에게 들리매 다윗이 가서 사울의 뼈와 그 아들 요나단의 뼈를 길르앗 야베스 사람에게서 취하니 이는 전에 블레셋 사람이 사울을 길보아에서 죽여 벳산 거리에 매어 단 것을 저희가 가만히 가져온 것이라 다윗이 그곳에서 사울의 뼈와 그 아들 요나단의 뼈를 가지고 올라오매 사람들이 그 달려 죽은 자들의 뼈를 거두어다가 사울과 그 아들 요나단의 뼈와 함께 베냐민 땅 셀라에서 그 아비 기스의 묘에 장사하되 모두 왕의 명대로 좇아 행하니라 그 후에야 하나님이 그 땅을 위하여 기도를 들으시니라 (사무엘하 21:11-14)

예수 그리스도의 반석에서 회개를 했더니 다윗에게 그 소문이 들렸다. 사울의 죄, 가문의 죄, 자신의 죄를 가만히 눈물 흘리며 회개했더니, 그 회개함을 천하 만국에 알리셔서 수천 년이 지난 지금 우리에게까지 전해지게 하셨다.

믿음으로 기다린 것이 가장 귀한 행함이다. 무슨 대단한 일을 하라는 게 아니다. 사건이 왔을 때 어떻게든 내 힘으로 해 보려고 하지 말고 우선 가만히 기다리는 것이 90퍼센트는 맞는 적용이다. 막 닥쳤을 때는 분별이 없어 잘 모르지만 조금 지나면 올바른 깨달음을 주시기 때문이다.

천하의 다윗도 리스바에게 은혜를 받았다. 나의 행함을 보고 다른 사람들이 변화되고, 따르고 싶은 충동이 생기는 것이 옳은 적용이다. 내가 적용한다고 했는데 '그래, 너나 그렇게 적용해' 한다면 다시 한 번 생각해 봐야 한다.

다윗도 연약해서 요나단과 약속했던 사울과 요나단의 장례를 아직 치러주지 못하고 있었다. 그런데 리스바가 행한 일을 듣고 그 약속을 기억했다.

내가 우리 집안에서 한 적용은 대통령에게라도 들리게 되어 있다. 나에게 닥친 어렵고 힘든 상황에서 내 죄에 대해 애통해하며 회개한 것은 전 세계를 변화시킬 수 있다. 리스바가 시신을 지킨 여섯 달 동안은 기근이 끝나지 않았지만 다윗이 장례를 치러주고 난 뒤에는 하나님이 그 땅을 위하여 기도를 들으시지 않았는가.

기구한 한 여인의 적용과 고난에 대한 기가 막힌 해석이 이렇게 한 나라를 회복시켰다. 내가 고난을 잘 해석하고 잘 참으면 내 자녀가 세워지고, 가정과 교회가 변화된다. 고난이 크면 클수록 나에게 일어나는 회개의 역사도 클 것이다.

적용 : 나의 적용은 다른 사람을 감동시키고 변화시키는가. 다른 사람의 용기 있는 적용에 은혜받고 박수는 보내지만 나는 절대 못한다고 물러서 있지는 않은가.

* * *

기도

아버지 하나님,

저희 주변과 나라, 전 세계에 기근을 겪고 있는 사람들을 위해 기도합니다. 하나님이 기근과 재앙을 통해서 말씀하기 원하시는 것이 무엇인지 생각해 보기를 원합니다. 다윗에게도 3년 기근이 있고 나서야 말씀해 주셨으니 저도 허락하신 때에 순종하며 기다리게 하옵소서.

조상의 죄도 물으신다고 하셨습니다. 예수를 몰랐기 때문에 조상이 죄를 지었어도 이제 예수 믿는 저로부터 끊어지게 하시기 위해서 그 말씀을 듣게 하셨습니다. 제 집안의 저주를 끊는 역할을 함으로써 예수 그리스도를 통해 저를 높이시기 위해서 감당하게 하신 것 감사드립니다.

조상의 죄에 참예하여 그것에 안주하며 혜택을 누리면서도 아무 저항도 하지 않았습니다. 불법에도 저항하지 않았기 때문에 기근을 주셨는데 모든 것이 내 살아온 것의 결론이고 갚아야 할 빚인 것을 알게 해 주옵소서. 그래서 그것을 갚기 위해 먼저 용서하고 포기하고 내주는 제가 되기를 원합니다.

남들이 죽었다가 깨어나도 못할 적용을 제가 했을 때, 이미 곡식 베는 처음 날이라고 말씀해 주셨습니다. 저도 이제 시작하게 하옵소서. 남편도 잃고, 자녀도 잃고, 명예와 재산 모든 것을 잃고 정말 죽을 수밖에 없는 고난에 처한 리스바를 보았습니다.

하지만 그 상황에서도 반석 위에서 회개하며 애통하는 리스바처럼 저의 어떤 고난도 주님과 대화하며 감당하게 하옵소서. 어떤 사건에서도 먼저 나 자신을 보게 하시고, 나에게 말씀하시는 하나님의 음성을 듣게 하옵소서.

내가 어렵고 힘든 상황에서 하나님과 교제하며 적용한 것을 하나님이 알아주십니다. 리스바의 적용이 다윗에게 들려지고, 다윗을 회복시키고 이스라엘 전체를 회복시킨 것처럼 나 한 사람의 회개가 온 세계를 변화시킨다는 것을 알게 하여 주옵소서.

특별히 요즘 일어나고 있는 전쟁으로 다시 굶주림과 공포에 허덕여야 하는 이라크와 아프간 사람들을 위해 기도합니다. 영적으로, 육적으로 어두움 가운데 있는 그들에게 하나님의 빛이 임하게 하옵소서. 지금의 모든 사건들이 오직 하나님의 공의와 사랑을 나타내는 사건이 되기를 원합니다. 전쟁으로 고통받는 이들을 위해 기도하며, 작은 도움이라도 실천하게 하시고 먼저 저희 가운데 회개의 역사가 일어나게 하옵소서. 감사합니다.

예수님 이름으로 기도하옵나이다. 아멘.